イノベーションのジレンマからの脱出

日本初のデジタルバンク「みんなの銀行」誕生の軌跡に学ぶ

みんなの銀行 著

日経BP

はじめに

新しい銀行の在り方とは

現代は、あらゆる業界の成熟産業や企業が、デジタルディスラプションにより存続の危機に見舞われる時代です。このことは、老舗として安泰であろうと思われてきた企業が経営危機に追い込まれたり買収されたりするニュースが流れる度に、経営者やビジネスパーソンの方々が自分事として危機感を持って認識されていると思います。

このような時代に追い打ちを掛けるかのごとく感染症拡大が生じ、国際紛争が起きるなどにより経済的・社会的状況が激変しました。その結果、人々の価値観も大きく変化しつつあります。先の予測が困難なVUCAの時代と呼ばれる現代では、意図する・意図しないにかかわらずDX（Digital Transformation）の推進により自らの変革を進めてきた企業とそうでない企業の差が顕著になってきました。

そのため多くの企業がイノベーションの創出を急務であると捉えているはずです。しかし成熟した企業ほどその変革が困難であることは、世界的ベストセラーとなった『イノベーションのジレンマ』（クレイトン・クリステンセン著、翔泳社、増補改訂版2001年）や『両利きの経営』（チャールズ・A・オライリー、マイケル・L・タッシュマン共著、東洋経済新報社、2019年）の分析により広く知られています。

金融業界も、この大きな世界的な潮流からは逃れられません。私が勤めてきたふくおかフィナンシャルグループ（英文表記Fukuoka Financial Group,Inc.、略称「FFG」）もまた、イノベーションの模索を続けている成熟企業と言えます。

しかし、新しい銀行の在り方とはどのようなものかを考えたとき、これまでの延長線上で改革を進めるには困難がありました。この困難さの説明については本書でも取り上げていますが、基本的には前述の『イノベーションのジレンマ』や『両利きの経営』で詳細に分析されている通りです。

そこで私たちは、既存のビジネスの延長線上での改革ではなく、新規事業を立ち上げることで新しい銀行の在り方を目指したのです。

デジタルディスラプターに対抗し得る敏しょう性

もちろん、新しい銀行の在り方を目指すとはいえ、それが銀行である以上は既存事業の延長線上で展開した方が、長い歴史の中で蓄積されてきた様々なリソースを利用できたり、多くのスペシャリストたちのサポートも得られたりするとも思えました。

しかし、成熟した大きな組織でイノベーションを起こすには、従来のビジネス慣例や組織にとらわれない身軽で自由な、そして何よりもデジタルディスラプターと呼ばれる新興企業に対抗できる敏しょう性を獲得することが困難であると判断したのです。実際、多くの企業で既存事業の延長線上での変革に挫折している根本原因は、そこにあるはずです。

そうして新規事業として立ち上がった私たちみんなの銀行も、まだまだ成功者ではなく、ようやくチャレンジャーの位置に立った状態です。

しかし、私たちみんなの銀行は、日本初のデジタルバンク（ネット銀行との違いは本書で述べます）としていくつもの壁を一つひとつ乗り越え、世界でも注目されるアウトプットを生み出してきた実績があります。

もちろん、新規事業を立ち上げるには、業界や企業により環境や条件が異なりますから、私たちの経験をそのまま活かすことはできないかもしれません。しかし、私たちが新規事業を立ち上げて変革に挑戦してきた経験を、読者の皆さんに共有することで、同じように変革を必要とする方々の手掛かりになるかもしれない、そして勇気を持っていただけるかもしれない。その結果、日本をもっと元気にすることができるかもしれないと思い、本書を執筆することにしました。

本書の内容

みんなの銀行がまだ影も形もない2014年、FFG取締役社長（現取締役会長）の柴戸隆成は、経営企画部に所属する中堅銀行員であった私、永吉健一（当時42歳）にミッションを与えました。

「10年後の銀行のあるべき姿を見据えて、これまでの延長線上にない、非連続の成長戦略を描いてほしい」

この柴戸の言葉がすべての始まりであり、この言葉を受けた私は、後にみんなの銀行を設立します。

本書はみんなの銀行の設立の話ですが、その多くの舞台はFFGの内部であり、みんなの銀行が生まれる背景にはFFGや銀行業界の変遷があります。そこでまず、第１部ではそうした歴史的な経緯を説明します。

図表0-1は福岡銀行がFFGとなり、みんなの銀行を設立するまでの主な取り組みを示しています。みんなの銀行の開業（銀行システム稼働）は2021年1月、本書はその7年前の2014年ごろからの話になります。本書では図にも記載しているiBankマーケティングという会社が何度も登場します（同社が提供するサービスがネオバンク「Wallet＋」です）。これは、私たちがみんなの銀行の前に挑戦した新規事業で、みんなの銀行のプロジェクトを語るのに欠くことのできない取り組みです。

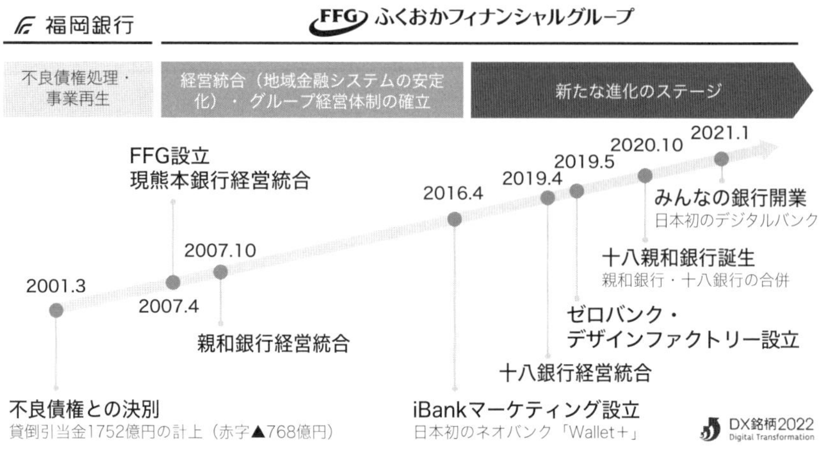

図表0-1　FFGの主な取り組み

出所：FFG

本書の第１部「実践『両利きの経営』ふくおかフィナンシャルグループの経営戦略」（第１章と第２章）をお読みいただくと、iBankマーケティングやみんなの銀行を別会社にしたから、新規事業としてうまくいったように感じるかもしれませんが、これらのプロジェクトを経験して言えることは、「別会社にすればイノベーションのジレンマから逃れられるわけではない」ということです。

そこで第２部「『イノベーションのジレンマ』と闘ったみんなの銀行の奮闘」（第３章～第７章）では、みんなの銀行がいかにしてイノベーションのジレンマと闘ったのか、５つのテーマに分けて詳しく解説します。個々に見ていくと単なる新規事業の話に思えるかもしれませんが、FFGという大企業から立ち上がった新事業を成功に導いたという意味では、その一つひとつの工夫が「イノベーションのジレンマ」と無関係ではありません。

第３章は「逃れられない大企業の論理」というテーマです。みんなの銀行はFFGから多額の出資を受けており、みんなの銀行設立時はFFGの企業論理が働き苦闘します。

第4章のテーマは「小さく始めるアジャイル型ビジネス」です。システム開発で利用することの多いアジャイルを、ビジネスにも適用することで、困難を乗り越えていく話です。

第5章のテーマは「銀行であって『銀行らしくない』ブランディング」。みんなの銀行はいわゆる銀行員と非銀行員（デザイナーやエンジニアなど）の混成チームです。特に銀行員とデザイナーの間では折り合いをつけるのが難しく困難が続きます。それを乗り越えたデザインの力を紹介します。

第6章は「ゼロからの組織づくり」というテーマで、数百人規模になっても価値観を共有する現場の奮闘を追います。

第7章は銀行の根幹であるバンキングシステムを開発した話で、「フルスクラッチのシステム開発」というテーマです。みんなの銀行は、勘定系システムをパブリッククラウド上にフルスクラッチで開発しています。技術に詳しい人に言わせれば「前代未聞の挑戦」でした。システム開発の話ではありますが、最も人間味のある話題が多い章です。

第2部を通して、みんなの銀行のリアルな現場に触れていただきますが、詳細に書いているので、かえって勘所が見えづらくなっているかもしれません。そこで第3部「『イノベーションのジレンマ』に陥っている読者への提言」（第8章、付録）では、第2部の要点を抽出します。

第8章は「イノベーションのジレンマからの脱出メソッド」（＝Escape Methods）と題し、5つのポイントを提示します。もし今、イノベーションのジレンマに陥っていてすぐにでも「どうしたらいいのか知りたい」という方は、第８章をお読みいただくのがいいと思います。

付録では、第２部で何回も登場することになる、みんなの銀行の仕事の流儀を示す「INSIGHT」について詳しく解説します。

地域金融機関の銀行マンたちの挑戦

みんなの銀行は2023年5月で、サービス提供開始から2周年を迎えます（**図表0-2**）。おかげさまで口座開設数も順調に推移しています。しかし、私たちが目指している目標はまだまだ先にあります。もっと多くの方々に、新しい銀行の在り方に挑戦している面白い銀行がある、と知っていただきたいと考えています。

また、みんなの銀行は200人ほどのチームですが、私たちの後ろには１万人からなるFFGが、全社を挙げてDXの推進という山を登っている最中です。私たちのチャレンジを書籍にまとめて共有することが、グループ全体のモチベーション向上にも貢献できるのではないかとの思いもあります。

図表0-2　みんなの銀行の世界観
出所：みんなの銀行

ありがたいことに、私たちは現在、様々な講演やセミナーなどのイベントにお招きいただき、イノベーションに取り組まれている多くの方々とお話をする機会を得ています。そこでは、「とても参考になった」あるいは「勇気をもらえた」などのお言葉を頂く一方で、イノベーションの進め方や壁の乗り越え方が今ひとつ分からないとの声も聞こえています。私たちにしても、限られた時間の中ではいまひとつお伝え切れていない感があったのです。

本書の制作は、創業メンバーたちと共に自分たちのたどってきたイノベーションの経緯を振り返り体系的にまとめる良い機会となりました。そのことで本書が、これまで語り切れなかった部分を補えるのではないかと思います。

ともすれば堅くて地味、そして保守的な印象のある地域金融機関の行員たちが、手探りで日本初のデジタルバンクを創業し、国内外の数々の賞も頂くことができました。もちろん、決してその道のりは平坦ではありませんでしたが、私たちが無謀とも思われたイノベーションにまい進した姿が、一人でも多くのビジネスパーソンに「自分たちにもできるかもしれない」との思いを抱いていただける契機となれば、これほどうれしいことはありません。

永吉 健一

株式会社みんなの銀行　取締役頭取

目次

はじめに……1

第1部　実践「両利きの経営」ふくおかフィナンシャルグループの経営戦略

第1章　大企業の模索～ふくおかフィナンシャルグループの狙い……14

1-1　「10年後の銀行のあるべき姿を考えよ」、すべてはこの言葉から始まった！……14
1-2　ルールチェンジとパラダイムシフト……18
1-3　金融機関を取り巻く環境の変化……24

第2章　「知の探索」苦難の道～デジタルバンク戦略「みんなの銀行」へ……31

2-1　iBankマーケティング新設　“iPhoneのようなイノベーティブな金融サービスをつくりたい”……31
2-2　みんなの銀行新設　“Appleのようなイノベーティブなプロダクトを生み出す『銀行』をつくりたい”……51

第2部 「イノベーションのジレンマ」と闘った みんなの銀行の奮闘

第3章 逃れられない大企業の論理 …… 76

3-1 銀行の将来像の探求に向けて …… 76
3-2 ゼロベースから設計するデジタルバンクの初期プランニング …… 80
3-3 総論賛成・各論是々非々のハードルを越えるために …… 85
3-4 デジタル時代に即したシステム開発子会社の設立 …… 89
3-5 銀行設立準備会社としての船出 …… 95
対談：イノベーションのジレンマから逃れる …… 97

第4章 小さく始めるアジャイル型ビジネス …… 110

4-1 銀行グループでありながら、手探りの新銀行設立 …… 110
4-2 銀行「らしさ」からの脱却を目指して …… 114
4-3 システム開発の予算コントロール …… 123
4-4 海外の先進事例を肌で感じるために …… 127
対談：ビジネスをアジャイル化する …… 133

第5章 銀行であって「銀行らしくない」ブランディング …… 150

5-1 デジタルバンクのビジネスモデルを考える …… 150
5-2 新たなブランドの確立に向けて …… 152
5-3 デジタルバンクらしいマーケティング戦略 …… 159
5-4 唯一の顧客接点であるスマホアプリへのこだわり …… 172
5-5 パートナー企業とのアライアンス推進 …… 183
対談：本気で変えると思うこと …… 190

第6章　ゼロからの組織づくり……203

6-1　アジャイル型ビジネスを実現するための組織設計……203
6-2　銀行の屋台骨を支える銀行員のアサイン……208
6-3　プロジェクトに共感したメンバーの結集……211
6-4　新銀行の志となる「ミッション・ビジョン・バリュー＋INSIGHT」の策定……215
対談：イノベーションを起こせる組織とは……226

第7章　フルスクラッチのシステム開発……239

7-1　次世代バンキングシステムを開発するパートナー（SIer）選定……239
7-2　フルクラウド型バンキングシステム構築への挑戦……242
7-3　マイクロサービスアーキテクチャーの採用……249
7-4　あらゆる制約の中で、スピーディーかつハイクオリティーなシステム開発を行うために……253
対談1：その仕事は社会を変えられるか……259
対談2：怒鳴り合うほどの仕事とは……274

第3部 「イノベーションのジレンマ」に陥っている読者への提言

第8章 イノベーションのジレンマからの脱出メソッド ……286

Escape Method 1：次の「顧客」、顧客が求める「次のニーズ」を探索する ……286
Escape Method 2："Time is Money"で小さく、早く始める ……288
Escape Method 3：「アジャイル」の考え方を、「開発」プロセスだけでなく、「ビジネス」全体に適用する ……290
Escape Method 4：目指すビジネスを定義し、人、組織、カルチャーをつくる ……292
Escape Method 5：小さなキャズムをいくつも越える ……296

付録 「INSIGHT」仕事の流儀 ……299

あとがき ……308

・本書の登場人物はみんなの銀行をつくった人たちです。本書の著者はみんなの銀行としておりますが、客観的に表現するために、第三者の視点で書いています。なお、登場人物の敬称は省略しています。
・本書に掲載している図や表は、ふくおかフィナンシャルグループ、または、みんなの銀行の著作物です。
・本書では、商標、および、登録商標を示す記号（®、TM）は省略しています。

第1部

実践「両利きの経営」
ふくおかフィナンシャルグループの経営戦略

ESCAPE FROM THE INNOVATION DILEMMA

第1章 大企業の模索～ふくおかフィナンシャルグループの狙い

1-1 「10年後の銀行のあるべき姿を考えよ」、すべてはこの言葉から始まった！

新しいことへのチャレンジ精神の原点

現在の永吉に会った人たちは、皆さん口々に「もともとはIT企業の方ですか？」とか、「ベンチャー企業出身ですか？」と尋ねられます。それは、永吉がおよそ銀行マンとは思えない、ましてや「頭取」と呼ばれるにふさわしくないラフな服装で人々の前に現れるためです。そのため多くの人が、永吉がIT系のベンチャー企業などから引き抜かれた人物だという印象を受けてしまうのです。

しかし、永吉はれっきとした銀行員です。大学を卒業した1995年に福岡銀行に入行し、支店に配属されると法人顧客の集金や貸し出し業務に携わります。既にバブル崩壊が始まっていた頃です。その後、東京支店での勤務経験を経て地元福岡に戻りますが、その頃、金融業界にはバブル崩壊後に生じた激震が走っていました。

あらゆる産業で企業が相次いで倒産し、当然ながら金融業界にも大きな波となって襲い掛かったのです。損失補塡や利益供与、事実の隠蔽などの不祥事が相次ぎ、政府も「大手金融機関は破綻させない」という方針から、「市場から退場すべき企業は退場させる」という方針に転換します。このことにより不良債権の査定が厳格になり金融機関の破綻も相次ぎました。

福岡銀行でも不良債権処理のタスクフォースが立ち上げられ、20代後半となっていた永吉も加わることになります。

当然ながらタスクフォースの中心メンバーは審査の手だればかりです。そこに配属された永吉は歓迎会で迎えられるような悠長な状況ではないことを悟ります。配属初日から右も左も分からないままに日付が変わる深夜まで働くことになり、「これは修羅場だ」と業界が置かれた危機的状況を痛感することになりました。

ここで永吉は、企業の再生や不良債権処理という貴重な体験をします。後に永吉は、「この時の経験が、新しいことへのチャレンジ精神の原点となった」と振り返っています。

ビッグイベントに関わった経験値

不良債権処理のめどが立つと、いよいよ銀行自身の再編が始まりました。2007年に熊本銀行と経営統合、その半年後には長崎の親和銀行と経営統合し、国内最大の広域展開型地域金融グループ「ふくおかフィナンシャルグループ」(以下、FFG) となります (**図表1-1**)。

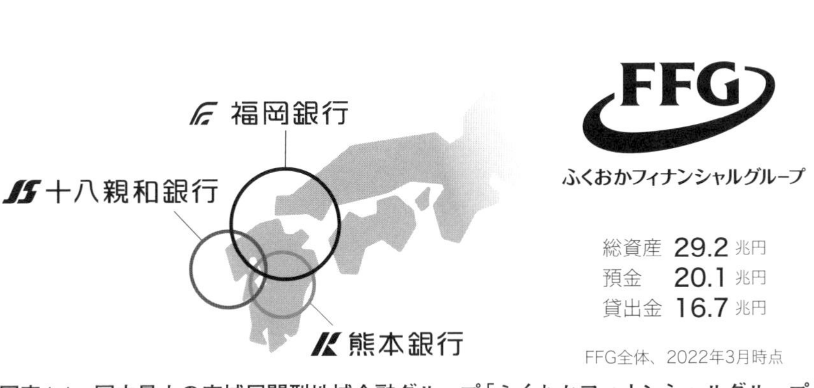

図表1-1　国内最大の広域展開型地域金融グループ「ふくおかフィナンシャルグループ」
出所：FFG

永吉はFFG立ち上げの検討から設立に至るまでのタスクに携わり、経営統合後は経営企画部門に所属しながら、異なる銀行で働いてきた人たちが一つのグループで働くために必要となる業務・システムの統合や意識統合のプロセスを管理するPMI（Post Merger Integration）の難しさを、約10年にわたって経験することになります。FFGの設立というビッグイベントと、それに伴う各種難題に直面した経験は、永吉の確固たるバックグラウンドとなります。

現在、永吉は次に示すような多くの肩書を持っています。

株式会社ふくおかフィナンシャルグループ 執行役員
iBankマーケティング株式会社 取締役Founder
株式会社みんなの銀行 取締役頭取
ゼロバンク・デザインファクトリー株式会社 代表取締役社長
株式会社diffeasy 取締役
株式会社TAP 取締役
DIAGONAL RUN TOKYO／FUKUOKA／NAGASAKI チェアマン
事業構想大学院大学 客員教授

これら一つひとつは永吉が携わってきたプロジェクトを表しています。このことについて永吉は、堀江貴文氏が著書『多動力』（幻冬舎、2017年）で述べている言葉を引き合いに出して、「人は３つ以上の肩書きを持つことでユニークな存在になり自分の価値を高めることができるのだ」と言います。

「会社の中にいると一つの業務に携わったままでいることが多いのですが、どんな小さな肩書きでもいいので３つ以上持つことができれば、他の人とは違ったユニークな人材になれる」（『多動力』から引用）

そうしてバックグラウンドが広がっていくと永吉は言い、「自分は本当にいろいろな経験を積ませてもらえる非常に恵まれた環境にいた」と自らの経歴を振り返ります。

異業種（非金融業者）の金融参入

今、銀行はとても大きな変化のうねりの中にいます。例えば2016年9月には、日本の地域金融機関は第一地銀と第二地銀を合わせて106行ありましたが、現在は統合が進み、2022年3月時点で100行に減少しています。また銀行のコア業務である融資と手数料のみでどれだけ稼げているのかを示す顧客向けサービス業務利益（貸出金利息＋役務利益－預金利息－経費）が赤字の銀行は、2017年度の決算において、地方銀行の数の半分を占める54行にも上り、連続赤字となっている銀行も存在します（2018年11月、金融庁「金融仲介の改善に向けた検討会議」向けの説明資料より）。

この原因はいくつもあると思われますが、少なくとも次の４つ、すなわち「人口減少・少子高齢化」「低金利環境の長期化」「デジタルテクノロジーの進展による金融のアンバンドリング（ばらばらにされること）」、そして「異業種（非金融業者）の金融参入」によることは間違いないと考えられます。

１つめの人口減少・少子高齢化は、特に地方銀行ではいかんともし難い外的要因です。例えばFFGの地盤である九州では、2015年に1301.6万人ほどであった人口が、30年後の2045年に1056.9万人と約２割減少すると推測されています（国立社会保障・人口問題研究所「日本の地域別将来推計人口（2018年推計）」より）。

２つめの低金利の長期化については、銀行のみならず世の中の金利がほとんどゼロになり、マイナス金利という経験もしました。もはや銀行にお金を預けると管理費や手数料を取られて損をしてしまう、また、銀行にとってもお金を貸し出して金利で稼ぐという従来のビジネスモデルがこれまでのように成り立たなくなるという事態に陥っています。

３つめのデジタルテクノロジーの進展による金融のアンバンドリングについても、現在のテクノロジーの進化はデジタルディスラプターを生み出し、従来の様々な業界構造を破壊しつつあります。金融業界においてもFinTechの広がりにより、銀行が従来提供してきたワンストップ金融サービスから、決済や融資、運用などのそれぞれに特化したサービスの提供者が現れるなどしてアンバンドリングが進んでいます。

FinTechの担い手の多くは、ベンチャー企業やスタートアップ企業です。これらの企業が、金融の一つひとつの機能である決済、融資、資産運用などを、より使い勝手の良いサービスとして提供し、シェアを伸ばしつつあります。

そして４つめの異業種（非金融業者）の金融参入では、イオングループやセブン＆アイ・ホールディングス、ローソンなどの流通業やGAFA（Google、Apple、Facebook〈現Meta〉、Amazon）のように、既に巨大な顧客基盤やインフラを持っている企業群が金融サービスに参入してくるという、銀行にとってはFinTech以上の大きな脅威となりつつあります。

1-2　ルールチェンジとパラダイムシフト

人々の価値観や行動の大きな変容

人々の生活様式も大きく変わってきました。現代を生きる多くの人はスマートフォンを持ちますが、それはここ10〜15年の変化です。それ以前のフィーチャーフォン（いわゆるガラケー）でも、例えば写真撮影をすることはできましたが、スマートフォンは撮影にとどまりません。撮影した写真をすぐさまSNSに投稿し、世界中の人々と感動や臨場感、そして時間や空間の情報を共有できるようになったのです。写真を撮って自分の思い出や記録としてストック（保存）する行為から、写真をシェアする行為に変わったのです。これは、もはやデバイスの性能向上にとどまる変化ではなく、人々の価値観や行動の大きな変容を意味しています。それがわずか10～15年の間で起きているのです。

別の例を挙げます。2016年までの日本の町なかでは、そば屋などが自店舗のためだけの出前サービスを提供していました。ところが2020年になると、提携している複数の飲食店の商品を、店からは独立したフードデリバリーの担い手が配達するように変わりました。前者では電話で注文して商品の受取時に現金で配達員に代金を支払っていましたが、後者ではスマートフォンで注文すると同時に決済も終了しているのです。しかも、あらゆる注文と配達の記録（店舗、商品、配達先、注文者の情報、配達者の情報など）がリアルタイムで記録されています。

この変化は、2016年から2020年のわずか４年の間に起きているのです。ここで注目すべきもスマートフォンとインターネットというインフラの変化だけではありません。飲食店とデリバリーサービスを管理する事業者が提携し、特定の店舗に属しない配達員が、これもまたスマートフォンで受注して店舗や発注者の情報を得るという新しいビジネスモデルの誕生という変化が起きています。しかもそのサービス（店舗選びから商品選び、注文、決済まで）をスマートフォン一つで完結できるという利便性を手に入れた消費者の価値観や生活スタイルの変化を伴っています。

2016年までは出前など注文したことがなかった世代の人たちが、わずか４年後には出前の定番だったそばやラーメンに限らず、ハンバーガーから中華料理、イタリアンなど様々な商品を当たり前のように注文するようになりました。

様々なルールチェンジやパラダイムシフト

企業の中でも、ほんの数年で様変わりしたことがあります。従来、大企業の役員たちは大きな円卓に座り、各人が紙の書類を参照しながら会議に臨んだものです。ところが新型コロナウイルス感染症の拡大により３密を可能な限り避けるようになると、大企業の役員であっても自分のパソコンを利用したオンライン会議を行うようになりました。

それまでにもインターネットやパソコンはありましたし、オンライン会議システムも存在していましたが、銀行業界は利用してきませんでした。オンラインで会議を行うことで機密情報が漏洩したらどうするのか、というリスクを語り続けてきたのです。そのため、どうしてもオンラインで会議を行わなければならない場合は、専用回線で接続された会議室間でのみ行っていたのです。そのため、オンラインにより外部とコミュニケーションを取る機会はほとんどありませんでした。

しかし、コロナ禍では徹底した３密回避のために、オンラインによるコミュニケーションは避けられなくなり、現在では使用ソフトを限定するなどのセキュリティー上の制約があるものの、パソコンを利用したオンライン会議も日常的に行われるようになりました。このようにオンラインによるコミュニケーションが日常的になれば、おのずと情報伝達の考え方や仕事の進め方、あるいはそのスピード感も変わってきます。

以上のように、テクノロジーの変化は、様々なルールチェンジやパラダイムシフトを促進しました。いわゆるウーバライゼーション（Uberization）が起きているのです。ウーバライゼーションとは既存業界のビジネスを壊すビジネスモデルが登場する環境を示す言葉です。

インターネットとモバイル端末、SNS、クラウド、ビッグデータとそれを解析するAI（人工知能）などの普及と進化が破壊的イノベーションをもたらし、ルールチェンジやパラダイムシフトを促し様々な業界に変革を迫りました。

リアル店舗を前提にした小売りや流通がAmazonに脅かされ、映画館やテレビ放送、CDやDVDショップによる動画コンテンツの提供がNetflixなどの動画配信に取って代わり、宿泊サービスもホテルからAirbnbが選ばれるようになり、タクシーを捕まえるよりもUberで配車要請をする、といったビジネスモデルの変革が起きています。

お客様のニーズと金融サービスの提供レベルのギャップ

このような変革から、銀行業だけが無縁であるはずがありません。しかし当の銀行関係者にとっては、頭では理解できていても実感としての切迫感はないのかもしれません。

しかし永吉は「データとデジタルを使ったコネクティビティー、つまり接続の容易性において、金融のビジネスが変わっていくはずだ」と考え、既に「兆候は表れている」と指摘します。

その一つが**図表1-2**のグラフです。このグラフは、福岡銀行の１日当たりの窓口来店客数の推移（2010～2020年）と、同行のインターネットバンキングの年間取引件数の推移（2010～2019年）を表しています。このグラフを見ると、この10年間に窓口に来店して手続きをされるお客様は４割ほど減少しているのが分かります。一方、インターネットバンキングを利用した取引は2.4倍に増加しています。ここに見られる変化は、福岡銀行のお客様の数そのものが減少したのではなく、その利用方法が変わってきたことを示しているのです。

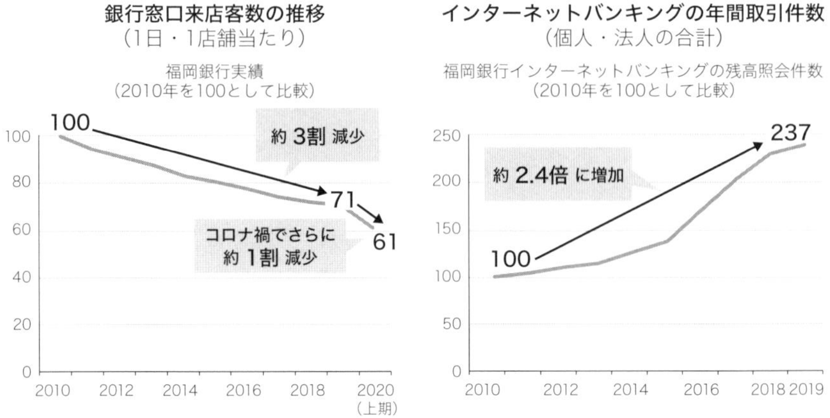

図表1-2　金融取引における利用チャネルの変化
出所：FFG

もう一つの兆候はFinTechの登場です。2015年にFinTechが日本に上陸したとき、金融業界には激震が走りました。各銀行は慌てて行内にFinTech専門部署などを設置し、FinTechの情報を集めたり、様々なイベントに参加したりして、FinTech企業との人脈を築こうとしました。

FinTechであるベンチャー企業やスタートアップ企業は、銀行機能や商品の一部に特化して使い勝手の良さを追求した新しい金融サービスを提供しました。そのようなFinTech企業に銀行はアンバンドリングされて自分たちの市場が侵食されるかもしれない、銀行業界はそう感じたのです。

それではその後、FinTech企業がどれほど市場を席巻したかというと、実は当時のブームを起こした企業やサービスのほとんどが消えてしまいました。一部はIPO（新規公開株式）を果たしてさらなる成長を遂げましたが、多くのベンチャー企業やスタートアップ企業は市場から撤退しました。

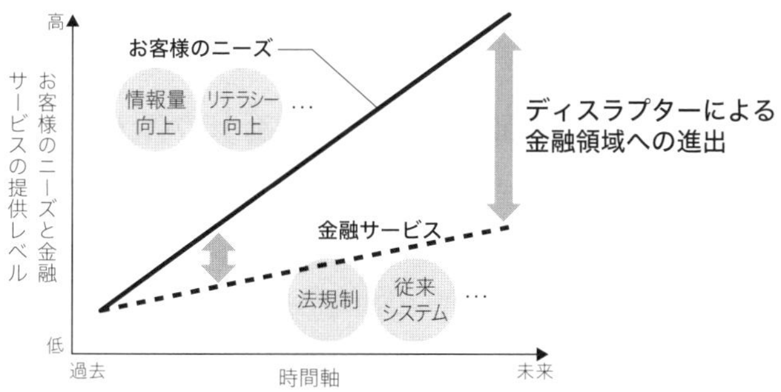

図表1-3　お客様のニーズと金融サービスの提供レベルのギャップ

出所：FFG

しかし、FinTech企業の登場は本当の脅威の前触れです。それがGAFAやBAT（バイドゥ、アリババ、テンセント）をはじめとするプラットフォーマーによる金融業への参入です。日本であればメルカリやLINEがそれに当たるでしょう。既に巨大な顧客基盤を持ち、それぞれが自らの経済圏を構築しているこれらのプラットフォーマーが金融業に参入すれば、すぐにでも銀行機能の大部分を代行することも可能です。これらのプラットフォーマーこそが、本当の脅威です。

ではなぜ、銀行はこれらを脅威と感じているのでしょうか。それは、お客様のニーズと金融サービスの提供レベルのギャップが生じているためです。銀行はお客様のニーズに応えるために、様々なサービスを開発して提供レベルを改善してきましたが、実際のニーズはそれ以上に高まっているのです（**図表1-3**）。ここをFinTech企業やネット銀行などが捉えようとしたのです。

1-3　金融機関を取り巻く環境の変化

インターネット専業銀行（ネット銀行）の参入が相次いだ

銀行によるサービスの開発や改善がお客様のニーズに追い付けないのには理由があります。銀行は銀行法という厳しい法規制に守られると同時に、できることが制限されているからです。また、長年、紙と判子と人により積み上げてきたビジネスなので、デジタル化やシステム化を進める際に影響する範囲が広く、重層的なシステムが既に出来上がっているため、銀行のシステムや商品を変えるのは容易ではありません。

それでも以前は銀行でしか扱えない金融サービスが多かったことや、比較する対象がなかったことから、お客様は当たり前のように銀行の窓口に来店されていました。

しかし現在は、何をするにもインターネットで簡単に情報を得られますし、利用できるサービスも多様になってきました。そこに非金融事業者が金融サービスを提供するようになり、しかも銀行では提供できていない利便性の高いサービスを提供しているので、銀行に行くべき動機が薄れてきたのです。例えばスマホ決済サービス（コード決済）のPayPayや交通系ICなどは最たるもので、店頭での決済はもちろんのこと、個人間でもお金のやりとりができます。このようなサービスの利用者から見れば、銀行はむしろ使い勝手が悪いとすら感じるはずです。

利用者ニーズと銀行が提供できているサービスレベルのギャップを突いたサービスを開発し、非金融事業者たちが金融サービスに参入してきています。その状況を表したのが**図表1-4**です。図中の点線から下は、2000年代にネット銀行の参入が相次いだことを表しています。

銀行のシステムや商品は変えにくいとお話ししましたが、それでもイ

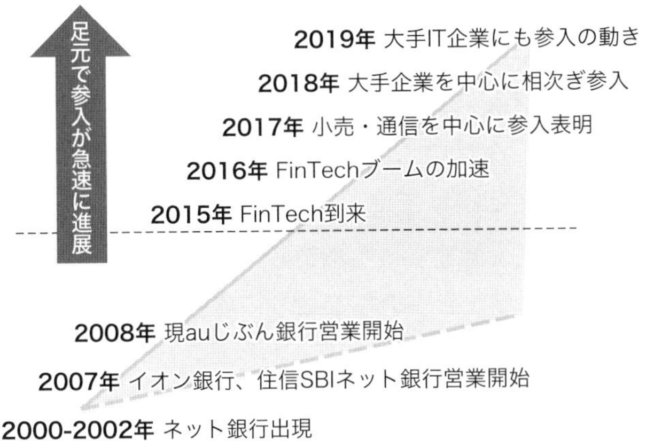

図表1-4　金融業界における非金融事業者参入の歴史
出所：FFG

ンターネットが普及した際にはいち早くインターネットをサービスに取り込んだ業界でもあります。それまでの銀行窓口では混雑時には１時間待ちも当たり前の状況でした。この不便さを解消すべく、インターネット経由でパソコンから残高照会や振り込みなどができるように各銀行は大きな投資をしました。

実はその後に勃興してくるネット銀行というのは、既存の銀行が構築したインターネットバンキングの仕組みをそのまま複製し、リアルな店舗をなくした銀行とも言えます。そのため、ネット銀行も既存の銀行のインターネットサービスも、裏側から見れば全く同じ仕組みで動いているのです。ただ、ネット銀行の画期的だったところは、後発組であるが故に、最初から最少の設備で立ち上げることができた点です。すなわち、本店や支店と行ったリアルな店舗を省くことができ、人件費も最小限に抑えることができました。

つまり、ネット銀行とは、既存の銀行からインターネットでできるサービス部分だけを切り出して軽量化した銀行だと言えます。ところがその後、さらなる金融の規制緩和が進むとネット銀行ではないFinTechのサービスが非金融業者から登場してきました。一気にあらゆる業界が部分的に特化した金融サービスを提供できるようになったのです。

新しいチャレンジを続けてきた銀行

さて、このまま非金融業者の金融業参入に対して何も対策を行わなければ、銀行はディスラプトされてしまうのでしょうか。永吉はよく、諸葛孔明の次の言葉を引用します。

「座して死を待つよりも、いでて活路を見いださん」

FFGには、変化を逆手に取り、新しいチャレンジを続けてきた銀行であるという自負があります。

FFGの歴史はチャレンジの歴史であったとも言えます。FFGのグループ経営理念には、「失敗を恐れない行動力を持つ」というフレーズが含まれており、チャレンジすることを良しとする社風があります。世間一般では、銀行は保守的で現状維持を好み、人事評価も減点主義で、一つ失敗すればどこかに飛ばされてしまう、そのような印象を持たれている方も多いと思います。しかしFFGでは、失敗をすることは、それが次の成功に活かされるのであれば評価すべきであるという社風があります。

それならFFGは一足飛びにDX（Digital Transformation）を実現できるのかというと、そうではありません。DXには段階があります。その段階とは、「デジタイゼーション」(Digitization)→「デジタライゼーション」（Digitalization）→「デジタルトランスフォーメーション」（Digital Transformation）」の３つのステップです。

まず「デジタイゼーション（情報のデジタル化）」として、業務で使用していた資料などをデータ化して紙や判子をなくします。情報の確認や入力もウェブ上でできるようにします。次に「デジタライゼーション（業務のデジタル化）」として、前工程でデータ化された情報を業務の効率化に活かします。検索や入力が効率化され、自動処理が進むことで業務の処理速度が向上し、コストも削減されます。

ここまでの「デジタイゼーション」と「デジタライゼーション」は、既存業務を効率化する段階です。これらの段階を踏まえた上で、もう一段上の階層にある事業そのものをデジタルで変革したり、デジタル技術によって新しいビジネスモデルを生み出したりする段階がDXです。DXはデジタルにより既存のビジネスを抜本的に変えていきます。

例えばFFGの例では、現在福岡銀行の店舗に行っていただくと紙の伝票類がありません。お客様がタブレットで必要な情報を入力していただくと、窓口の後ろ側に入力情報が送信され自動処理されます。デジタル化により紙と判子をなくし、デジタライゼーションで自動処理化を実現しているのです。窓口の担当者が再入力する必要はありません。

ただ、既存の銀行内はまだDXにまで至っていません。現在は、デジタイゼーションとデジタライゼーションを積み重ねている段階にあります。

では、なぜDXに至らないのでしょうか。既存の銀行内では、既存の様々なルールやシステム上の制約を受けざるを得ないためです。

既存のルールや仕組みにとらわれない新規事業をゼロから立ち上げ

そこで、既存の銀行から飛び出したところにiBankマーケティングやみんなの銀行がDXの担い手として登場してきます。いえ、正確に表現すると、DXを進めるためにiBankマーケティングやみんなの銀行を立ち上げたのではなく、世の中の変化に対応すべく新しい銀行の在り方を求めてiBankマーケティングやみんなの銀行を立ち上げた結果、DXが実現されたのです。

よく何かデジタルツールを導入することで業務が可視化されたことをDXと言っている人がいますが、それはDXではありません。DXは映画『トランスフォーマー』でトラックがロボットに変身するくらいのインパクトのあることで、それを実現するためにFFGでは、iBankマーケティングとみんなの銀行という新規事業を外部に立ち上げたのです。これは「はじめに」で言及した『イノベーションのジレンマ』を克服するための『両利きの経営』に対する実際の答えの一つだと考えています。

それでは母体であるFFGのデジタル化はどのように進むのでしょうか。**図表1-5**をご覧ください。一番下の濃いグレーの部分はアナログで

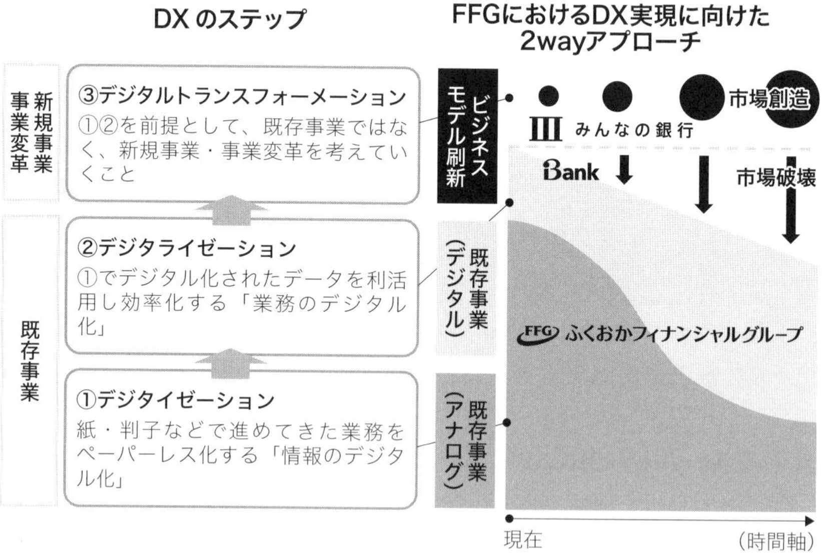

図表1-5　FFGのDX戦略
出所：FFG

処理されている割合で、薄いグレーがデジタル化された割合、そして最上部の白い部分がDXの割合を示しています。横軸は時間の経過を表します。

現在は、まだアナログ対応している割合とデジタル対応している割合は、おおよそ８対２くらいのイメージでいますが、将来的にはこの比率を逆転させたいと考えています。そのため、グラフ上でも右に行くほど（時間が経過するほど）濃いグレーの部分が下がっていますが、そのような体制になるために一体何年かかるのかは見えていません。恐らく２～３年という時間軸ではなく、10年といった時間のかかり方になると思われます。

ただ、環境の変化やテクノロジーの進化の加速によって、現在想定しているよりも前倒しされる可能性は高いかもしれません。さらに地方銀行における経営環境の変化の中では、少子高齢化による顧客基盤の縮小は特にインパクトが大きいと考えられます。そこに地域性を持たないネット銀行やFinTech、さらにはプラットフォーマーたちが全国展開の名の下に地方の顧客も奪いに来るわけです。

従って、デジタイゼーションやデジタライゼーションにとどまらず、DXを進める必要性は大きくなってきます。既に福岡銀行は地域において圧倒的な知名度と顧客基盤がありますが、一歩県境を越えてしまうと、果たして競争力をどれだけ維持できるのかは疑問です。しかし、デジタルの世界であれば、日本全国がマーケットになり得ます。つまり、iBankマーケティングやみんなの銀行のFFGにおける役割は、県境を越えて攻めてくる新しい競合先の侵入を阻止しながら、自らは県境を越えて新しい市場を創造していくことにあります。これが**図表1-5**の最上部の変化です。

既存の銀行が既存のルールや仕組みを変革するために10年もの月日がかかるのであれば、外に飛び出して既存のルールや仕組みにとらわれない新規事業をゼロから立ち上げて、迅速に市場を取りに行く動きが必要になります。このような取り組みが認められて、FFGは、2022年度に東京証券取引所と経済産業省が毎年発表している「DX銘柄」に選ばれました。

第２章　「知の探索」苦難の道～デジタルバンク戦略「みんなの銀行」へ

2-1　iBankマーケティング新設 “iPhoneのようなイノベーティブな金融サービスをつくりたい”

FFGでは2013年に中期経営計画が始まりました。中期経営計画は３年サイクルで見直される計画です。この年の中期経営計画は、FFG取締役社長（現・取締役会長）の柴戸隆成が福岡銀行頭取に就任して最初の計画であったこともあり、新しい取り組みへのモチベーションが高まっていました。そして新しい取り組みの担い手として経営企画部の永吉（現みんなの銀行取締役頭取）に白羽の矢が立てられ、柴戸から与えられたミッションが「はじめに」にも書いた言葉でした。

「10年後の銀行のあるべき姿を見据えて、これまでの延長線上にない、非連続の成長戦略を描いてほしい」

10年後に金融業界や銀行はどうなっているのか。その変化に対して、今から何ができるのか――。永吉は考えました。しかし銀行は規制業種です。どうしても現在取り扱っている商品やサービスの延長で考えてしまうため、できないことの方が多いと思えてきます。しかし柴戸は、そのことも見越して言葉を付け加えていました。

「既存の銀行の延長線上じゃなくてもいい」

銀行がなくても他のサービスで代用できれば銀行は要らない

そうは言っても、簡単に10年後の銀行がどうなっているのかを描くことはできません。とはいえ、銀行にとって厳しい状況になっているのは間違いないだろうと永吉はいくつかの予測を立てました。

低金利の長期化に伴う資金利益の低下やコスト削減余地の限界、少子高齢化の進展に伴う人口減少社会の到来、若者の銀行離れによる銀行の役割の変化、各種サービスの台頭による伝統的な役務収益の減少、情報・金融化テクノロジーの劇的な変化、インターネットバンキングに求められる役割の変化などです。

このような変化を今から約10年前、2013年に想定し、同時に、「こうした変化の中で、デジタルと親和性の高い未来の銀行顧客である若い人たちにはどのような需要が生まれているだろう」と考え始めます。そしてたどり着いた結論はこうでした。

「銀行がなくても他のサービスで代用できれば銀行は要らないという人たちが増えてくる」

この時、10年後の銀行を考えるために、永吉のほか経営企画部から２人が加わり、メンバーは３人になっていました。しかし、３人とも根っからの銀行員ですから、銀行らしくない銀行のサービスなど思いつきません。

良いアイデアが浮かばない悶々《もんもん》とした日々を過ごす中で、メンバーと飲みに出掛けた際に話題に上ったのがAppleのiPhoneでした。「iPhoneってすごいな」と誰かが言います。デバイスとしてのデザイン、操作性、搭載されているOSやアプリケーション、提供されているサービス、そして画期的なビジネスモデル。

「これこそがイノベーティブなサービスだな」
「iPhoneみたいな画期的な金融サービスがあれば……」

３人は酔った勢いでプロジェクトのテーマや構想を出し合います。

「iPhoneみたいな金融サービスを提供するのだから、iBankがいい！」

後につくられる会社「iBankマーケティング」の社名はこうして決まりました。2014年ごろのことです。まだFinTechという概念が日本に上陸する直前でしたので、３人ともFinTechがどのようなものなのかも知りませんでした。純粋に10年後の金融サービスを、銀行のルールや制度に縛られずに考え始めたのです。

テクノロジーやデジタルによって進歩したサービスを使っている人たちは誰か

当時のFFGの戦略は、グループ全体の規模の経済性を活かし、グループ内の銀行が各エリアでシェアを広げることでマルチブランドを磨き上げていくというものでした。

しかし、このアプローチでは、いずれ有限な狭いエリアでの顧客獲得競争に陥ってしまいますので、10年後のアプローチとしてはふさわしくありません。

そこで視点を変えます。情報・金融テクノロジーは劇的に進化し、様々な非金融事業者のプレーヤーの登場により、銀行が銀行でなくなる日がやって来る。その時、既存のインターネットバンキングに求められる役割はどう変化しているのか――。まだDXやFinTechといった言葉が普及していなかった当時では、これらの視点に基づいて戦略的な打ち手を明確に掲げている銀行はありませんでした。

そこで永吉ら３人は､これらの視点で未来の銀行顧客を考えたときに、テクノロジーやデジタルによって進化したサービスを使っている人たちは誰かを考えます。すると、現在Z世代あるいはデジタルネイティブ世代と呼ばれるデジタルとの親和性が高い若い人たちが浮かび上がってきました。

彼・彼女らはデジタルで提供されるあらゆるサービスを難なく使いこなすので、将来銀行がなくなっても困らないであろうと考えたのです。既にFinTechが浸透し始めていた米国では、この世代の若い人たちの多くが「５年後には銀行がなくなるだろうと考えている」というアンケート調査もありました。遠からず日本のZ世代も同様の考えを持つに至るのではないか。

そしてもう一つ、銀行業界特有の問題が生じていました。

実は銀行は、今で言うDXの先駆けともいう動きを見せていました。それは、インターネットとパソコンの普及に合わせて、店頭業務をインターネットに接続したパソコン上で対応できるインターネットバンキングの開設に莫大な投資を行ったのです。ところがその結果、銀行は「デジタル化を実現した！」と自負を持ってしまったかのように、それ以降のDXが進められなくなりました。

しかし、消費者のライフスタイルは変化を続けます。フィーチャーフォンからスマートフォンに持ち替えられ、インターネットに日常的に接続するデバイスがパソコンからスマートフォンに替わったのです。この変化をあらゆる業界が捉え、ウェブサイトのスマートフォンへの最適化やスマートフォン用アプリの提供を始めました。

ところが銀行の対応は遅れます。恐らく、インターネットバンキングの利用に関しては、画面の小さいスマートフォンより画面の大きなパソコンが好まれるだろうと判断したのでしょうが、スマートフォンは瞬く間に普及し、インターネットに日常的に接続する端末としての地位を確立します。結果的に、スマートフォンのデバイスとしての可能性を過小評価したことになります。

永吉らは銀行の必要性を感じていないＺ世代に刺さるサービスは何かを考え、たどり着いたのは、スマートフォンの良さを最大限に活かしたサービスです。デジタルをベースにしたサービスであれば、そもそもエリアの概念はありませんから、市場は全国に広がります。

ただ同時に、スマートフォンのユーザーにしかサービスを提供できないという制約が生じます。ここで発想を転換する必要が生じました。銀行は昔から社会のインフラや社会の公器と呼ばれ、子供から高齢者まで使えるサービスの提供者として存在してきました。しかし、デジタルとの親和性にフォーカスしたサービスでは使える人と使えない人が出てきます。

これをどのように捉えればよいのでしょうか。すべての人に対応したサービスは画一化せざるを得ません。Ｚ世代に刺さるサービスをデジタルでつくるには、ある程度ニッチな領域にフォーカスせざるを得ない。こうした考えの下で誕生するのがマネーアプリ「Wallet＋」であり、それを提供する「iBankマーケティング」です。

これを戦国時代に例えると、既存の銀行は限られた領地の獲得を巡って国盗《と》り合戦をしている戦国大名です。一方、デジタルで提供されるサービスは、その考え方が刺さる人にだけ強く支持されて、領土（エリア）を越えて全国に信仰が広まっていった一向宗などのように見えます。まさに信仰的拡大です。

このような考えから、iBankマーケティングの中期経営計画では、キーメッセージとして以下を掲げました。

「顧客起点」×「構造改革」による「規模（営業基盤）」の拡大

「顧客起点」とは、お客様を中心にしたサービスづくりの考え方で、プロダクトアウトではなくマーケットインのアプローチを取ることを示しています。「構造改革」を今ふうに表現すれば、「トランスフォーメーション」や「イノベーション」です。

デザインシンキングのアプローチを試みる

iBankマーケティング設立後、日本でもFinTechが注目されるようになった時、永吉たちは「あなた方のサービスはFinTechの延長ですか？」と尋ねられる機会が多くなりました。その度に永吉は、「そうではありません」と答え、「私たちは、銀行が持っていた本質的な経営課題や経営戦略の一つのオプションとしてつくり始めました」と説明します。

永吉たちは、新しい銀行のサービスについて考えたとき、実は銀行のサービスがコモディティー化されていることを改めて感じたと言います。どの銀行のサービスを見ても、内容は全く同じです。住宅ローンもカードローンも内容は同じです。預金のバリエーションも同じです。一見、ユニークな商品名が付けられていても、やはり同じ内容のサービスがそろっています。

なぜ、このようにコモディティー化しているのか。永吉たちの答えは、「銀行がお客様の視点で商品開発を行っていないためではないか」というものでした。顧客起点とどこの銀行も語ってはいるのですが、本当にお客様の課題やニーズに着目して開発された商品やサービスがないのではないかと。あるいはどこかの銀行が新しい商品やサービスを開発すると、

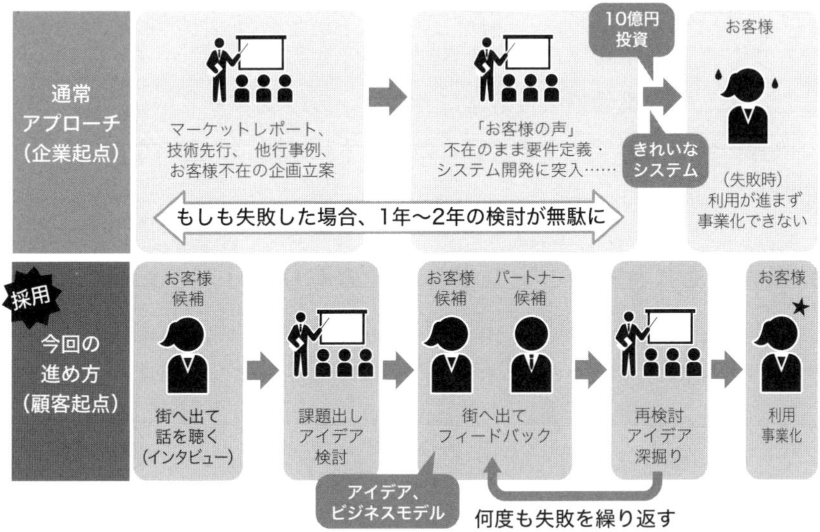

図表2-1　お客様起点でプロダクトを作る
出所：FFG

各社がこぞってまねをします。この点でもコモディティー化しやすい。

そこで永吉たちは、徹底的にお客様にフォーカスするために、「デザインシンキング」(Design Thinking) のアプローチを取り入れてサービスを開発します。デザインシンキングとは、お客様視点に立つことで課題やニーズを見つけ出し、それらの課題やニーズに応えられる解決策を、プロダクトやサービスのデザインで実現しようとする思考法です。お客様を観察して潜在的なニーズを見いだしてアウトプットするだけではなく、小さく作ってはお客様に試していただきながらフィードバックを得てサービスを改良していく手法です (**図表2-1**)。

「作り手の独り善がりで完成図を設計し、一気に開発して市場に投入した結果、全く評価されませんでした」というウオーターフォール型のアプローチを避けたのです。小さく作ってはお客様からのフィードバックを頂き設計に反映させていくことを繰り返し、よりお客様のニーズにマッチした製品を市場に投入するアジャイル型のアプローチを実践しました。そして、市場投入後も常にお客様からのフィードバックに基づいた改善を繰り返していきます。この開発手法は後に、みんなの銀行でも踏襲しています。

外出先でもスマートフォン上で家計のやりくりができる

永吉たちはデザインシンキングを実施する際、10人ほどの様々な属性のお客様にご協力いただいて、インタビューやアンケート、観察を行いながらサービスの企画を立てています。このようにしてお客様一人ひとりの課題を見つけ出して50ほどのサービスの企画書が作成されました。そして各企画書を精査して、デザインシンキングの特徴である多産多死も経験し、わずかな企画だけに絞り込みました。

そして最後に残った企画が「Wallet＋」の原型となります。この企画の構想に当たり永吉は、30代の主婦に対して自らインタビューを実施し、お金の使い方や生活環境、将来の夢や家族との関係性などについて細かく調査しています。その結果、彼女は夫から渡された生活費を食費や光熱費、教育費などの用途別の封筒に現金を分けて入れておき、それぞれの使用状況を封筒の表面に家計簿のように記録していました。そして毎月の余剰分を預貯金に回していました。

この家計の管理方法は、実は主婦の間では広く知られた優れたお金の管理術なのです。実際、ご本人もこの方法に不自由を感じてはおらず、むしろ堅実な管理ができていることを誇っていらしたといいます。しかし完全にアナログでデジタルの要素はみじんもありません。

ところがさらに深掘りしてインタビューしていくと、「実はこんなことができたらもっと便利なのに」というニーズがいくつも浮き上がってきました。その一つは外出中の課題です。

例えばスーパーマーケットで買い物をしている最中に、財布の中の残金は確認できますが、今月の食費の残高は帰宅して食費用の封筒を確認しなければ分かりません。しかも、次の給料日まで余裕があるのかないのか瞬時には計算できません。この残高と余裕の度合いがスーパーマーケットで食品の価格を見ているときに即座に分かれば、「今月は少し余裕があるから、今夜は少し奮発してこのお肉を買って帰ろう」、あるいは「今月は余裕がないから切り詰めなくちゃ」などと判断できます。

また、「今月は光熱費が予想外の出費となってしまったけれども、どの予算から補填して調整すればいいのだろう」とか、外出先で財布の中身を見て家計管理用の封筒から財布に現金を移し忘れていたことに気付いて慌てるなどといった課題も浮かび上がってきました。

これらのニーズや課題を解決できるサービスとはどのようなものかを突き詰め、スマートフォン上で封筒による家計管理のような使い勝手を実現する「Wallet＋」の原型となる「Pocket Wallet」の企画が出来上がったのです（**図表2-2**）。

例えばお客様が自分の銀行口座内に自分でバーチャルの子口座を簡単に設定することができれば、あたかも封筒で家計を管理しているように食費や光熱費、教育費などを可視化して管理できます。その結果、外出先でもスマートフォン上で家計のやりくりができるようになります。

また、今月は食費が足りなくなったので余った光熱費から流用するなど、子口座間でお金のやりとりができれば便利だと分かれば、それを反映させています。さらに、現金であれば使うのが面倒な小銭を貯金箱にためて、ある程度まとまった金額になったら預金するといったこともデ

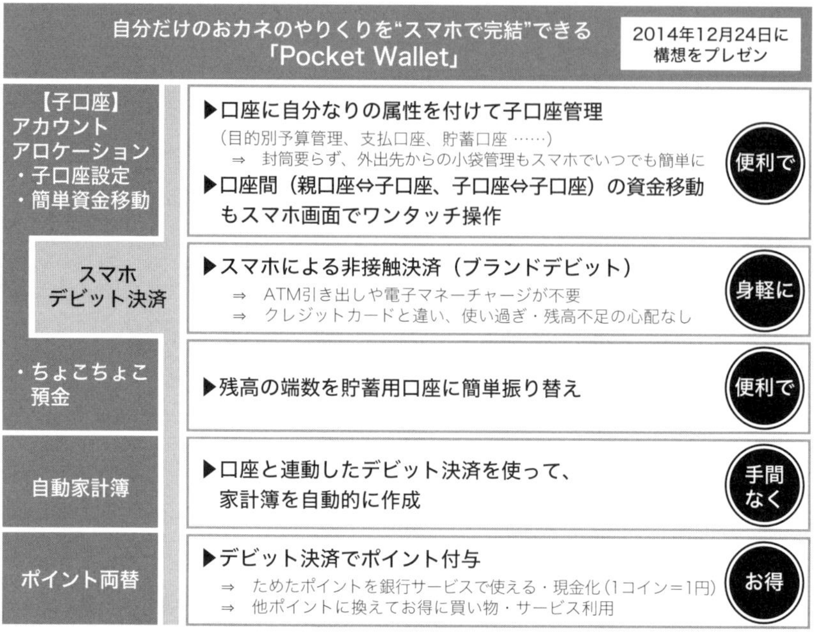

図表2-2　iBankマーケティングの当初のサービスアイデア
出所：FFG

ジタルで再現できたら便利だと分かれば、口座に生じた端数を、いつでも預金に振り替えることができる機能を作るなどしました。

家計簿を付けている方は、レシートを基に何月何日に何にお金を使ったのかを封筒やノートに記録しているのですが、支払いをスマートフォンで決済すれば、自動的に記録されるので、いつでも家計簿代わりに確認できます。

このサービスはあなたがたが使うものではない

このようにお客様のニーズや課題を確認し、解決するためのアイデアを詰め、事業計画を作り、永吉たちはいよいよFFGの経営陣にプレゼンテーションを行いました。この時も紙の資料を配って行うのではなく、新しいサービスがお客様の行動をどのように変えるのかを示した自作のビデオを見せるなどして、これまでとは趣の異なる演出をしました。

プレゼンテーションが終わると会議室内は静まり返りました。そしてようやく役員の一人が言います。

「こんなサービス、誰が使うんだ」

この言葉を聞いた永吉は、思わず言葉を返してしまいます。

「このサービスはあなたがたが使うものではない。顧客起点で作ったものですが何か？」

永吉は経営陣に口答えするという、銀行員として致命的な行動を取ってしまったのです。リサーチを繰り返し、考えに考え抜いたサービスを自らの価値観だけで簡単に否定されたような気がしたためです。「年齢も所得水準も異なる銀行の役員方に一般的な若い世代の生活者の何が分かるのか」。永吉たちからすれば、このサービスこそ、日頃から経営陣が口にしている「顧客起点」や「顧客志向」を愚直に実践して実際に何人ものお客様の声を聞きながら、お客様にとっての「あったらいいな」を実現するサービスだという思いがありました。

想定しているお客様はスマートフォンを日常的に利用している20～30代の人たちです。それを、スマートフォンを使ったことがなく、ましてや細かな家計のやりくりなどしたことがない銀行の役員に想像できるはずもなく、実際に地道な調査を行ってきた結果を否定されたことに永吉は憤ったわけです。

その後も様々な議論が行われました。やはりまだ世の中に存在していないサービスを理解することは、特に銀行の役員クラスの人たちにとっては想像することが難しいのです。しかも、このミッションを与えた柴戸自身も正直に「自分にもよく分からん」と言います。

それでも柴戸は、自分には分からないが、新しいチャレンジとして永吉がプレゼンテーションしたようなアプローチをしていかなければ、これまでと何も変わらないだろうと考え、「やらせてみようじゃないか」とGOサインを出します。

ここでプロジェクトは一応の承認を得て、ようやくメンバーの増員や資金を与えられて本格的な開発プロジェクトに進展し始めました。プレゼンテーションが2014年のクリスマスイブで、会社の設立にたどり着いたのが2016年4月1日ですから、やはり金融サービスの立ち上げには時間がかかることが分かります。

しかも新会社であるiBankマーケティングの設立は永吉のポケットマネーの１万円で行われ、FFGの出島カンパニー的な位置付けになるというこれまでにない異例な立ち上げとなりました。そして2016年7月に、「Wallet＋」がリリースされます。

なぜ銀行がFinTechに負けるのか

iBankマーケティングは本来であれば銀行の出資を受けて立ち上げられるべき会社でしたが、銀行内の組織決定プロセスは複雑で時間がかかるため、新規事業の立ち上げに求められる敏しょう性を獲得できないと永吉は判断しました。また、開発やマーケティングに関しても会社が設立できるまでは外部協力先と契約できないため、その間無為に時間を過ごしてしまうことを恐れました。

そこで永吉は、新会社を社内ベンチャー企業であると位置付け、自らのポケットマネーで起業したのです。もっとも、実際の開発費には10億円単位の資金を動かす必要がありましたので、これは銀行からの出資を待つ必要がありました。

そしてiBankマーケティングは、立ち上げから７年後には資本金25億円超、従業員100人超の企業に成長しています。現在iBankマーケティングが提供するマネーアプリ「Wallet＋」は全国の12金融機関で採用され、200万ダウンロードの実績を打ち立てています。

iBankマーケティングはFinTechの一つと見られることがあります。確かにインターネットやクラウド、スマートフォンといったキーワードはFinTechそのものを表しているように見えます。しかしFinTechは金融サービスの一部分に特化して、優れたUI/UXにより利便性を追求したビジネスです。

それならば、様々な金融サービスをワンストップで提供できる強みを持った銀行が、なぜFinTechに負けるのでしょうか。それは、一つひとつのサービスが複雑で分かりにくいことや、多数のサービスが似ていて分かりにくいこと、そして、どこの銀行のサービスも横並びでコモディティー化していることがあります。

これに対してFinTechは一つのサービスに特化し、ユニークで斬新、そして何よりも利便性の高いサービスを提供しています。言わばとがったサービスと言えるでしょう。

それならば――と永吉たちは考えました。

「一つひとつのサービスをFinTechのように使いやすくユニークなUI/UXに作り直し、銀行の強みであるワンストップでそろえたプラッ

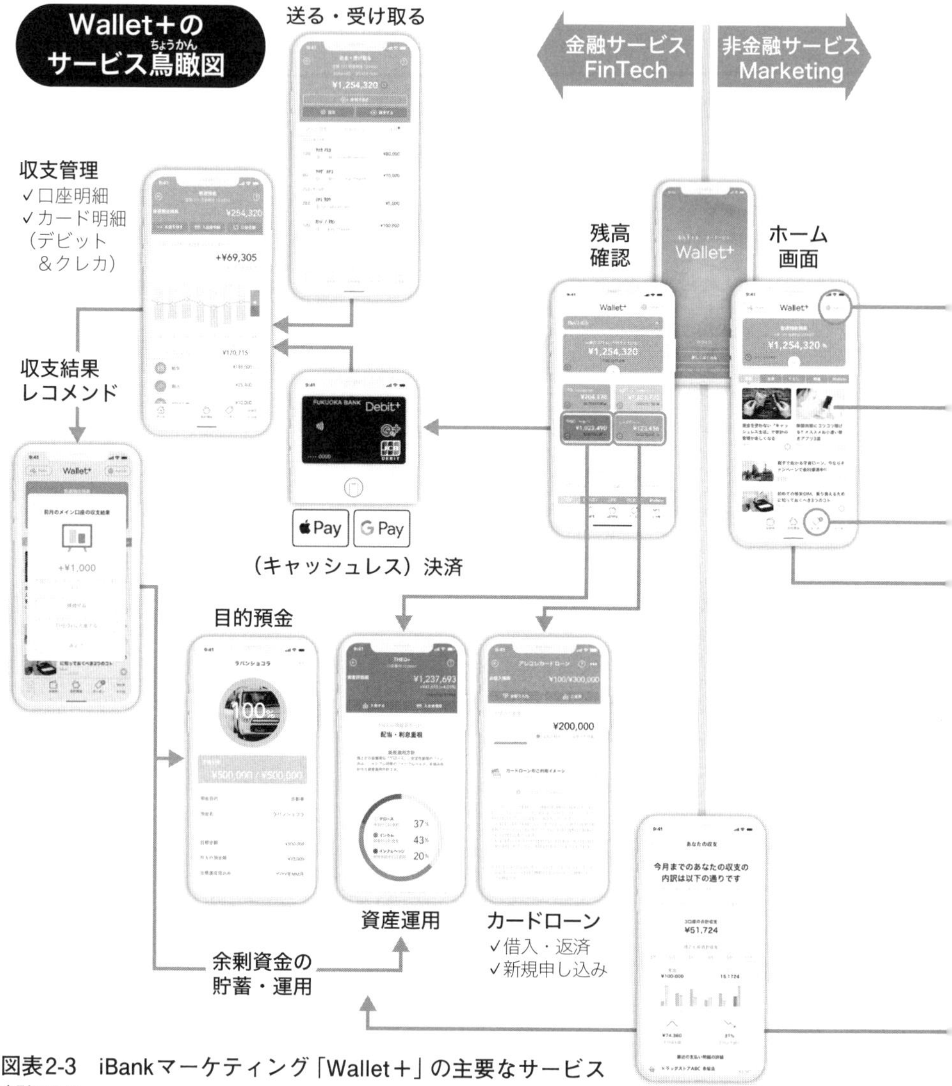

図表2-3　iBankマーケティング「Wallet＋」の主要なサービス
出所：FFG

トフォーム を作ったらとても便利なのではないか」

つまり、FinTechが銀行の機能のアンバンドリングであったのに対

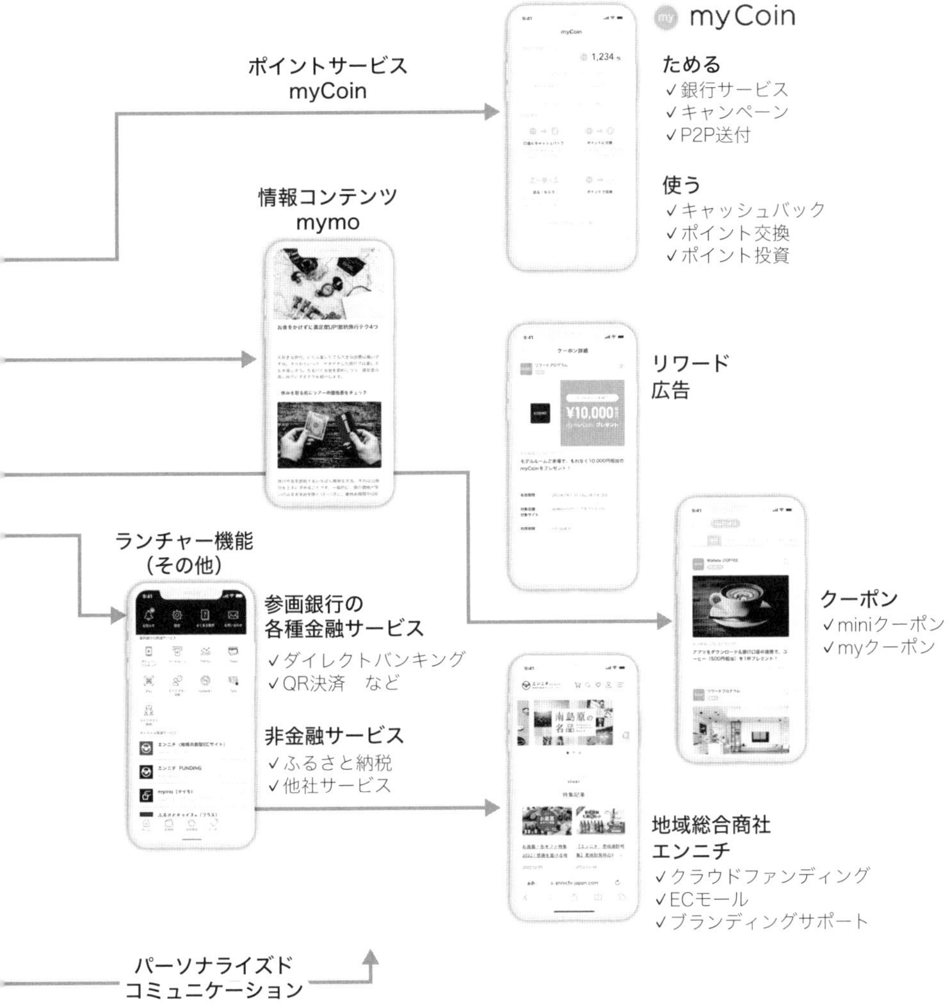

し、iBankマーケティングが目指したのはFinTechの優れた顧客体験をもう一度束ね直すリバンドリングなのです。このことが、iBankマーケティングがFinTechではなく「ネオバンク」である根拠となります。

そのため、iBankマーケティングが提供する「Wallet＋」は、当初は最小限のサービスを提供していましたが、その後お客様の声を反映させて現在では幅広いサービスを提供しています。

図表2-3は「Wallet＋」の主要なサービスを表しています。中央から左半分はFinTech的なサービスで、預金残高が確認できたり決済ができたりします。あるいはお金の管理ができることに加えて資産運用やローンを組むサービスが提供されており、一つひとつがとてもシンプルに作られています。右半分は非金融サービスで、既存の銀行法の下では提供できなかったサービスを提供する機能を搭載しています。例えば、ポイント交換やキャッシュバックのサービスを提供する機能です。そしてアプリのトップ画面は、金融ポータルサイト的にはせず、20〜30代の人たちが興味のある旅行やグルメ、ファッション、イベントなどの情報コンテンツを日々配信しています。これらのサービスを提供することで、「Wallet＋」を起動すれば毎日何かしらの発見があるという世界観をつくり上げています。

未経験の新規事業は計画通りには進まない

iBankマーケティングを出島として銀行の外部で立ち上げることについて、柴戸は当初、銀行の中で銀行の一ラインとして立ち上げることを要請しました。それは、まだ誰も経験していない新しいサービスを立ち上げるに当たっては、銀行にある人的リソースや知見を活用することが有効だと判断したためだと思われました。

しかし永吉は、そもそもこれまで銀行ができなかったサービスや仕組みを作り上げようとしているときに、銀行のルールに縛られるのは得策ではないと考えます。それでは、新しいサービスや仕組みを作るハードルが高くなってしまい、やりたいことが結局できなくなってしまうと直感したのです。

この永吉たちの主張は簡単には受け入れられませんでした。それでも最終的に外部に立ち上げることが決まったのは、iBankマーケティングの中には銀行法の規定の中ではできないビジネスが内包されていたためです。それは例えば広告ビジネスやポイント事業などです。

これらのビジネスを実現するには、やはり銀行の外に会社をつくる必要がありました。また、FinTechのスピード感でイノベーションを行うためにも、銀行のスピード感から脱する必要がありました。

「この決断は、ターニングポイントでした」。後に永吉は振り返っています。「もし、銀行内部で立ち上げていたら、iBankマーケティングは今のような形にならなかったかもしれません」

銀行は組織が大き過ぎる――と彼は言います。「確かに既存の銀行の顧客基盤を使えば労せず200万ダウンロードを獲得できたかもしれませんが、そのお客様たちは果たして私たちのサービス（Wallet＋）を利用されただろうか、という疑問がありました」

そして銀行ビジネスの中に紛れ込んでしまうことで、この新規事業だけで採算が取れているのかどうか見えにくくなることも懸念材料でした。

一方、会社を外に切り出せば、貸借対照表（B／S）や損益計算書（P／L）で稼げているかいないかがガラス張りになり、透明性が求められるようになります。つまり、銀行の中ではスピーディーに事業を展開することができませんが、外に出れば透明性が求められるというトレードオフの関係がありました。それでも最終的に「外でやってこい」と言われたことが、「iBankマーケティングが成功するためのターニングポイントになった」と永吉は語ります。

しかも銀行は減点主義的な評価が行われやすいので、「失敗してもいいからやってこい」と言われたものの、永吉たちとしては何が何でも成功させる必要があり、「死に物狂いだった」と言います。

永吉たちにとっては、事業計画を立てるところまでは容易でした。銀行員として数え切れないほどの事業計画書を扱ってきたため、事業計画を立てること自体には慣れていたためです。

ところが未経験の新規事業は、全く計画通りには事が運ばないということを、半年もたたないうちに痛感することになります。そのため、ビジネスの軸足の置きどころを変えるところから計画を見直します。

その後３～４年間ほどは、世の中にサービスを出してはお客様の反応を確かめつつ経営や事業の方向性を調整していくことになります。その柔軟な対応によって、現在では黒字化しています。もし、当初の計画に固執し続けていたら、「今ごろ会社はなかったかもしれない」と彼は振り返ります。

iBankマーケティングの立ち上げで得たこと

永吉はiBankマーケティングの立ち上げを振り返ると、「銀行の外に立ち上げたことで得たものは多かった」と語ります。

iBankマーケティングのサービスを作る上では、「お客様の潜在的なニーズや課題を徹底的に理解することがビジネスの出発点だった」と言います。そしてこれらのニーズや課題は、すべてデジタルで把握できています。現在どのサービスが使われているのか、あるいは使われていないのか、誰に使われているのかいないのかなど、常に把握することができます。

そのためiBankマーケティングでは、これまでの銀行員の経験や勘で判断するのではなく、データドリブンな経営判断が進められています。

その結果、全く使われていない機能はクローズして新しいサービスの開発に投資するという判断も迅速に行われています。

詳しくは第2部で書きますが、アジャイル開発を採用することで、小さく作ってお客様からのフィードバックをすぐに反映させてサービスを改善する手法を身に付けたことで、細やかで、かつ迅速なサービスのアップデートを可能にしました。

さらに、何もかもを自前で作るのではなく、API（Application Programing Interface）として社外に優れたサービスがあれば積極的に採用すると同時に、自分たちの機能も開放して利用してもらうという柔軟な考え方ができるようになりました。

そしてiBankマーケティングは銀行ではないため、チャレンジする分野を金融に限らずに、金融の周辺にある様々な事業とコラボすることでエコシステムを作り上げることができると考えるようになりました。

ベンチャー企業のようなカルチャーとマインドでビジネスを進めたい

iBankマーケティングの組織文化をつくり上げるに当たっては、意思決定や情報伝達、変化への対応に対するスピード感が重視されました。

「とにかく世の中の変化のスピードに対応できる組織にしたい」

そのため、同社の人員は100人になった段階でも、実質的な決裁権限者は永吉一人のみでした（みんなの銀行代表取締役就任前まで）。もちろん、100人を超えると様々な部門ができて、各部門にマネジメントする立場の人たちはいますが、決裁の権限は永吉のみだったのです。そのため、ボトムアップでも各人からダイレクトに相談を受けて即座に組織としての意思決定ができます。

同社の組織文化について永吉は、「やはり銀行のお堅い考え方だけでは物事がスピーディーに進みません。ベンチャー企業のようなカルチャーとマインドでビジネスを進められるようにしたい」と言います。

そのため、小さなことではお金のかかるスーツやネクタイをやめるところから企業文化を醸成してきたのです。オフィスにしてもそこで働く人たちがクリエイティブな発想が生まれる空間にするには、いかにも事務所然としたオフィスではなく、ベンチャー企業やIT企業に見られる自由でおしゃれなオフィスがいいと考えました。しかし、そのようなオフィスを作るにはお金がかかります。

そこで先に一般的なオフィス作りに要する予算に対して銀行から承諾を得て、その予算の範囲内なら自由に使って良いという了承も得ました。そこからは涙ぐましい努力が始まります。レイアウトやファーニチャーをしゃれたカフェのようにしようとしたところ、予算を軽く超えてしまったのです。

そこで、永吉自ら家具が安価で売られている大型家具量販店に出向き、そこにあるすべての椅子に座って座り心地を確認するなどして、スタイリッシュさと低価格が両立する椅子を数十脚発注すると、浮いた費用を照明やインテリアの予算にし、レイアウトも自分たちでできることは自ら汗をかきながら整え、おしゃれでクリエイティブな空間を作り上げました。

このように、銀行の外側にあることで自由にできる部分は存分に自由にチャレンジしました。その結果、サービスも顧客起点に徹底的にこだわることができ、組織カルチャーや働く環境も既存の銀行とは大きく変えることができました。このことを永吉は次のように評しています。

「私はDXという言葉には踊らされたくないと常々考えてきましたが、組織カルチャーまで変えてしまうことがDXだと言われていることからすれば、結果的に自分たちは設立後半年ほどでDXを実践していたという実感がありました」

2-2　みんなの銀行新設 “Appleのようなイノベーティブなプロダクトを生み出す『銀行』をつくりたい”

iBankマーケティングが提供するマネーアプリ「Wallet＋」は、全国の12金融機関の銀行口座の残高照会や入出金明細をスマホで確認できるサービスを提供しますが、銀行そのものではありません。前節、居酒屋で「iPhoneみたいな金融サービスを提供するのだから、iBankがいい」と話していたことを紹介しました。実はその話には続きがあります。永吉たちは、「Appleのように次々とイノベーティブなサービスを生み出す銀行をつくりたい」と真剣に語っていたのです。

ここから、みんなの銀行の話になります。

「巨大銀行を変えることは困難。新しい銀行をつくって方向性を示そう」

iBankマーケティングを銀行の外に立ち上げたことで、（FFGも含めた）既存の銀行とは対極の性質を帯びることになりました。その違いを要素別に見ていくと**図表2-4**のようになります。どの要素もトレードオフの関係にあります。

永吉は、「銀行の外に出ると、DXを進めるにはいかに制約が少ない環境が必要なのかを肌で感じることができるだけでなく、世の中の変化の速さを銀行に伝える必要がある」と感じました。しかし銀行の中にい

iBankマーケティング	これまでの銀行
顧客起点のサービス設計が基本	顧客起点をうたっていながら、顧客起点で設計されたサービスが少ない
データに基づく顧客理解とマーケティングの高度化	大量の顧客データを持っていながら、活用されていない
アジャイル開発により、試行錯誤を繰り返しながら良いモノを作る	ウオーターフォール型で開発するため、時間とコストがかかり、完成するまで評価できない
APIを活用した新しいサービス体験の提供	(一部の) APIはあるものの、積極的には活用されていない
「金融」に閉じない隣接するサービス領域との連携	銀行法に縛られたサービス展開
組織の意思決定のスピードが速い	縦割りで多層的なため、意思決定に時間がかかる
新しいカルチャーの創造	保守的で「お堅い」イメージ

図表2-4　iBankマーケティングと銀行の違い
出所：FFG

る限り、組織が大き過ぎてちょっとやそっとのことでは動かせません。

彼はよく、既存の銀行とiBankマーケティングのようなベンチャー企業を、タンカーとスピードボートに例えます。

「タンカー（既存の銀行）には敏しょう性がないけれども、嵐が来ても全く揺れない。スピードボート（ベンチャー企業）は敏しょうだけれども、波が高ければ転覆してしまうかもしれない。また、タンカーは霧の向こうから突如として現れた巨大な氷山を避けることはできないけれども、スピードボートは敏しょうにかわすことができる。この危機感を何としても銀行に伝えたい」

そこで永吉たちiBankマーケティングの創業メンバーは、銀行ビジネスそのものを考えようという検討を始めます。しかし、iBankマーケティングのサービスが始まってまだ７カ月しか経過しておらず当然のことながら事業は軌道に乗っていません。お客様も集まらない、システムのトラブルは毎日のように起きる、しかし人手は足りないで、まさに「てんやわんや」の状態だったのです。

そのような状態では何を言っても説得力がないとも感じられましたが、永吉たちには「このままではダメだ」という焦燥感と「そのことを伝えることができるのは自分たちしかいない」という妙な使命感が募っていたのです。

そこで、彼らは毎日夜遅くまで議論しながら、「銀行」のあるべき姿を提案する企画書を練り上げていきます。

しかし、「巨大な銀行を変えることは困難だ。それよりも、新しい銀行をゼロからつくって自ら方向性を示そう」と考え始めます。ただ、この計画がいかに無謀かは彼ら自身が強く感じていました。

このときのことを永吉は次のように振り返ります。

「外に新しい会社（iBankマーケティング）をつくって全くうまくいっていない連中が、新しい銀行をゼロから立ち上げるなんて、バカなんじゃないのか、と思われていたでしょう。そんなこと考えている暇があったら、今ある会社をなんとかしろって」

これは相当なバッシングに遭うな。そう覚悟した上で、永吉たちは銀行の経営陣にプレゼンテーションを行います。すると、予想外の反応が返ってきました。

経営陣は私たちの企画に、総論では賛意を示したのです。

実は経営陣も、このままではいけないことは分かっていました。しかし、各論に入ると議論が沸騰します。そしてこのプレゼンテーションが行われてから、実に２年間にわたり喧々囂々《けんけんごうごう》、侃々諤々《かんかんがくがく》の議論が続けられたのでした。何しろ今回は新たに銀行を立ち上げようという企画であり、その規模も重要性も困難さも、そして銀行本体やひいては金融業界全体に対しての影響の大きさなども、iBankマーケティング立ち上げ時の比ではありません。

新しい銀行をつくることは、「Wallet＋」のような、一つのプロダクトを世に問うといったレベルではありません。AppleがiPhoneなどの新しいプロダクトを次々と世に送り出したように、新しい銀行はイノベーティブな金融サービスを次々と生み出す存在でなければならないのです。

どんな議論が行われ、その一つひとつをいかにして乗り越えたのかについては、第２部で詳しく紹介します。そこで第２部を読んでいただくに先だって、みんなの銀行がどのような銀行なのかを以下で紹介します。

銀行自身が銀行をRe-Design（再デザイン）してRe-Define（再定義）する

FFGは、福岡銀行と熊本銀行、十八親和銀行という伝統的な銀行と新たに加わった４つめのみんなの銀行で構成しています（**図表2-5**）。

伝統的な３つの銀行はそれぞれ各県を代表する銀行で、その地域では圧倒的な知名度と地位を築いています。逆に言えば、各地域以外ではあまり知られていませんし、地域外にはお客様がいません。対してみんなの銀行はデジタルバンクですから、地域的な制約はなく、全国をマーケットにしています。

また、伝統的な銀行はお客様として個人も法人もターゲットにしていますが、みんなの銀行はターゲットを個人に絞り込んでいます。しかも、

FFG ふくおかフィナンシャルグループ

組織	福岡銀行 熊本銀行 十八親和銀行	みんなの銀行 ↑ ZERO BANK DESIGN FACTORY
エリア	九州がメイン	全国 （地理的制約を受けない）
ターゲット	全層のお客様 （法人・個人）	デジタルネイティブ世代 （当初は個人がメイン）
チャネル	全チャネル	モバイル専業 （来店不要・24時間365日営業）

図表2-5　みんなの銀行の概要

出所：FFG

スマートフォンを利用しているデジタルネイティブ世代以降にフォーカスしているのです。チャネルの面でも特色があります。伝統的な銀行は店舗やインターネットバンキング、ATM（現金自動預払機）などあらゆるチャネルを持っていますが、みんなの銀行はスマートフォンでしかアクセスできないモバイル専業銀行です。実店舗を持っていませんのでお客様はみんなの銀行を利用する際に一切来店の必要がありませんし、通帳やカードなどもありませんので郵便物も発生しません。さらに24時間365日、いつでも口座を開設して利用を始めることができます。

みんなの銀行は、伝統的な銀行に対して以上のような特徴を持ったFFGの４番目の銀行として誕生しました。また、みんなの銀行では銀行自身が銀行をRe-Design（再デザイン）し、Re-Define（再定義）することで、銀行の３大業務（預金、為替、融資）と３大機能（金融仲介、信用創造、決済）をデジタル起点で再構築した未来の銀行をexploration（探索）することを目指しています。

システムをゼロから作り上げたデジタルバンク

みんなの銀行の立ち上げをプレスリリースした当初、メディアはこぞって「地銀初のネット銀行」と報じました。しかし永吉たちは「みんなの銀行はネット銀行ではなくモバイル専業銀行であり、デジタルバンクである」と説明してきました。そのため、近頃ようやく「デジタルバンク」や「デジタル銀行」と紹介されるようになっています。ではネット銀行とデジタルバンクは何が異なるのでしょうか。

永吉たちから見れば、ネット銀行は既存の銀行と同じ仕組みで稼働している業態だと考えています。既存の銀行での窓口業務をインターネット上に展開したのがネット銀行であり、裏側の業務のオペレーションの仕方や作動しているシステムは既存の銀行からコピーしたり購入したりしたものがベースになっているからです。サービスの内容も店舗の有無以外はほとんど変わりません。

ここではネット銀行（既存の銀行）とみんなの銀行（デジタルバンク）の違いを確認していきましょう（**図表2-6**）。

	既存の銀行 （ネット銀行含む）	デジタルバンク （みんなの銀行）
ポジション	銀行 ⇨ Digitalizing	デジタル ➡ Banking
顧客獲得	B2X	B2B2X、B2C2C2C…
オペレーション	人	テクノロジー
システム	SoR（System of Record）中心	SoE（System of Engagement）中心
組織	機能単位	価値単位
人材ポートフォリオ	バンカー	イノベーター
企業文化	頭取	○○さん（≠肩書き）

図表2-6　DXで再定義した「デジタルバンク」の特徴
出所：FFG

まず、デジタルに対するポジションでは、ネット銀行は既存の銀行をデジタル化したものです。銀行が150年の間、紙と判子と人で行ってきた業務をいかにデジタル化していくのか、というアプローチを取っています。

一方、デジタルバンクは既存の銀行の仕組みをコピーしていません。デジタル技術を使ってデジタルネイティブな人たちが利用する銀行の概念をつくりました。既存の業務やサービスをデジタル化するのではなく、デジタルを起点に銀行には何が必要で何が不要なのかを概念化しており、ネット銀行とは真逆のアプローチを取っています。

例えばデジタルをベースにすれば通帳もカードも要りません。通帳やカードが要らないので郵送物も発生しません。また、営業時間という概念もありませんので口座開設も24時間いつでもできます。その結果、口座開設のプロセスがネット銀行よりもシンプルになります。ネット銀行（既存の銀行）にあってデジタルバンクに「無いもの」はたくさんあります（第５章で説明します）。

デジタルバンクは、デジタルを起点とすることで既存の銀行から不要なものをそぎ落とした銀行になっているのです。これはあくまでイメージですが、あらゆる業務や手続きのプロセスが既存の銀行を10とすると２程度に整理され、しかも自動化されているので人手もかかりません。

そしてデジタルバンクがネット銀行と最も異なるところは、これらのシステムをゼロから開発したことです。日本初のデジタルバンクのシステムは、IBMやNTTデータ、富士通などの大手SIer（システム開発会社）にもありません。これらの大手SIerが提供しているのは既存の銀行の勘定系システムです。みんなの銀行が提供しようとしているサービスに対応したデジタルバンクのシステムは日本には存在しなかったのです。

システムをゼロから作り上げたデジタルバンクですから、人材ポートフォリオもネット銀行や既存の銀行とは様相が大きく異なります。既存の銀行では当然ながら従業員のほとんどが銀行員です。おそらく90％超が銀行員で、システムの開発やメンテナンスはSIerにまるごとアウトソースしたり、マーケティングに関しては広告代理店にアウトソースしたりしているのが現状です。

しかしみんなの銀行ではシステム開発をアジャイル方式で小さく高速に進め、頻繁にフィードバックを行い反映させます。アジャイル方式とは、システムやソフトウエアを大きなひとかたまりのプログラムとして開発するのではなく、小さなプログラムに分割して開発と検証を繰り返す手法です。このような開発スタイルで進めるには、内部にエンジニア部隊がいなければなりません。

システムだけではありません。ビジネス自体をアジャイル方式で回し

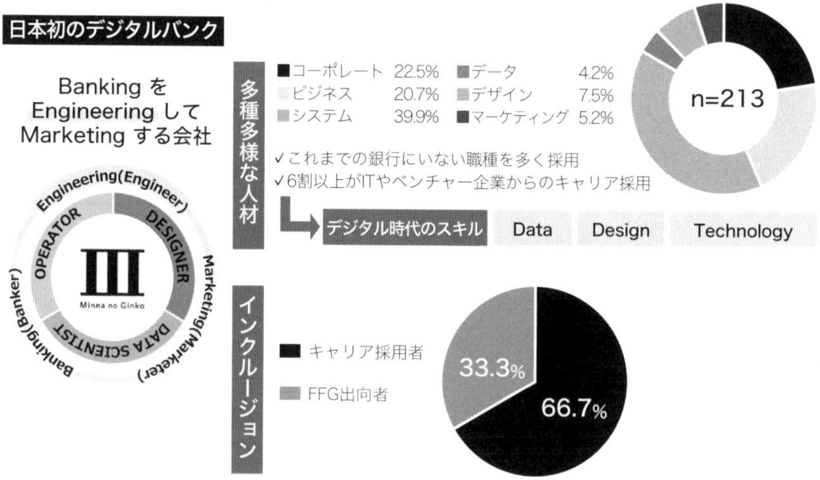

図表2-7　みんなの銀行を形づくるスキルセットと人材
出所：FFG

ているため、マーケティングやデザイン、データ分析も迅速かつ柔軟に行うために、マーケターやデザイナー、データサイエンティストなども社内のメンバーとして働いています。

その結果、みんなの銀行の人員構成比は、FFGからの出向者（つまり銀行員）は全体の33.3％で、66.7％はキャリア採用者です。しかもこの比率は2022年12月のデータですので、現在はさらにキャリア採用者の割合が高まっています。このような人材の多様性も、デジタルバンクならではの特徴と言えます（**図表2-7**）。

みんなの「声」、みんなの「いちばん」、みんなの「暮らし」

みんなの銀行の社名は、３つのサービスコンセプトに由来しています。３つのサービスコンセプトとは、「みんなの『声』がカタチになる」「みんなの『いちばん』を届ける」「みんなの『暮らし』に溶け込む」です。

「みんなの『声』がカタチになる」とは、お客様の「声」を迅速にサービスに反映させ、新しい価値を世の中に提供し続けることを指します。既存の銀行のサービスとお客様の期待レベルにはギャップがありますが、既存の銀行には様々な制約があったり組織が巨大過ぎたりするために、お客様の「声」に迅速かつ柔軟に応えることができていません。

「みんなの『いちばん』を届ける」とは、お客様一人ひとりに最適な金融サービスを提供することを示しています。デジタルバンクはデータのかたまりのような銀行ですので、データを解析することでお客様一人ひとりのニーズにマッチしたサービスをレコメンドすることができます。現在は誰もがインターネットで情報を得られる時代ですが、逆に情報過多になっていることで、自分に必要な金融サービスが分かりにくくなっています。しかしデジタルバンクが金融データと非金融データを解析することで、お客様にマッチしたサービスや情報を最適なタイミングで提案できるようになります。

「みんなの『暮らし』に溶け込む」とは、日常的に利用している銀行以外の事業者のサービスにも、金融サービスを溶け込ませるという意味です。これを実現するための仕組みがBaaS（Banking as a Service）やエンベデッドファイナンス（組み込み型金融、あるいは埋め込み型金融）で、金融にとって画期的なサービスの形態としてあらゆる業界から大いに注目されています。みんなの銀行では、独自開発したデジタルバンクのシステムで可能となった金融機能や金融取引そのものを、プラットフォームとして非金融事業者に提供するビジネスを始めています。

以上の３つのサービスコンセプトがみんなの銀行の社名の由来ですが、ローマ数字の「Ⅲ」のようなロゴマークも、一人ひとりの「Ｉ（英語の「私」）」が集まってみんなになるという意味を表しています。また、サービスの柱が３本集まっている意味も含まれています（第５章参照）。

ところで地図などで使われている銀行のマークは土台と屋根の間に３本の柱があるパルテノン神殿のような図柄ですが、このマークから屋根と取り外してオープンにサービスを提供する意味を込めると、やはりみんなの銀行のロゴマークになります。

３つの事業ドメインを展開

日本初のデジタルバンクであるみんなの銀行は、今後３つの事業ドメイン（事業領域、主力事業）を展開していきます。それは、「B2C事業」「B2B2X事業」「バンキングシステム提供事業」です（**図表2-8**）。

１つめの「B2C事業」は、既に提供している個人向けのシンプルな銀行サービスです。デジタルネイティブ世代にとって使いやすい金融サービスを可能な限りシンプルな操作性を保ちながら提供していきます。

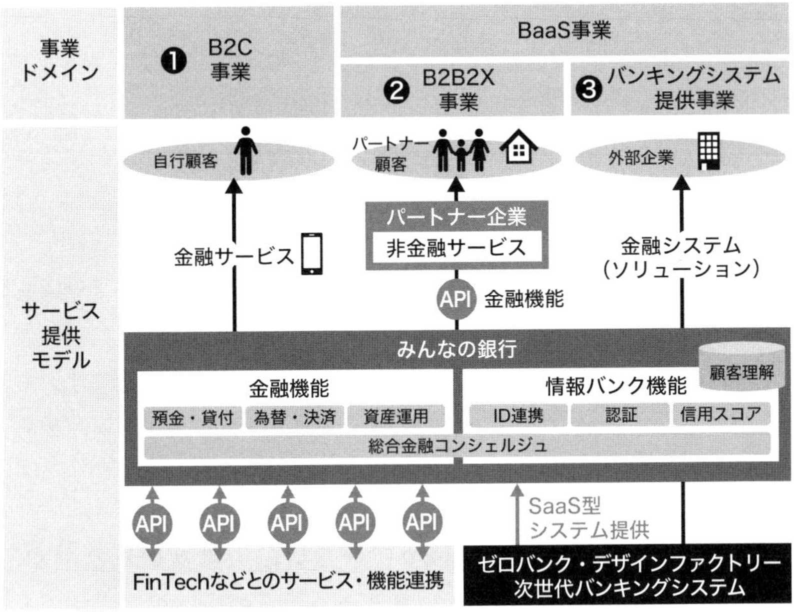

図表2-8　みんなの銀行の事業ドメイン
出所：みんなの銀行

２つめの「B2B2X」はBaaS事業でもあります。３つのビジネスコンセプトのうちの一つである「みんなの『暮らし』に溶け込む」を実現するために、みんなの銀行が開発した個人向け金融サービスの機能を、エンベデッドファイナンスとしてあらゆる業界の事業者に提供していきます。サービスの提供を受ける事業者は、自社のアプリやウェブサイト上で自社の顧客に対して金融サービスを提供できるようになります。

そして３つめの「バンキングシステム提供事業」は、みんなの銀行のサービスを支えているGoogle Cloud上のバンキングシステムそのものを、これから銀行を立ち上げたいという事業者に販売するビジネスです。つまり大手銀行システムを提供するSIerのように、バンキングシステムを販売する構想です。

そのようなシステムを買いたい事業者がいるのか、と思われるかもしれません。確かに日本ではまだそのようなニーズが表に出てきていませんが、潜在的にはあるはずです。既に世界的な潮流として、チャレンジャーバンクと呼ばれる軽量なサービスを提供する新しい銀行に進出する事業者が増加しています（チャレンジャーバンクについては後述します）。

このような事業者は既存のフルパッケージで高額な銀行システムを購入したいのではなく、軽量でミニマムなシステムを購入して利用者のニーズに応じてサービスを増やしていくアプローチを選択します。みんなの銀行のシステムは海外でチャレンジャーバンクに進出する事業者に販売する可能性も構想に含めています。

10年後の銀行にはお客様が残っていないのではないだろうか？

みんなの銀行の創業時からの事業ドメインである「B2C事業」のお客様は、デジタルネイティブ世代と呼ばれている人たちです。

本書ではデジタルネイティブを、「幼い頃からインターネットやスマートフォンが当たり前の環境で育ってきた世代」と定義します。生まれた年代で言えば1981～1995年生まれの「ミレニアル世代」と呼ばれる人たちと、1996年以降に生まれた「Ｚ世代」と呼ばれる人たちです。つまり、2023年時点で27～41歳（ミレニアル世代）と26歳以下（Ｚ世代）の人たちとなります。

なぜ、デジタルネイティブ世代をターゲットにしているのでしょうか。それは、2030年になるとこの世代が日本の生産年齢人口に占める割合が約３分の２に至ると予測されているためです。

現在の銀行は主に40代以降で比較的お金に余裕のある人たちをメインのお客様と設定しています。40歳未満の世代は、銀行ビジネス上の

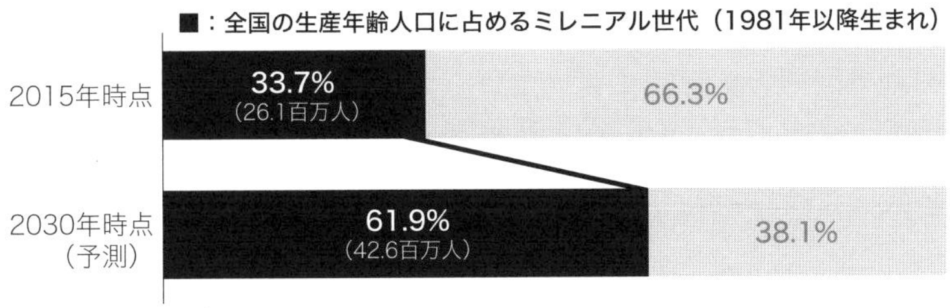

図表2-9　ターゲット顧客にした背景
出所：総務省統計局人口推計を基にFFG作成

採算が合わないお客様として積極的にアプローチしていません。

その間隙を突くように、デジタルネイティブ世代と親和性の高いFinTechが攻め込んできました。「すると、10年後の銀行にはお客様が残っていないのではないだろうか？」という危機感を永吉たちは持つようになりました。さらにデジタルネイティブ世代のうち、ミレニアル世代にフォーカスすると、2015年時点では生産年齢人口の約３分の１だったものが、2030年には逆転して約３分の２を占めるとされています（**図表2-9**）。

つまり、デジタルネイティブ世代が日本の金融業のメインのお客様にシフトしていくのです。また、地方銀行にとっては地域の少子高齢化による人口減少はダイレクトにお客様の減少につながりますが、デジタルバンクであれば全国がマーケットになりますので、地域におけるブランド力は関係ありません。そのため、地域内でお客様を取り合うカニバリゼーションも起きません。

2030年までにもう一つ大きな動きがあります。それは、現在のシニア世代からデジタル世代への相続が行われ、資産が移動することです。このとき、地方銀行にとってはいささか不利な状態が生じます。地方にいたデジタル世代は一旦都市圏に出てしまうと、その多くは都市部から地方に戻ることはありません。その結果、地方のシニアの資産が相続により関東や関西の都市部に吸い上げられてしまう現象が起きるのです。この現象に対応するためにも、全国をマーケットにできるデジタルバンクが必要になってきます。

新しい価値観にフォーカスした金融の在り方

そこで現在は採算が合わなくても、デジタルネイティブ世代に支持される銀行をつくっておく必要があると永吉たちは考えました。そのために、一人ひとりの価値観や行動がバラバラであるといわれているデジタルネイティブ世代から３タイプのペルソナを仮想顧客に見立てて、その人たちが必要としているサービスを開発し、この人たちに刺さるマーケティングを実施している状況です。デジタルネイティブ世代がどのような価値観と行動に変容していくのかを整理すると、４つの特徴が見えてきました。

１つめは「フリクションレスの徹底」です。面倒なことや煩わしいことは極力したくない。自動でしてくれるならそれが最も好ましいという価値観です。これに対応するには手続きの簡略化や入力の自動化などを進めることです。

２つめは「ハイパーパーソナライズ」です。デジタルネイティブ世代は自分たちで検索してネット上から答えを得ることができる世代ですが、逆に答えがあり過ぎてどの答えが自分に必要なのか分からなくなっています。そこで、彼・彼女らに最適なサービスをレコメンドして、一人ひとりの顧客体験を追求します。

３つめは「成果主義へのシフト」です。デジタルネイティブ世代は自らの行動や払った対価に見合った成果を強く意識しています。その最たる消費の仕方の一つがNetflixやAmazon Primeなどのサブスクリプションです。自分が払った対価に見合った成果が得られると感じれば、使っていなくてもお金を支払い続けます。また、エシカル消費やクラウドファンディングに見られるように消費のスタイルが変わってきています。巡り巡って自分にリターンがあると信じられるものに対して消費したり投資したりする傾向があるのです。

そして４つめは「コミュニティの重視」です。デジタルネイティブ世代はスマホネイティブ世代でもあります。そしてSNSネイティブ世代ともいえます。SNSネイティブ世代は、一人で複数のアカウントを持ち、本アカやサブアカ、そして趣味アカなどというようにいろいろなキャラクターの顔を使い分けて複数のコミュニティに生息しています。

そのため、そのコミュニティにフォーカスしたサービスを提供したりマーケティングを行ったりして新しいフィット感を打ち出すことも考えられます。実は金融サービスにはコミュニティで使えるサービスはありません。それは金融サービスが個人の情報や属性にひも付いているためです。そこで今後は、複数の人たちが利用できる金融サービスを開発することも視野に入ってくるでしょう。例えば、夫婦で預金する、カップルでお金を借りる、家族間でお金のやりとりができる——そういったサービスです。

以上、４つの価値観について見てきましたが、みんなの銀行はこれらの新しい価値観にフォーカスした金融の在り方を考え続けています。

スマートフォンが財布や銀行になる世界観

みんなの銀行はシンプルで小さな銀行を目指しており、何でもそろう銀行を目指してはいません。その上でデジタルネイティブ世代が持つ４つの価値観と行動を捉えようとしていることから、独自の世界観をつくろうとしています。

現在、銀行の個人のお客様のほとんどは、実物の紙幣や硬貨が入った財布と何枚かのキャッシュカードやクレジットカードを持ち歩きつつ、スマートフォンでのQR決済やバーコード決済も使用しています。そして現金の出し入れには銀行やコンビニエンスストアなどに設置されているATMを利用しています。

このことを考えると、実は無意識のうちに複雑で煩雑なお金の管理をしているのです。そこでみんなの銀行が目指しているのは、財布と銀行のチャネルをすべてスマートフォンの中に押し込めてしまい、スマートフォンが財布や銀行になる世界観です。つまり「デジタルウォレット（電子財布）」と呼べるような個人向けサービスをつくろうとしているのです。もはや財布やカードを持ち歩く必要がない世界です（**図表2-10**）。

この世界観を実現するために、みんなの銀行ではいくつかのサービス・機能を提供しています。いくつか紹介します（**図表2-11**）。

ウォレット（普通預金）

みんなの銀行では、預金口座（普通預金）はお金を入れておく所なの

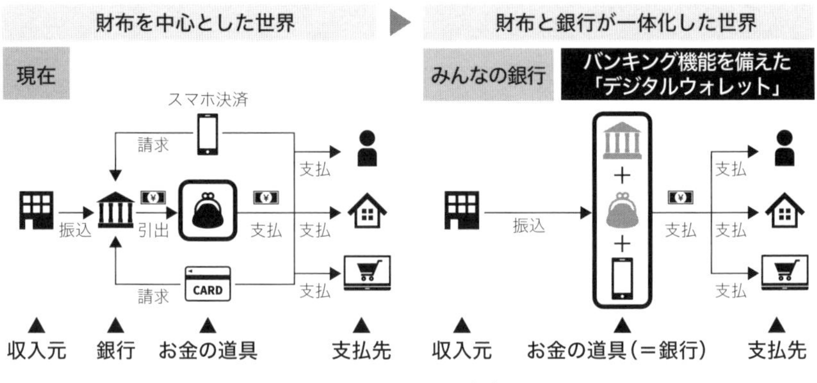

図表2-10　財布と銀行が一体化したデジタルウォレットの世界
出所：みんなの銀行

で、財布と同義であるとしてウォレットと呼んでいます。このウォレットからお金を払ったり送ったりできます。

ボックス（貯蓄預金）

それでは使わないお金はどうするのかというと、ボックスと呼ぶ貯蓄預金サービスを利用します。本稿執筆現在（2022年12月時点）の他行の普通預金金利が軒並み0.001％であるのに対し、みんなの銀行のボックスでは0.1％、プレミアム会員なら0.3％と100～300倍の金利が付いています。余っているお金があればドラッグ＆ドロップでウォレットからボックスに移し、少しでも金利が付く方にお金を移せます。ボックスは最大20個まで作成可能で自動積立機能も備わっています。

デビットカード

デビットカードといってもバーチャルデビットですので、プラスチックカードを持ち歩く必要はありません。デビットカードはウォレットから決済をする機能で、ネットショッピングでの決済も可能ですし、Apple PayやGoogle Payに設定して店頭（「QUICPay+（クイックペイプラス）」のマークがあるお店やJCBコンタクトレスに対応しているお店での決済もできます。

レコード

レコードは、みんなの銀行以外の銀行やクレジットカード、交通系IC・電子マネーなども一元管理できる機能で、1300以上の金融機関と連携が可能です。

プレミアムサービス

デジタルネイティブ世代はとにかく面倒なことはしたくないという人たちです。例えば設置場所や曜日、時間で変わるATMの手数料を一々気にしたくないですし、今月はあと何回まで現金の引き出しが無料だっ

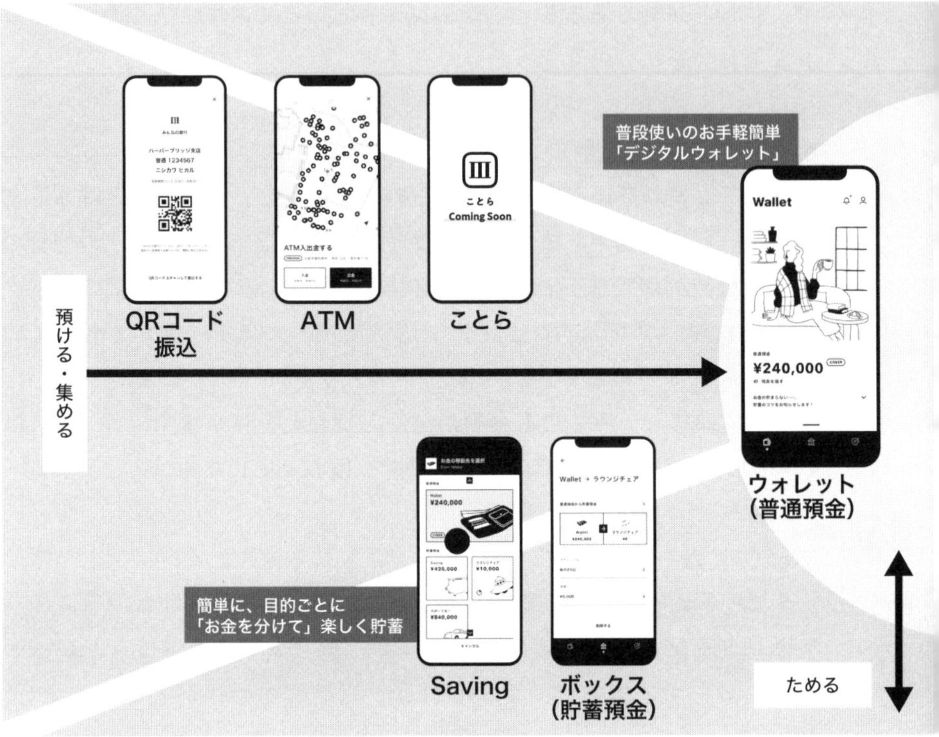

図表2-11　みんなの銀行　金融機能別サービス概略
出所：みんなの銀行

ただろうか、といったことも考えたくありません。これらの「面倒くさい」を無くすサービスで、月額600円支払えば、例えばATMや振込の手数料が無料になり、ボックスの金利が0.3%に上がります（2022年12月時点）。銀行としては新しいタイプのサービスです。

カバー

カバーはプレミアムサービスの追加オプションサービスです。最大５万円まで貸し越しできて金利も手数料もかかりません。近年、若い人たちの間でBNPL（Buy Now Pay Later）と呼ばれる後払い決済の利用

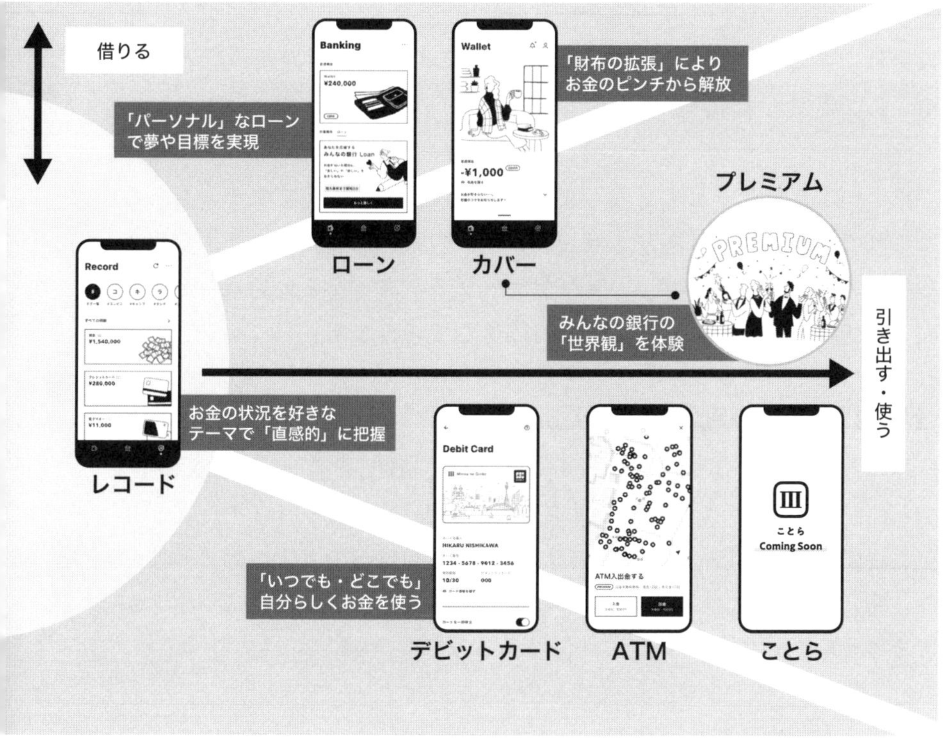

が流行していますが、チャージに手数料負担が発生する場合もあります。しかしカバーは月額600円のサブスクリプションに含まれるサービスで、いつでも使いたいときに使って、返せるときに返せばよい仕組みになっています。

ローン

2022年7月に提供開始したローンは、申し込みから借り入れ、返済まですべてアプリで完結できます。入力情報は年収情報1項目のみというシンプルさが特徴で、カードが送られてくることもありません。一人ひとりのお客様の属性を反映した「ハイパーパーソナライズ」により、借入条件である貸越枠（金額）と借入金利を130パターンの組み合わせの中からご提案します。

以上のようなサービスをみんなの銀行では提供していますが、もちろんこれで打ち止めではありません。みんなの銀行にはお客様の声が集まる仕組みがありますので、「こんなサービスがあったらいいな」という声の多かったサービスや機能を随時開発していきます。

世界的なBaaSの潮流

みんなの銀行の３つの事業ドメインである「B2C事業」「B2B2X事業」「バンキングシステム提供事業」のうち、B2B2X事業とバンキングシステム提供事業は、「BaaS事業」です。世界ではBaaSの潮流が始まっており、銀行の機能をAPI経由で様々な業界の事業者に貸し出すビジネスが広まりつつあります。

小売業や家電量販店、旅行会社などはすべて、金融サービスと関係する事業者です。商品やサービスを買えば代金を支払う必要がありますし、支払い方法も現金とは限りません。場合によってはお金を借りて商品やサービスを購入することもあります。その際、必ず金融サービスを利用することになります。このとき、各事業者のチャネルから直接金融機能を呼び出して使えるようになれば、顧客体験が大きく変わってきます。このようなサービスを提供するビジネスがBaaSです（**図表2-12**）。

例えば小売店で高額な商品を購入する際に、手持ちの現金が不足していればクレジットカードを使って後払いで購入することもできますが、ローンを使って購入する選択肢も増やせます。このとき、その場で自分がいくらまで借りられるのか、何％で借りられるのかなどを確認し、すぐに申し込んで１～２分で審査からシミュレーション、申し込みまでで

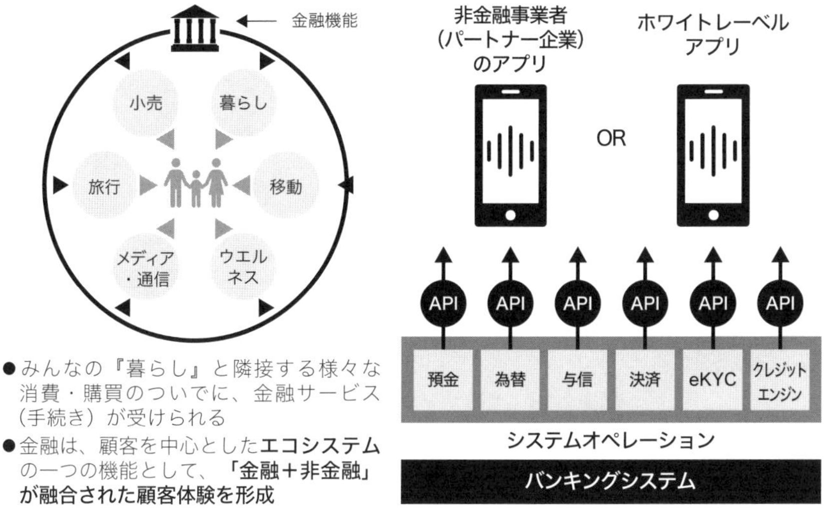

図表2-12　これからの金融サービスの在り方
出所：みんなの銀行

きるようになります。

このようなニーズに応えるために、BaaSでは金融機関が黒子となって様々な事業者に金融サービスを提供していきます。このようなBaaSビジネスを、みんなの銀行では展開していく計画です。

世界３大デザイン賞で２冠を達成

ここで、金融業におけるiBankマーケティングとみんなの銀行の位置付けを確認しておきます。近年、金融サービスがデジタル化される中でFinTechが登場しました（**図表2-13**）。FinTechは非金融事業者が銀行の商品の一部をデジタル化することでより利便性の高いサービスにして、銀行に代わって提供する業態です。

次にデジタルで銀行の機能を束ねて、銀行の代理業を行うネオバンク

タイプ		特徴	海外	国内
銀行ではない	FinTech	●デジタルで金融サービスを代替 ●得意分野に特化したカテゴリーキラー	PayPal （米国）	マネーフォワード
銀行代理業	ネオバンク	●デジタルで銀行商品を代理提供 ●金融×非金融のサービスイノベーション	Revolut （英国）	**iBankマーケティング** 2014年12月検討開始、2016年7月提供開始
銀行	チャレンジャーバンク	●デジタルで『銀行』を**再デザイン**《Re-Design》 ●優れたUI/UXで商品・サービスを向上	N26 （ドイツ）	**みんなの銀行** 2017年2月検討開始、2021年5月提供開始
銀行	デジタルバンク	●デジタルで『銀行』を**再定義**《Re-Define》 ●デジタルネイティブなアプローチで銀行としての新たな機能を創造	coming soon	**みんなの銀行**

図表2-13　金融サービスの進化のトレンド
出所：FFG

が登場しました。iBankマーケティングはここに位置します。そして銀行業免許を取得してデジタルにより銀行をRe-Design（再デザイン）し、優れたUI/UXで金融商品・サービスを向上させたチャレンジャーバンクやデジタルバンクが登場します。みんなの銀行はここに位置しており、日本では初めてこの領域に挑戦している銀行となります。

みんなの銀行が目指しているのは、デジタルを起点に銀行業務を再構築し、最新のテクノロジーで顧客体験を高めていくことです。まずは、デジタルで銀行をRe-Design（再デザイン）するチャレンジャーバンクとしてスタートし、現状では他の銀行が追随できていない領域にいますが、このポジションではやがて追い付かれてしまうと考えています。

そこでみんなの銀行が目指しているのは、UI/UXを向上させるという技術的な金融のRe-Designだけでなく（**図表2-14の❶**）、金融機能そのものの提供価値を再定義するRe-Defineというべき世界観です（**図表2-14の❷**）。これがみんなの銀行の次のチャレンジになります。この領域であれば、恐らく他の銀行が追い付くには相当な時間が必要となり、大きなアドバンテージとなるでしょう。「常に新たな金融体験をつくり

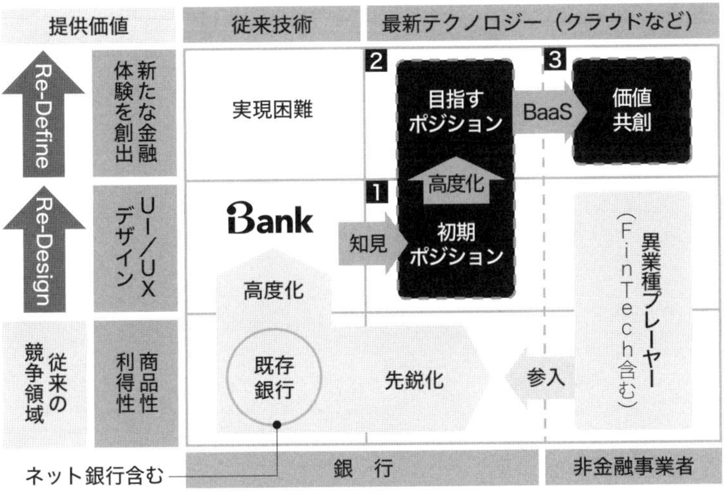

図表2-14　みんなの銀行が目指すポジショニング
出所：みんなの銀行

出して提供できる銀行は私たちしかいない」と永吉は自負を見せます。そして、「この新たな金融機能を使うにはBaaSという形態で私たちからの提供を受けなければならない状態をつくることで、提供価値を生み出せるのではないか」とみんなの銀行がチャレンジしている領域について明らかにします（**図表2-14の❸**）。

既に海外ではチャレンジャーバンクが次々と登場してきていますが、日本ではまだみんなの銀行以外の例がありません。そのため、みんなの銀行のチャレンジは世界では高い評価をいただいています。例えば世界３大デザイン賞の一つといわれる「Red Dot Design Award 2021」のブランド部門において、みんなの銀行は日本の企業としては初めて「Brand of the Year（最優秀賞）」を受賞しました。また、同じく世界３大デザイン賞の一つである「IF DESIGN AWARD 2022」でも受賞を果たし２冠を達成、また、ビジネス面でも、「Efma-Accenture Banking Innovation Awards 2021」においてNeobanks & Specialized Players部門の金賞（第

1位）を受賞するなど（同部門における金賞受賞は日本初）、多くの賞を受けています。 このように、みんなの銀行のチャレンジは、世界的に注目されるところとなっています。

第2部

「イノベーションのジレンマ」と闘った みんなの銀行の奮闘

ESCAPE FROM THE INNOVATION DILEMMA

第3章　逃れられない大企業の論理

3-1　銀行の将来像の探求に向けて

既存の銀行を変革するよりも、ゼロからつくった方が早いだろう

永吉健一（現みんなの銀行 取締役頭取）、中原淳一（同 CXOオフィスリーダー）、吉冨史朗（同ビジネスアライアンスグループ リーダー）の３人は、2017年３月、新しい銀行をつくるプロジェクトに着手します。これがみんなの銀行立ち上げプロジェクトです。

新しい銀行をつくる構想は、iBankマーケティングを立ち上げ始めた当初からありました。３人の間では、「全く新しいコンセプトがあるのなら、既存の銀行を変革するよりも、ゼロからつくった方が早い」といった会話が、半ば冗談の意味も含みつつなされていたのです。

しかし、この冗談半分の会話は日を追うごとに現実味を増してきます。「銀行をつくるには最低資本金として20億円が必要らしいよ」「20億円あったら、システムもゼロから構築できそうだな」などと、会話の内容が具体性を帯びていきました。

しかも彼らは、「今の銀行のままで、果たして将来お客様がついてきてくださるのだろうか」という危機感を共有していたのです。もちろん、その危機感があったが故にiBankマーケティングを立ち上げたのですが、同社は銀行そのものではありません。しかし、銀行の機能を若い世代向けに最適化したUI/UXでスマートフォン専用のアプリとして提

供できた経験から､少なくともインターフェースの面では何でもできる、という自信を持っていました。

ただiBankマーケティングでは、金融機能については連携している銀行から提供されているため、金融機能自体を変えることはできません。このことに対して永吉たちは､「銀行の商品・サービスそのものがデジタルに即して変わっていかないと、本当の意味では戦えない」と感じます。

永吉たちが銀行員でなく他業種の出身であれば、iBankマーケティングの成功で満足したかもしれません。しかし、銀行員でもある彼らは、銀行から出て事業を立ち上げたことで、より一層、銀行の将来に対する危機感を募らせたのです。この危機感が、みんなの銀行設立への原動力となります。

新しいビジネスにふさわしいプロセスをゼロから作った

新しい銀行のサービスを作るにしても、銀行である以上は法的な制約は既存の銀行と変わりません。しかも銀行の中では商品やサービスを提供するための業務プロセスが複雑になっており、その業務プロセスを大量のマニュアル群が規定しているため、手を加えることは容易ではありません。

また、手を加えるにしても、組織内の意思決定プロセスが多層的かつ縦割りになっているため、意思決定に膨大な時間と手続きが必要となります。

「これではマーケットの世代交代や価値観や行動の変容、FinTechを生み出しているテクノロジーや新しいビジネスモデルの拡大に対応できない」と永吉たちは焦燥感を持ちます。

対応できないのは意思決定のスピードだけではありません。銀行のシステムも複雑化しているため新しいサービスやビジネスモデルへの対応が困難なのです。銀行のシステムは長年をかけて機能を付け足しながら構築されてきたため、複雑化していました。要するにプログラムが複雑に絡み合っている状態です。そのため新しい機能をリリースしようとすると、全く関係ないと思われていたプログラムにも影響が生じることが往々にして起こります。

その結果、新しい商品やサービスを開発する場合は、システム全体に対する煩雑なテストをその都度行わなければなりません。当然、膨大な時間と労力、そして費用がかかります。これでは新しい商品やサービスを提供したり、お客様からのフィードバックに応えて改善したりすることを機敏に行えません。

特に銀行の勘定系のシステムの改修は、半年に１回ペースです。このようなスピード感では、市場のニーズの変化や競合するFinTechなどのテクノロジーカンパニーのスピード感に太刀打ちできません。

「従来の硬直化したプロセスを変えるよりも、新しいビジネスモデルにふさわしいプロセスをゼロベースから作り上げる方を選んだということです」と吉冨は続けます。また、既存の銀行の評価習慣である減点主義では、新しい価値を生み出すためのチャレンジ精神が育まれにくい組織体質を持っていることからも、iBankマーケティングやみんなの銀行は新しい組織で立ち上げる必要があったと吉冨は言います。

日本で最初のホワイトレーベルバンクを構想

このようにして、みんなの銀行を立ち上げる計画はiBankマーケティングがまだ確固たる成果を出す前から始まりました。このときのことを永吉は、「まさに、私たち３人は二足のわらじを履いて奮闘した時期でめちゃくちゃ大変でした」と表します。何しろiBankマーケティングはまだお客様も獲得できておらず、毎日のように様々なトラブルも発生していた時期でした。

そのような状況にあっても、当時は大変さよりも銀行の将来に対する危機感が強かったと永吉は言います。

「iBankマーケティングを立ち上げることで初めて世の中の変化の速さを肌で感じたのです。これは、銀行の外に出てみた自分たちにしか分からないことだと思いました」

永吉たちは、iBankマーケティングが成功しても母体である銀行がこのままではいけない、自分たちがなんとかしなければならないという使命感に強く駆られていました。そこで考えたのが、金融機能の提供に特化したホワイトレーベル型銀行（BaaS専業銀行）を立ち上げることでした。つまり、銀行の機能を非金融事業者に提供するビジネスモデルを構想していたのです。

「iBankマーケティングの『Wallet＋』が銀行機能のフロントチャネルだったのに対し、今度は非金融事業者に銀行機能を提供する“黒子の銀行”とでも呼ぶべき裏側のビジネスを構想していました」

例えばコンビニエンスストアや携帯キャリアを運営するグループには、グループ内に銀行を持っているところがあります。しかし同じ業界でもグループ内に銀行を持っていないところもあります。このとき、他社との競合や金融機能の必要性から新たに自前で銀行を設立するという手もありますが、銀行システムの構築や銀行経営のノウハウを自ら用意して立ち上げるのは容易ではありません。それよりも、BaaS専業銀行からホワイトレーベル型で提供された銀行機能を自社のサービス基盤として活用する方がスピーディーかつ効率的です。

このようなBaaSビジネスの需要があるのではないか、というのが当初の永吉たちの発想だったのです。実際、ドイツのsolarisBankがまさにこのBaaSビジネスを行っており注目されていました。自分たちがダイレクトに銀行サービスを行いお客様に利用していただくのではなく、銀行機能を事業者に提供し、その事業者のお客様にご利用いただく。このビジネスモデルを日本で最初のホワイトレーベルバンクとしてつくれないだろうかと考えたのです。

そして実際に協議用資料を作成したのが2017年4月のことでした。このころは「neoBank」と呼んでいました。

3-2　ゼロベースから設計するデジタルバンクの初期プランニング

B2Cで展開した機能・サービスをBaaSにも展開する方向へ

最初の協議用資料を作成してから1年後の2018年4月、みんなの銀行の設立プロジェクトが柴戸の承認を得て本格的に始まります。それまで永吉と中原、吉冨の3人が水面下で構想を練っていた状態から正式なプロジェクトチームとして進められるようになったのです。

ただし、いまだ社内外に秘密裏に進めなければならないプロジェクトでしたので、プロジェクト名は「デジタルプロジェクト」とし、一体何をしているプロジェクトなのか悟られないように進められました。当時、プロジェクトの中身について知っていたのは永吉の他は柴戸と、当時FFG取締役の横田（現みんなの銀行会長）、中原、そして吉冨だけでした。

この頃からコンサルティング会社のアクセンチュアが本格的にプロジェクトに参加します。また、みんなの銀行の開発チームはiBankマーケティングの開発チームとは全く別のメンバーでスタートしました。このプロジェクトの狙いは当初、今後の金融サービスの一つであるホワイトレーベル型の新潮流を新たなビジネス機会と捉えて新銀行を設立することを前提とした事業化の検討でした。

しかし、みんなの銀行が提供すべき機能・サービスを追求したところ、結局これらのサービスを使うのはエンドユーザーである個人であることを再認識することになります。その結果、エンドユーザーである個人の人たちが何を望んでいるのかを把握し、どの機能・サービスに対してどのような反応があったのかのフィードバックを受けて迅速に改善していくには、結局、自分たちが直接エンドユーザーに向けてサービスを提供してみないと分からないという考えに至ります。

このことから、みんなの銀行のビジネスモデルは、まずはB2Cを行い、そこで展開した機能・サービスをBaaSにも展開する方向にシフトしていきました（**図表3-1**）。

そこで「既存ビジネス起点（既存事業）」と「将来ビジネス起点（新規事業）」の双方から、みんなの銀行で備えるべき機能やサービスを定義し、顧客となる事業者に対するヒアリングや開発コストの試算を進めました。

既存ビジネスの起点では、既存の金融機関におけるお客様の期待とのギャップを調査し、海外のチャレンジャーバンクのベンチマークを調査しました。それらの結果から将来ビジネス起点として、今後のお客様の期待値や事業環境の変化を分析して、目指すビジネス像をつくることにしました。

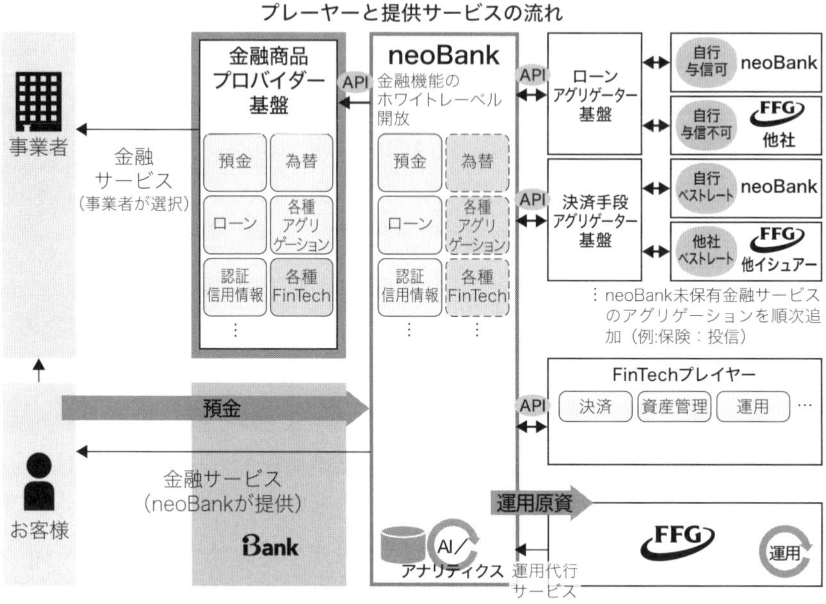

図表3-1　ビジネスモデルに関する2018年当初の検討資料
出所：FFG

お客様の声（Voice of Customer：VoC）を分析するなどして現状の把握に努めたほか、海外のチャレンジャーバンクが提供しているサービスについて、どのような反響があるのかまで調べました。これらの調査を行った上で、みんなの銀行が初期段階で提供すべきサービスのラインアップについて議論したのです。

お客様の声の分析にはFFGに蓄積されているVoCも活用しました。また、お客様への直接のインタビューも多数実施しています。海外の情報に関しては、アクセンチュアの海外ネットワークを含めて様々な方法で集めた他、永吉たちは実際に海外のチャレンジャーバンクを視察して回っています。

一方、将来のビジネス起点については2つの要素で考察しています。一つは将来の顧客の行動変容で、今後お客様の行動がどのように変わっていくのかについての考察です。もう一つはサプライチェーンのパラダイムシフトとして、サプライチェーンの中で銀行や金融の役割がどのように変わっていくのかを、構造的な視点と産業的な視点で考察しました。

同時にBaaSとしてのニーズや開発コストの試算のために、ホワイトレーベルバンキングとしてのパートナーになり得る要件を決め、様々な業界ごとにパートナーとなり得る企業をリストアップしヒアリングを実施しました。パートナーとなり得る要件には顧客基盤が大きいこと、銀行サービスの利用ニーズが大きいことが挙げられます。その結果12業界24社の候補をリストアップしました。

ただし、ヒアリングする際にも新しい銀行を立ち上げるプロジェクトの一環であることは悟られないように、細心の注意が払われました。また、ヒアリングしていること自体も、水面下で行わなければならなかったため、パートナー候補はFFGのネットワーク上にある信頼できる企業に限られ、常に秘密保持契約（NDA）を締結していました。

その後、半年間で5回にわたりFFG経営陣と討議しますが、みんなの銀行設立への承認は簡単には得られなかったのです。

議論、議論、議論。それでも理解されない新銀行のコンセプト

経営陣は総論では賛成でしたが、各論では賛同しなかったのです。その結果、柴戸からは各部各役員と毎日議論するように指示されます。やはり新銀行の立ち上げとなれば、銀行の経営陣としては「採算が合う確証」が欲しいのです。そのため、役員の中には「FFGの既存のお客様を全部乗せ替えたらどうか？」という意見まで出ました。みんなの銀行が新たな顧客層をターゲットにしようとしていることの意義がなかなか伝わりません。

特に新事業が銀行の設立となれば、100億円規模の出資が必要になるため、必ず成功する確証を持てなければ承認できない、というのが経営陣の共通した見解です。また、既存の銀行は個人顧客ではなく法人顧客で利益を上げていることも、個人顧客をターゲットにしているみんなの銀行が不安視される理由でした。

また、ネット銀行やインターネットバンキングとのすみ分けはどうなっているのか、GAFAなどの大規模な顧客基盤を持っているプラットフォーマーが参入してきたら勝てるのか、あるいは当時既にLINE銀行がつくられるという話も出ていましたので、勝ち目はあるのかなど、あらゆる懸念をぶつけられました。

さらには、そもそもFFGには福岡銀行を含む従来型の銀行が３行あり、ネオバンクたるiBankマーケティングも立ち上がったばかりで、これらとのすみ分けはできるのかといった議論が続きました。

これらの懸念を示される度に、ネット銀行とデジタルバンクの違いや、みんなの銀行がターゲットにしている顧客層について、あるいはプラットフォーマーが参入してきても自分たちの方が銀行運営のノウハウを持っているから有利である点などを、何度も何度も説明しなければならなかったのです。

そして「絶対に成功するのか？」「絶対に競合に勝てるのか？」という、やってみなければ分からない問いに対しては、もちろん絶対的な自信などありませんでしたから、「戦略次第です」というような答え方をしていました。

このようにして、経営陣のあらゆる懸念に対して、一つひとつ説明を繰り返していく日々が続きました。

3-3 総論賛成・各論是々非々のハードルを越えるために

全員一致で賛成を得られるまで議論を尽くせ

プロジェクトは大きくフェーズ1（ビジネスプランの説明）とフェーズ2（バンキングシステムの説明）に分かれています。そのフェーズ1の最終報告では、FFGの経営陣の反応は永吉たちの予想に反して総論は賛成でした。しかし各論は是々非々でみんなの銀行設立への承認は得られませんでした。この報告の直後、プロジェクトオーナーの横田の元に柴戸からメールが届きます。

「毎日、行内で朝から晩まで各部各役員と議論し、『やりましょう』という声が一つになって上がるか、見ておきます」

つまり、全員一致で賛成を得られるまで議論を尽くせ、ということでした。横田は担当役員であり、現場の責任者です。横田の当時の役職は福岡銀行の専務（2019年から副頭取）でFFGの取締役でもありました。さらにiBankマーケティングの担当役員でもありました。この横田に届いた柴戸からの短いメールは重いメッセージです。みんなの銀行を設立するとなれば、100億円規模の投資になります。FFGの経営陣全員を説得できなければ、みんなの銀行の設立へは進めないことを意味していました。

もし、経営陣全員のベクトルを同じ方向に向けることができないままに見切り発車してしまえば、みんなの銀行の設立過程でトラブルが生じる度に、「だから反対したんだ」という声が出かねません。それでは、トラブルを乗り越えていくための一致した協力を得られないかもしれません。

また、経営陣全員を説得するために議論を尽くすことによって、みんなの銀行を設立する計画やシミュレーションの精緻さを高める効果も、柴戸は期待していたのかもしれません。

いずれにせよ、デジタルバンクの立ち上げはFFG内だけでなく日本でも前例がなく、不確実な領域へのチャレンジであることから、正式な意思決定へのプロセスが難しくなります。それでも経営陣の全員一致が必須でした。

しかも、経営陣の懸念や疑問の内容は一人ずつ微妙に異なっていました。この状況では全員で議論を続けても収拾がつきません。そう判断した永吉たちは、経営陣一人ひとりから出された懸念や疑問に対して、時間をかけて個別に議論していくことにしたのです。つまり、一人ずつ順番に説得していく作戦に出たのです。その結果、社外の取締役も含めて10人以上の役員たちと個別に議論を重ねていくことになりました。

顧客を取り合うことになるのではないかという懸念

FFGの経営陣とは個別のテーマで議論しました。中でも多かったのはカニバリゼーションの懸念です。例えば既存の銀行には個人向け事業と法人向け事業がありますが、個人向け事業を担当している役員は、個人向け事業に絞り込んだみんなの銀行とは顧客を取り合うことになるのではないかという懸念を持っています。一方でそのような懸念に対して、既存銀行の個人のお客様もみんなの銀行に移し替えてしまえば、業務の効率化やコストの削減ができるのではないかという意見も検討しなければなりません。

BaaS事業を始めたら、FFGの法人顧客とバッティングしたときにどう整理するのか、という懸念も出されました。企画担当役員からは、そもそもみんなの銀行のビジネスモデルでは、どこでどれだけの利益を出せるのか、という収益モデルに対する疑問も出されたのです。

さらに100億円ほどの投資をした場合に、どうやってどのくらいの期間で回収できる計画なのか、グループとしての投資に見合ったリターンが得られるのか明確にせよという要請も出ました。

技術的な懸念も出されます。システム担当の役員からは、銀行のシステムをクラウド上に構築するという前代未聞のチャレンジをして、障害が起きたらどう対処するつもりなのか。開発パートナーのアクセンチュアには日本の銀行の勘定系システムの開発実績がないのに本当にシステムを構築できるのか。このようなリスキーな開発をどう担保するつもりなのか。

「しかし、確かな答えはありません。まだ誰もやったことがない試みなのですから実績もデータもありません」

つまりは、「そこまで考えているのなら、できそうだし、今やらなければ何も変わらないのは確かだ」と思っていただくための説得を続けた、と永吉は言います。また、「経営陣の方々はコンセプチュアルに将来のビジョンを語るだけで説得できるほど甘くないので、議論を通じて自分たちの計画やシミュレーションを徹底して数字として落とし込んでいくことで、一層計画が精緻化された」とも言います。

経営陣との議論を通じて、開発の進め方もより慎重になりました。当初、永吉たちは、経営陣の承認を得られれば、一気にシステム全体を構築するつもりでいました。しかし、経営陣からの「絵に描いた餅ではないのか？」との懸念に対する議論を通して、一気にシステム全体の開発に着手することのリスクを強く意識するようになります。

「まず、システムが本当に動くのかPoC（Proof of Concept：概念実証）を行うことにしたのです」

つまり、いきなり全額投資して完成したシステムづくりを始めるのではなく、まずは一部分だけを開発してみて、満足できる品質であればまた少し開発を進めるスタイルに方針を修正しました。

100点満点ではないが及第点は取れた

システムのトライアル開発に協力してくれたアクセンチュアにとってもリスクはありました。

「アクセンチュアも大規模な先行投資を実施しました。恐らく、軽量化されたクラウドバンキングシステムに対するニーズが、今後世界的に生まれてくるだろう、という見込みがあったのだろうと思います」

ここで実績を作れば世界に打って出るための足掛かりになるという思惑もあったのではないか、と永吉は見ていました。

また、トライアルとして開発されたシステムについて、開発者側が「できました！」と言ってもFFGの経営陣はその言葉をうのみにしません。案の定、「問題なく作動していることを誰が証明できるのか」との疑問が呈されたため、永吉たちは急ぎ信頼できる第三者を探し出し、第三者評価を実施します。その結果、システムの開発については「段階的に開発と検証を積み重ねながら進めていくこと」でFFGの経営陣とも合意できました。

この段階に至って、永吉たちはFFGの経営陣から出された懸念や疑問について、「すべて打ち返せた」と感じました。「100点満点ではなかったかもしれませんが、及第点は頂けました」とは中原の感想です。

永吉は多くの銀行関係者の方々と会う機会がありますが、最も多く質問されることは、「新しい銀行の立ち上げに関して、どのようにしてFFGの経営陣を説得できたのですか？」だと言います。

2018年９月には、フェーズ２の最終報告が行われます。フェーズ１では新しいビジネスを始めることについての報告でしたが、フェーズ２ではアクセンチュアとクラウド上に新しいバンキングシステムを構築することまでを具体的に報告しました。ただし、アクセンチュアと正式な契約に至るのは2カ月後の11月です。

フェーズ１の報告書からフェーズ２の報告書への最も大きな違いは、FFGの経営陣との議論により各論が精緻化され、システムの開発方法についても蓋然性が高まったことです。その結果、フェーズ１の報告後に出された懸念点はすべて解消されていました。

そして、いよいよ全員一致して賛成という理想的な形でみんなの銀行設立の承認を得ることができました。また、この段階で外部の関係者に必要最低限のコミュニケーションを取ることが許可されたので、ようやく複数のSIerにシステム開発の可能性を打診できるようになります。

3-4 デジタル時代に即したシステム開発子会社の設立

ようやくデジタルを武器に戦おうとしている銀行が現れた

みんなの銀行設立に向けてFFG経営陣の承認を得られると、永吉たちは監督官庁とのコミュニケーションを始めます。元来監督官庁は、金融機関による新しい試みに対しては慎重さを見せる組織です。しかし、永吉たちのプロジェクトについては、「それは面白そうだ」と強い興味を示しました。

監督官庁にしてみれば、LINEやメルカリ、Yahoo!のようなメガプラットフォーマーが金融の世界に参入すべく規制緩和を進めているというのに、なぜ、肝心の銀行自身がこれらの新規参入者たちと戦うべくアクションを起こさないのか、と思っていたのかもしれません。

そこに、ようやくデジタルを武器に戦おうとしている銀行が現れたと思われたのか、相談に来たこと自体は好意的に受け止められたようでした。クラウド上に勘定系システムを構築するという前例のない構想にネガティブな反応を示されるかもしれないと考えていたので、これは予想外でした。

このような好意的な対応であったもう一つの理由には、永吉たちが相談した担当者が規制の緩和や銀行の新しい試みを後押しするラインであったことです。つまりシステム上のリスクや事業上のリスクをどのように管理していくのか、というリスク管理を重視する監督官庁の中にあっても、銀行の将来の展望をどのように企画していくかというラインでした。

そのため、彼らはむしろ永吉たちのチャレンジに対してどのように監督官庁としてのお墨付きを与えられるのか、どのようなタイミングで銀行業免許を出せばバックアップできるのかについて、早い段階から考えてくれたようです。

結果的には、銀行業免許取得のために２年間ほどかけて、システム開発状況やリスク管理・ガバナンス体制などについて監督官庁とコミュニケーションを続けることになっていきます。

しかも、監督官庁側ではデジタルバンクの免許取得という前例のない試みのために、関係するラインを組織横断型で組成して対応してくれたのです。

もちろん、常にポジティブな意見だけでなく、永吉たちに詰めの甘い部分があれば、しっかりと指摘してくれました。

このようにしてお互いに前向きな議論を続けながら監督官庁が協力的に併走してくれるという、心強いポジティブなコミュニケーションを続けることになりました。具体的には1～2カ月に一度、プロジェクトの進捗状況やシステムのテスト結果の報告、リスク管理体制やガバナンス体制の構築状況の報告、そして前回の議論で出た課題の解決方法の提示などを行い、それらに対して検証や助言を頂く形で進められました。

ゼロバンク・デザインファクトリーの設立

同時に、システム構築に協力してくれそうなSIerの選定も本格的に始まりました。既にトライアル開発を進めていたアクセンチュアも含めて海外も含む複数社のSIerとコミュニケーションを取り始めます。

まず、RFI（Request For Information）を行いました。RFIはSIerの選定を目的とする以前の情報収集で、開発力やサービス、相場などに関する幅広い情報収集を目的としています。

そしてある程度情報を把握できたところでRFP（Request For Proposal）を行いました。RFPは永吉たちが求めているシステム開発の要件について、各SIerから具体的な提案を集める段階です。

こうした経過を経て、2018年11月にSIerをアクセンチュアに正式決定しました。アクセンチュアは企画の段階からの相談相手であり、トライアル開発にも携わっていたのでアドバンテージがあったのですが、同社は日本の銀行の勘定系システムの開発実績がなかったのです。そのような実績があり、よりリーズナブルな価格での提案があれば、他のSIerも検討すべきだと考えていました。

候補として絞り込んでいたSIerの中には、銀行システムの実績がある数社も含まれていました。それらのSIerに対してアクセンチュアは一見不利に思えるのですが、アクセンチュアには金融機関のSIerから転職してきたエンジニアたちもいたので、全くの未経験とは言えません。

そして社内で慎重に検討した結果、パッケージを活用した提案をしていないこととコスト面の低さにより、改めてアクセンチュアに決定しました。

なぜ、永吉たちはパッケージ型を避けたのでしょうか。それは、他の銀行にも売られてきているパッケージ型では、みんなの銀行に独自性をもたらさないためです。一方、アクセンチュアはパブリッククラウド上にゼロから銀行システムを構築することを提案したので、それが決め手となりました。

そして一部の開発に着手して第三者による評価を得た結果問題はなく、開発の継続にめどが立ったことから、2019年3月にFFG取締役会でシステム開発子会社であるゼロバンク・デザインファクトリーの設立が決議されて対外的に発表されました。ただし、この段階ではまだ社名は発表されておらず、アクセンチュアと次世代バンキングシステムの共同開発を始めたことだけが公表されました。ゼロバンク・デザインファクトリー設立の発表は翌４月になります。

このとき第三者として評価していただくために協力を要請したのは、FFGの勘定系システムを開発した大手SIer出身で現在は別会社に所属しているお二人でした。ベテランエンジニアでしたのでお二人ともシニアの方々ですが、１人は勘定系の開発に詳しく、もう１人はクラウドシステムに詳しい方です。このお二人にSME（Subject Matter Expert：内容領域専門家）としてご参加いただき、みんなの銀行のクラウドバンキングシステムが本当に実現できるのか、銀行業務のクオリティーを担保できるのかといったことを開発プロジェクトの内部に入って評価していただきました。

もちろん、その後の開発も決して順風満帆ではありませんでした。例えば数年後にみんなの銀行のお客様が150万人になったとき、給料日などで一斉にシステムが利用された際の処理速度などはどうなるのかについて、データ上で150万人の仮想のお客様を設定してテストするなどしましたが、当初は満足できる結果が出ていません。そのようなことを検証してはチューニングを繰り返し、システムの完成度を高めていったのです。

使命感を維持できたのは、信頼できる仲間がいたから

ところで、みんなの銀行を設立せずに一旦ゼロバンク・デザインファクトリーという開発会社を設立したのには大きく３つの理由がありました。

１つめの理由は、一般的に銀行のシステム開発は外部のSIerが行っています。有名なところでは日本IBMや富士通、日立製作所、NTTデータなどです。そこでみんなの銀行に対しても外部にSIerが必要だと考えられました。それがゼロバンク・デザインファクトリーの位置付けです。つまり、アクセンチュアとゼロバンク・デザインファクトリーが共同でみんなの銀行のシステムを開発します。

２つめの理由は、ここで開発されたデジタルバンク用のシステムは、今後世界的に需要が発生するだろうと見込まれたことです。デジタルバンク用システムを買いたいという企業が現れたとき、銀行本体が販売しようとすると機敏性が得られません。しかしシステム会社があればそこから販売やサポートを行えます。

そして３つめの理由は、システム開発に関わるエンジニアなどが働く場合、銀行の組織や就業規則、人事評価制度、採用制度、そして企業風土はそぐわないと考えました。やはり開発者が能力を発揮できる環境は銀行の外に用意すべきだと考えたのです。そうすることで開発会社としての柔軟性や機動性を保つことができると考えられました。

このように、ゼロバンク・デザインファクトリーを設立してBaaS事業の構築を検討していることを内外に公表した段階に至って、パートナーの開拓や人材の獲得などに弾みが付きます。

ところで、監督官庁とのコミュニケーションを始めてシステムのトライアル開発に着手し、第三者評価を得て開発会社を設立するといった動きは、一つずつ完結させてから次のステップに進めたのではなく、すべてがほぼ同時に進められていました。一つひとつの工程が完結するのを待っていては、何年たっても先が見えない状況に陥る懸念があったためです。また、新しいビジネスは計画から実施までを短期間で行わなければ、世の中の変化に追い付けません。スピード感を重視していたのです。

そこで、同時に進められるプロセスは同時に進め、みんなの銀行が日本初のデジタルバンクとなることを目指しました。このスピードは、母体となる銀行の外に出たからこそ可能でした。

実際、この間の永吉たちの仕事ぶりは、本人たちが「めちゃくちゃハードな日々だった」と口にするほどの濃厚さで進められました。これを可能にするために、FFGの経営陣が新規事業の立ち上げに適したメンバーをアサインしたことも重要です。

「FFGで不良債権処理や新しいグループの立ち上げを通じてお互いに信頼できるようになっていたメンバーが集まらなければ、全く新しいデジタルをベースとした新規事業を短期間で立ち上げることはできなかったと思います」と永吉は言い、「FFGの経営陣から期待されて任された以上、何としてもやり遂げなければならないという使命感を維持できたのは、信頼できる仲間がいたからですね」と加えました。

3-5 銀行設立準備会社としての船出

人材集めも組織設計も改めてスタート地点に立った

ゼロバンク・デザインファクトリー設立後、次世代バンキングシステムの開発が第三者評価も得ながらスケジュール通りに進んでいることを確認すると、永吉たちは2019年8月に「みんなの銀行設立準備株式会社」に関する対外公表を実施します。社名に「設立準備」が付いているのは、まだ銀行業免許を取得する前の段階であったため、「○○銀行」と名乗れなかったためです。このように銀行を設立したけれどもまだ免許を取得する前なので「銀行設立準備会社」の段階です、と対外公表を行うことは、新銀行設立では一般的な手順です。

ただし、銀行設立準備会社を対外公表したことで、ゼロバンク・デザインファクトリーが銀行システムの開発をしていたことや、新銀行を設立しようとしていることが競合他社にも初めて知られることになります。従って、この対外公表は永吉たちにとっては大きな船出となります。

この段階に入ると、いよいよ監督官庁の審査が本格的に始まります。とはいえ、まだ銀行業務を本格的に稼働できるほどのメンバーを集められておらず、組織としても固まっていません。そのため、人材集めも組織設計も改めてスタート地点に立った状態でした。

特に新銀行の人材をリクルートするに当たっては、そもそも新銀行の存在が不確かでは求人活動ができません。また、銀行として稼働するためには全銀ネット（全国銀行資金決済ネットワーク）※に接続しなければならず、この届け出を行うためにもまず銀行としての実体がなければなりません。この届け出には時間がかかるため、銀行設立準備会社ができた段階で手続きを始める必要がありました。

※金融機関が相互に内国為替取引（銀行振り込みなど、現金以外の方法によって、金銭を決済する方法）をオンライン処理する「全銀システム」を指す。全国銀行協会（全銀協）傘下の一般社団法人全国銀行資金決済ネットワークが運営している。

既存の銀行を発展させながら「両利きの経営」の実践

このようにして、新銀行設立の土台が作られたのです。しかも、デジタル時代における全く新しい「将来の銀行像」、つまり「破壊的イノベーション」を追求するためにも、FFG本体からは独立した組織として立ち上げる必要がありました。つまり、既存の銀行を発展させていくFFGと、破壊的イノベーションによりDXを加速推進するみんなの銀行という2wayアプローチをしたことは、まさに「両利きの経営」の実践でした。

そして目指すべきビジョンや役割、ビジネスモデル（B2C、BaaS）、運営体制（ガバナンス・事業運営スタイル・組織および人員）がFFGとは異なりながらも、リソース（ヒト・カネ・信用）の側面からはFFGのサポートを得られることで、新銀行設立の準備は一般的なベンチャー企業に比べて圧倒的な推進力を得たと言えます。

特に新銀行設立は、銀行が銀行をつくるという面では、メガプラットフォーマーなどの異業種が銀行を設立することに比べて圧倒的に有利だったと言えます。FinTechなどのように金融サービスの一部に特化してとがったサービスを提供するのではなく、銀行として総合的な金融サービスを提供するには、銀行運営の経験やノウハウがなければ相当に困難となるためです。

対談：イノベーションのジレンマから逃れる

横田浩二（みんなの銀行 会長） × 永吉健一（みんなの銀行 取締役頭取）

低い所から高い所に水を上げるみたいなこと

永吉 みんなの銀行設立プロジェクトにおいては、横田さんがプロジェクトオーナーという立場で、私がプロジェクトマネジャーという立場でしたが、私が初めてみんなの銀行の構想案を持ちかけたときのことを覚えていらっしゃいますか？

横田 確か2017年の２月に、永吉さんから口頭で聞きました。そのときは「ネオバンク」というタイトルが付いていて、いいじゃないか、と思いました。それで、とにかく賛成だからもう少し詰めてみてくれってお願いしたのです。

ただ、当時のFFGでは長崎の問題※をどう対処するか、ということが大きな課題になっていました。それで７月ごろに、長崎の問題についてはそれまで銀行の論点で進めていたものを独占禁止法の観点からも考えながら長期的に取り組もうという話になりました。

※FFGが十八銀行と経営統合する際に、長崎県内の融資シェアが７割を超すことから、公正取引委員会が独占禁止法に抵触する可能性があると問題提起した件。最終的には、当事会社が他の金融機関に取引先の貸出金を移管する「債権譲渡」などを通じてシェアを下げたことで、2018年8月24日に公正取引委員会の承認を得られた。

永吉 よく７月と覚えていらっしゃいましたね。

横田 ちょうどそのとき、私は函館マラソンに行くときだったので、覚えていました。それで2018年の８月24日に公正取引委員会からの承認が出たのです。

永吉　日にちまで覚えているのですね。

横田　こちらは北海道マラソンの2日前だったので。

永吉　記憶は皆、マラソンにひも付いているんですね（笑）。

横田　この大きな問題の他にも、2017年ごろからは全営業店と全本部を巻き込んだ「業務改革」が始まりました。これもiBankマーケティングと比較すればかなり大がかりなプロジェクトで、大手のコンサルティング会社も入っていました。みんなの銀行の構想を始めたとはいえ、社内的には十分に練るのが難しい局面でした。

永吉　あの当時は大きなプロジェクトがたくさんありましたから。

横田　十八銀行との経営統合の問題や業務改革の他にもう一つ、デジタル戦略というプロジェクトも2017年10月に立ち上がっていました。

そのようなタイミングだったので、当時の「ネオバンク構想」については全経営陣で議論はしていませんでした。副頭取や専務ら５人に永吉さんが入ってディスカッションしましたよね。このときは総論賛成・各論反対というよりは各論是々非々、Whatは分かったけれども、Howについては全然理解が得られなかった。何度説明してもね。

永吉　デジタル技術や新しい金融サービスに対する知識や情報量のギャップがとても大きかったことを覚えています。

横田　そう。そんな状況でしたので、これは低い所から高い所に水を上げるみたいなことで難しいぞ、と思いました。１回や２回のディスカッションで絶対に討ち取るぞ、とはなかなか思えないところがありました。

ただ、最後は柴戸社長（当時、現会長）がしびれを切らした感じで、「なぜそんなにもめているんだ」という意思を示された。そこで皆さん機が熟したという印象を受けたことを思い出します。

既存ビジネスそのものが新しいビジネスに取って代わられる可能性

横田　そのころNIRA総合研究開発機構の翁百合さんのレポート※などを皆で読み、キーワードとしてはオープンバンキングで、APIを通してこれからの銀行業務が大きく変わっていくといった話をしていたのですが、私たちもそちらにかじを切るべきではないのか、と理解されたのが柴戸会長だったと思います。

※2018年３月に公開された翁百合氏（NIRA総合研究開発機構理事、日本総合研究所副理事長〈当時〉）のレポート『NIRAオピニオンペーパー　オープンバンキング時代の銀行業』のこと。

しかしHowについては皆さんの意見が分かれていましたよね。私は絶対にやるべきだと言っていましたが。

永吉　なぜ、横田さんはやるべきだと思われたのですか？

横田　私は2015年８月に欧州に行きました。ノルウェーやフィンランド、スウェーデン、そしてフランスですね。そのとき、デジタルバンクと呼ばれている会社を片っ端から見て回り、強いショックを受けたのです。

それまで私は、デジタルバンクとは単にチャネルの違いのことだと思っていました。ですから自分としては2011年ごろから営業生産性を改革するつもりでCRMの仕組みを取り入れたり、融資支援システムを導入したりする一方で、インターネットバンキングの更改も進めてきました。だからそれなりにやっているつもりだったんです。

ところが違った。2015年になると日本でもFinTech元年が訪れますが、当時、FinTech脅威論を最も語っていたのが柴戸会長でした。しかし私はあまりそこに脅威を感じていませんでした。ところが実際に欧州に行ってみると、これは既存ビジネスそのものが新しいビジネスに取って代わられる可能性があるぞ、と驚いたのです。

それでDXが必要だと言い始めたのです。地域金融機関の中でDXの必要性を言い始めたのは、FFGが最初だったのではないでしょうか。

永吉　そうかもしれませんね。その当時、銀行業界はFinTechが本格的に上陸したらどうするんだと戦々恐々だった。そうした空気になっていましたから。

横田　私たちもDXという名の下にRPA（Robotic Process Automation）を導入したり、AIについても「OPEN AI LAB」※を開設したりするなど2017年ごろから様々な取り組みを始めていました。しかし、既存のビジネスでDXを進めると絶対に二重性が発生します。例えば住宅ローンの手続きをネットなどでデジタル完結にしようとしても、工務店さんやお客様の方々の中にはそのチャネルに乗ってくれる人と乗ってくれない人が出てきます。そこで、一足飛びに新しいものを作ってしまうというネオバンクの話を聞いたときには、これほどいいことはない、と感じたのです。

※福岡市の地場企業がAIについて学んだり、AIを活用して事業を活性化させたり、新しい事業を共創したりする場として、ふくおかフィナンシャルグループとグルーヴノーツが開設したAIを学べる場。

永吉　本当に大きなプロジェクトが重なっていて、人もいないし、出してもくれないし。横田さんがおっしゃる通り、当時はDXに対する根本的な理解が組織の中でコンセンサスを得られていませんでした。ですから、iBankマーケティングやみんなの銀行のプロジェクトを進めるに当たっては、そこでかなり苦労しました。何で皆さんは、私たちの言っていることを理解してくれないのだろう、と悶々《もんもん》としていました。

横田 だから2018年の暮れにアクセンチュアさんを開発パートナーにしたときも、条件付きだったよね。

永吉 はい。本当に次世代の新しい銀行勘定系システムを開発できるのかを確認しようということで、まずはPoCからと。

最初のマイクロサービスが出来上がるのを祈るような気持ちで待っていた

横田 アクセンチュアというと世界を代表する一つの大きなコンサルティング会社のように思えますが、実際はコンサルタント個々人の集まりです。だから当然担当者や案件によってクライアント企業の評価は異なります。アクセンチュアについてポジティブな話ばかりではなかったので、パートナーに決定するのが難しいな、という局面があったことも確かでした。

あとアクセンチュアさんには日本の銀行勘定系システムの開発実績がないということも懸念されていましたね。実績がないところに、できると証明することは非常に難しい。それで条件付きになったんです。最初に預金のマイクロサービスをつくって問題なく稼働するかどうか見せてくださいと。

ただ、アクセンチュアさんが作ったものを、現場の私たちが「ほら、できたでしょう」と言っても信ぴょう性がなかったので、元大手SIerの開発責任者の方に相談したんです。そうしたら、「自分たちが第三者評価をやりましょうか」と言ってくださったので、渡りに船だとお願いしました。すると元大手SIerのエンジニアで現在は大学でも教鞭を執られている方にも参加していただけることになりました。

その結果、問題ないというお墨付きを得られたので、アクセンチュアさんに対する不信感が払拭されて正式に開発パートナーとして組むことができたのです。ただ、私はこのとき、別のSIerさんでもいいかなって迷ったんですよ。

永吉　それはなぜですか？

横田　そのSIerさんはグローバルでも多くの実績があるし、APIを使ってコアバンキングを作るという部分に関してはブラックボックスなところがあるとは思ったけれども、近道かもしれないと。しかも、実績があるなら関係者を説得しやすい。

永吉　それでもアクセンチュアさんに賛成したのはなぜですか？

横田　iBankマーケティングからの流れの中で、アクセンチュアさんとは海外の事例やネオバンクについてたくさんのディスカッションをしてきました。その経緯を考えると、アクセンチュアさんなしで進めるのも厳しいと思ったのです。だから最初のマイクロサービスが出来上がるのを祈るような気持ちで待っていたんですよ。私としては本当に大変だったと記憶しているのはこのあたりですかね。

永吉　その前にクラウドサービスの選定がありましたね。Amazon Web Services（AWS）かMicrosoft Azureか、それともGoogle Cloudか。ここは技術的にはどこもさほど変わらないということで心配はありませんでしたか？

横田　経営のイシューにはGoogle Cloudで大丈夫なのかということはあまりなかったですね。こちらも外部の方からは金融機関としての採用実績が乏しいなどいろいろと言われましたけどね。エンタープライズで

Google Cloudはないんじゃないかとも。なぜGoogle Cloudなのか論点は準備しましたが､それでも経営会議ではそのような話は出ませんでした。

イノベーションのジレンマから逃れて自由になるための「出島」

永吉　私がよく言っているのは、本当にゼロからスタートしたことも大きいのだと。商品・サービスやシステムもゼロから作りましたが、お客様もゼロからのスタートだったことが大きな経営判断のポイントだと思っています。

既存の稼働しているシステムをクラウドに移行することも相当にリスキーですが、既存のサービスを利用していただいているお客様を移行させることはもっとリスキーです。

今回はシステムも独自にゼロから作っているので、何かトラブルがあってもFFGのシステムには影響がありません。そしてお客様もFFGの既存のお客様ではないので、仮に新銀行設立に当たって何かシステムなどの不具合があったとしても、FFGのお客様には一切迷惑が掛からない。

このようにシステムやお客様をFFGからは切り離しているという前提も、FFGの経営陣の決断の決め手になったのではないかと思います。

とはいえ、横田さんも相当悩まれたそうで、趣味のランニングの最中にもずっと考えられていたと聞きましたよ。

横田　やっぱりアクセンチュアさんを懸念する社内外の声もあり、悩みましたね。できなかったじゃ済まされませんから。

永吉　そういう意味では、アクセンチュアさんも自社のリソースを持ち出しで開発するなど男気を見せてくれました。彼らにとっても重要なプロジェクトだったので。今回の取り組みはグローバルで展開するアクセンチュアさんのプロダクトとしても秀逸でしたから、彼らにとっても重要なプロジェクトだったのでしょう。

話は変わりますが、みんなの銀行は、イノベーションのジレンマから逃れるために出島的なプロジェクト仕立てにしましたが、結局グループのガバナンスに縛られているところもあれば、逆にそれで助けてもらったところもあったと思います。

横田　iBankマーケティングのときにも独立の組織にするのか銀行の一部にするのかという議論があったと思うけど、結果的には独立した組織にしてよかったと思います。

みんなの銀行についてはライセンスを取らずに別ブランドで運営するという議論も出たけれども、当時使っていた単語としては「バックキャスティング」のアプローチで考えたんですよね。将来に描いている姿から逆算していくと、新たにライセンスを取って運営するしかないでしょうと。

このときに非常にありがたかったのは、頭取や社長直下の組織ではなかったことです。CIO（Chief Information Officer）とCFO（Chief Financial Officer）とプロジェクトオーナーの自分という主要な3者でディスカッションをして進め、これに外部の目として社外のアドバイザーにご参加いただき毎月もんでいくという進め方は良かったですね。ここで十分に議論を尽くしてから取締役会などに上げられたので、私としてはやりやすかったです。経営会議や取締役会の平場で戦って、そこで疑問を呈されると先に進めなくなってしまうので、そういうことが全くなかったです。

永吉 そうですね。最初の頃から水面下で、主要なボードメンバーの方々と対話を密にさせていただいたのはとても大きなポイントだと思います。

運はいろいろなチャレンジや行動を取ったことへのご褒美として舞い込む

永吉 みんなの銀行とiBankマーケティングのプロジェクトを進めるに当たっては、まさに横田さんあってのプロジェクトだったな、と思っていました。横田さんの背中の後ろに隠れて自由に伸び伸びとさせていただいたなと。ですから私としては非常に感謝しています。

横田 永吉さん、あなたはすごく運がいいですよね。実は私も運のいい男で、今回のプロジェクトもあなたと私の運の良さがあったように思うよ（笑）。

永吉さんの運の良さはiBankマーケティングの立ち上げでも効いていて、必要な人にちゃんと出会えたり環境がそろってきたりして、曲がりなりにもうまくマイルストーンを刻んでいくことができているんですよね。だからとんとん拍子で事が運んだ気がします。このあたりの機微は理屈では説明しにくいですが。

永吉 確かに、走りながらいろいろなことが起きているとは感じました。私は確かに恵まれていて、FFGでは20年前に東京から戻ってきて不良債権処理の修羅場での日々を過ごすなど、かなり銀行業界や金融業界の激動の時代を、身をもって体験することができています。これは後から思えば非常に貴重な体験をさせていただいたと。

ですから確かに運がいいとしか言いようがないところもあるのですが、その運って、天から降ってきたようなものではなくて、いろいろなことをしてきたつながりの中に結果として転がり込んで来るんじゃないかと思っているんですよ。横田さんも同じではないですか。

iBankマーケティングでも、連携したいという銀行の方々がある日突然ぽろっと現れたわけではなくて、日頃からいろいろなところで講演や情報発信をしてきた結果として、そのうちのどれかを聞いて共感してくださった方たちがドアをたたいて来てくれているんですよね。

よく経営者の方々は、「自分は運が良い」と口をそろえておっしゃるのですが、それは何もしないところに運が転がり落ちてくるのではなくて、いろいろなチャレンジや行動を取ったことへのご褒美として舞い込んで来るのではないかと思っているんです。

横田　その意味ではFFGはかなり早い時期からDXにかじを切っていたところがあったかもしれませんね。柴戸会長がかなり早い時期からデジタルに注目していて、一時は、銀行はIT企業に生まれ変わるんだ、とまでおっしゃっていた。つまり、iBankマーケティングやみんなの銀行のプロジェクトを進めるための地ならしっていうほどではないにせよ、早くから他行よりは環境が整いつつあった。

実際、銀行でアジャイル開発に取り組んでいるところなど、メガバンクを含めてもないのではと思います。

コロナ禍をいいことに少し先に延ばししたいなと思った

横田　あと立場としては、経営統合の時には私がプロジェクトマネジャーで永吉さんはその下にいて、私が踏み台にしていました（笑）。でもいつかはバトンを渡そうと思っていたので、iBankマーケティング以降は永吉さんがプロジェクトマネジャーで、私は永吉さんが物事を進めやすくする役割としてオーナーの仕事に就きました。

ですから映画づくりに例えれば、監督である永吉さんが持ち込んだキャスティングに対して、「この女優はメグ・ライアンに変えたらどうか？」みたいなことは絶対に言わないようにしていました。それでは映画が死んでしまうと考えて。

実際、iBankマーケティングのプロジェクトを通しても「ここは変えた方がいいのでは？」などと言ったことは多分２回くらいしかなかったと思います。

永吉 「ダメだ」はなかったですね。

横田 「ダメ」って言ったことはありません。

永吉 記憶にないですね。本当にほとんどのことは何も言わずにOKしていただいて、後ろ盾になっていただいたと感じます。

横田 もう一つ、今振り返っても自分が間違った判断をしなくてよかったと思ったシーンがあります。2020年の９月にシステム開発におけるクリティカルパスを通すために、非常に難度の高い「フォー（４つの）ストライク」を取らなければならなかったシーンですね。この時は少し開業（銀行システム稼働）に向けたスケジュールを遅らせてもいいんじゃないかと思ったんです。少し短兵急で物事を急ぎ過ぎて、どこかでゆがみが出るかもしれないと。そこでコロナ禍をいいことに少しだけ先に延ばしたいなと思ったんですけど。

そうしたらCIOの宮本さんが必ずやり切りますと。あの時は自分の判断で遅らせなくてよかったと思います。私の判断が間違って延期になっていたら銀行開業が1月から４月になっていましたからね。そうしたら、柴戸会長が年度内と対外的に約束して言っていたことが実現しませんでした。あの時は間違った判断をしなくてよかった。

永吉　本当にあの時、私もコロナ禍を理由に何度となく先延ばししようかと思いました。実際、いろいろなところで兵たん線が伸び切っている印象でしたから。でも、延期しなくてよかったです。

横田　まさに運が良かった名シーンです。あと、監督官庁のサポートもありがたかったですね。

永吉　今回のプロジェクトに関してはとても力強く支援していただきました。

横田　2018年の９月に監督官庁に伺った時も、銀行二課（地方銀行を担当している課）ではなくて、監督官庁全体でタスクフォースを組んで対応しましょうと言ってくださって、そこからフランクに我々の質問やディスカッションに付き合ってくださった。あの時、入り口から銀行免許の取得って簡単じゃないですよ、とくぎを刺されていたらなかなか大変だったと思います。

永吉　その後、監督官庁ではFinTechサポートデスクもタスクフォースに加わって対応していただけました。ちょうど監督官庁としても、銀行の新しいチャレンジの形を模索していた時期だったのかもしれません。

横田　そう。そのタイミングも僕らにとっては運が良かったですね。

こんなのに金を使うんだったら営業部門でももっとやりたいことがある

横田　ところで、永吉さんが一番きつかったのはどのあたりでしたか？

永吉 ずっと全速力で走り続けているからか、あまり覚えていないんですよ。大変なことが多過ぎて、次から次へと忘れていかないと新しいことが頭に入ってこない状況でした。

横田 以前にも言ったことがありますが、サムソン流の経営で、「やると決めたら７割成功」って。やるって決めたらもう7割成功しているからあとはなんとかなる。大丈夫って感じでしたね。

永吉 その意味では、先にiBankマーケティングのプロジェクトが形になっていたことで、すごく自信を持てたんですよね。ただ、プロジェクトの最初の議論の時に、当時横田さんは営業担当役員をされていましたが、昔のよしみで援護射撃をしてくれるものだと思っていたら、いきなりズドンと後ろから撃たれたみたいなことがありました（笑）。立場が違うとそうなるんだろうな、と思っていましたが。

横田 あの時は申し訳なかったけれども、最初の経営会議であまり意見が出なかったので、議論のための議論であえて辛口の意見をぶつけました。本当に永吉さんを撃つつもりではなかったけど（笑）。

永吉 こんなのに金を使うんだったら営業部門でももっとやりたいことがあるんで、そっちで使わせてくれと言われました。

横田 そうそう。この事業はデビットカードの販促かなんかですか、って。

永吉 そこからiBankマーケティングの担当役員になっていただいてからは、一気にブルドーザーのように進めていただけたという印象です。

第4章　小さく始めるアジャイル型ビジネス

4-1　銀行グループでありながら、手探りの新銀行設立

書籍を参考に新銀行設立？

みんなの銀行はFFGという銀行グループのメンバーが立ち上げたため、他業界の企業が立ち上げるよりははるかに円滑に立ち上げられたと思います。しかし、決して簡単だったわけではありません。むしろ試行錯誤の連続でした。

というのも、FFGは約150年の歴史を持ち全国に先駆けた広域展開型地域金融グループであり、多くの銀行員を擁していますが、銀行をゼロから立ち上げた経験を持つ者などいないのです。

そのため永吉たちもFFGに銀行を新規で立ち上げることを指導してくれる経験者を求めることができず、『銀行業新規参入の実務』（伊藤信雄著、シグマベイスキャピタル、2005年）という書籍を読みながら、新銀行設立に着手します。新銀行設立の実務書というニッチなテーマの書籍は同書しか見つけられず、永吉たちにとっては貴重な指南書でした。山ほどの付箋を付けながら熟読しましたが、暗黙の慣習や監督官庁とのやりとりで明文化されていない部分も多く、そのようなときは過去の事例を探すなどしました。ただ、監督官庁の事前相談や事前審査などに進んでから本を読み直すとふに落ちることが多く、「今自分たちがどの段階まで進んでいるのか」を確認するのに大いに役立ちました。

特に監督官庁の事前審査については、いつから始まっていつ終わるのかなどが示されていないため、「もしかするとあれがそのための情報収集だったのか？」と後から分かるところがありました。

また、直近に開業された銀行の例として、2018年9月に開業された株式会社ローソン銀行の設立事例は大いに参考になりました。同事例では、予備審査の開始時期や本審査の開始時期、設立準備会社を設立する時期などの各イベントのタイミングについて対外公表されているので、永吉たちも「予備審査はこのくらいで終わっているはずだよね」と当たりを付けるための参考になり、新銀行設立の計画から逆算して自分たちの進捗状況を確認するのに参考にしました。

とはいえ、書籍にもローソン銀行の設立事例にも、当然ながらデジタルバンクについては一切触れていません。そのためデジタルバンクであることで一般的な新銀行設立と何が異なるかについてはやはり手探りとなりました。

みんなの銀行は、地銀かネット銀行かFinTechか

海外では、既存の銀行とデジタルバンクの許認可を分けている国もあります。ところが日本の法律ではまだデジタルバンクへの対応は行われていませんでした。しかもみんなの銀行はパブリッククラウド上のバンキングシステムでしたから、なおさら前例がありません。そのことでは永吉たちだけでなく、監督官庁でも新たに検討しなければならないことが多かったのです。全銀ネットでも、パブリッククラウド上のデジタルバンクとの接続は初めての試みとなりました。

例えば監督官庁では、メガバンクとネット銀行は「銀行一課」の管轄で地方銀行（地銀）は「銀行二課」の管轄となります。みんなの銀行は地方銀行のグループ（FFG）に所属していますがマーケットとしては全国

が対象、サービスはデジタルが中心になります。この場合はどちらの管轄になるのか、監督官庁に相談に行った当初は、監督官庁側でも最初は「二課ですね」と言われましたが、途中から「一課で担当する」と変わりました。

しかし、既存の枠組みでは対応し切れない部分があるということで、監督官庁の中でもFinTechなどの新しい動きに対応する専門部署が組織横断的なタスクフォースを組み、チェックや助言をしてくれることになりました。監督官庁としても、これからも登場してくるであろう新しいビジネスモデルに対しての対応の仕組みを作っていく必要がある、という目線も含めて組織横断的に対応していただけたのだと思います。

このようにして2018年9月に初めて監督官庁に新銀行設立構想の相談をしてからは、定期的に討議を重ね、恐らく2019年の春ごろには慣習として特に明示されないまま事前審査のプロセスに入っていたと思われます。

そして2020年11月になると新銀行設立のための申請書を提出するように指示されます。12月には正式に本審査を申請し、銀行業免許を取得しました。こうして2021年1月4日にいよいよみんなの銀行の開業にこぎ着けます。

ただし新年早々に開業した理由は手続き上の都合ではなく、システムの最終チェックを行うためでした。何か予測できない不備があった場合に対応するには、金融機関の休業日である正月休み中が安全だったためです。実際、銀行の開業日に正月明けやゴールデンウイーク明けなど連休明けが選ばれるのは、このように新しく開発されたシステムを稼働させるカットオーバーに適しているという事情があるためです。監督官庁ではこのあたりの事情にも配慮していただけたのだと思います。

図表4-1　銀行業免許交付の様子（2020年）。左からFFG柴戸、みんなの銀行永吉、横田、麻生金融相（当時）
撮影：みんなの銀行

この間のスピード感を理解するために改めて振り返ってみると、2020年11月に監督官庁の予備審査を申請したことを対外公表し、12月10日には予備審査が終了したことを公表しています。このタイミングで商号を「みんなの銀行設立準備株式会社」から「株式会社みんなの銀行」に変更する申請を行いました。その12日後の12月22日に銀行業免許を取得したことを公表しました。この時はFFG取締役社長（現会長）の柴戸とみんなの銀行初代頭取の横田（現会長）、そして当時副頭取だった永吉（現頭取）が麻生太郎金融相（当時）から銀行業免許書を受け取った写真を公開しました（**図表4-1**）。そして正月休みを挟んだ翌2021年１月４日に銀行システムを正式に稼働開始し、銀行として開業しています。

ただし、この段階では、サービス提供はまだ始まっていません。ここからクローズドベータ期間と呼ぶ期間を設けてスタッフがアプリを触り、様々な挙動を試す期間としました。この期間にスタッフから得たフィードバックを反映させるチューニングを行い、5月28日にサービスの提供が始まります。

4-2 銀行「らしさ」からの脱却を目指して

アジャイル型のビジネスとは

みんなの銀行では、刻々と変化する市場やお客様のニーズに迅速に対応するために、システムをいくつもの小さなユニットに分け、開発期間も短く分けてその期間ごとの目標を立てて開発するスプリント開発方式を採っています。同時に全体のブラッシュアップの回転度を上げていくアジャイル開発方式を採用しています。アジャイル開発のメリットは、問題が起きたときに立ち戻る工数が少ないことや、他のユニットに影響しないこと、小さく開発してはお客様からのフィードバックを得るためお客様の最新のニーズを最大限反映させられることです。

さらにみんなの銀行では、アジャイル開発の手法を、サービスの考え方や計画の立て方、マーケティングの実践方法などにも取り入れています。ビジネスでも小さくトライしてうまくいけばフィードバックを重ねてブラッシュアップしていきますし、うまくいかなければ手を引きます。

通常、銀行のシステム開発やサービスの開発はウオーターフォール型が採用されます。ウオーターフォール型では初めに全体の完成した設計を行うことで、開発予算やスケジュールを正確に予測できるためです。しかし、ウオーターフォール型では一度設計して開発が始まってしまうと、完成するまでに長い開発期間と予算を投じることになります。完成して市場に投入するまでは市場の評価が分かりません。そのため、市場の評価が悪かった場合は、大きな失敗となるリスクがあります。

また、開発途中で仕様を変更することが困難で、トラブルが発生したときも全工程を見直す必要があります。さらに、トラブルを解消するために手を入れたとき、全く予想していなかったプロセスに影響を与えてしまうリスクもあります。

一方、アジャイル型の開発では、細分化されたユニット単位で同時に開発が進むため、開発期間が短く市場ニーズの変化への対応が容易です。また、開発単位が小さいため、問題が発生した場合もユニット単位あるいはスプリント単位で原因の追及と修正を行うため短期間で対応でき、システム全体への影響を最小限に抑えることができます。

このアジャイル型をビジネスにも応用することで、小さな単位で迅速にサービスをリリースし、お客様のニーズの変化への対応も迅速になります。また、お客様のニーズとマッチしていなかった場合も迅速に撤退でき、損失も最小限に抑えられます。

「みんなの銀行では自分たちのビジネスのあるべき姿を実現するために組織はどうあるべきかを逆算した結果、アジャイル型になった」と吉冨は言います（**図表4-2**）。

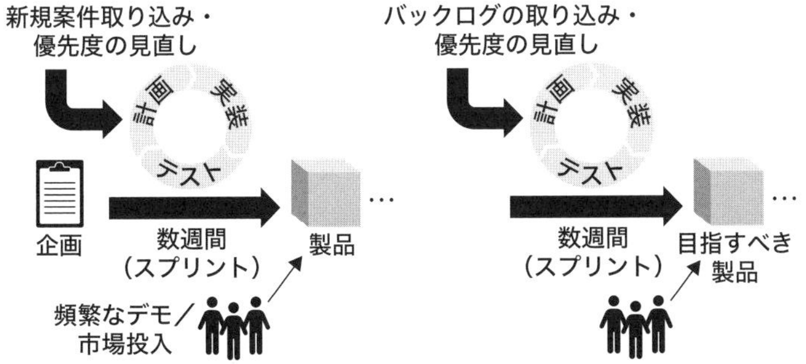

小さく産んで、少しづつ目指すべきプロダクトに近づけていく。

図表4-2　実現したい事業運営スタイル
出所：みんなの銀行

「銀行であることを逸脱してはならない」と同時に「銀行らしさから脱却しなければならない」

アジャイル型の開発には欠点もあります。アジャイル型では開発でもビジネスでも、いつまでもトライル・アンド・エラーやブラッシュアップのサイクルを回し続けてしまうことで完成の区切りが曖昧になりがちです。みんなの銀行の開業は2021年１月と決めてありましたので、アジャイル開発だけですとシステムの完成のタイミングが合わない可能性もありました。そこで、全体の管理としてはウオーターフォール型で枠を作って包み込むようにして、期日までには一定の水準が仕上がっているように管理されました。

「アジャイル型とウオーターフォール型のハイブリッドを実現することには苦労しました」と中原は振り返ります。

「銀行員はアジャイル型に慣れていませんので、キャリア採用でジョインしたエンジニアたちに『ここはアジャイルでいくべきでしょ』と言われると、『期日があるじゃないか』と内部でも葛藤がありました」

このような葛藤に対して永吉は次のように結論しています。「大型開発で期日が決まっているものはウオーターフォール型が効率的ですし、まだ世の中になく期日も決まっていないものを、トライアル・アンド・エラーを繰り返しながら作り上げるにはアジャイル型が向いています。ですから、みんなの銀行では案件によりウオーターフォール型とアジャイル型を使い分けるハイブリッド型になっていきました」

このように開発やビジネスでは柔軟な手法を採り入れていますが、銀行という事業はあらゆる法規制の下で適正な運営を求められます。このため、銀行は保守的で冒険を嫌う雰囲気となり、新しいことを始めにくい企業体質になりやすい傾向が生まれるのです。

そこでみんなの銀行では「銀行であることを逸脱してはならない」ことと同時に「銀行らしさから脱却しなければならない」ことを両立させるために、設立準備会社を設立した際の決議資料には「みんなの銀行が目指す姿を実現するためには、これまでの『銀行』を出発点としながらも、『銀行らしさ』からの脱却が必要」の一文が盛り込まれました。

銀行に対する世間一般の印象は、「安心・安全・信頼」です。これは、大切なお金を預けるのに必要なことで、銀行員に対しても「真面目・誠実」の印象を持たれています。これらはポジティブな印象であると言えます。

単一人材企業から多種人材企業へ

一方で銀行は「お役所的だ」ともよく言われます。その理由は「手続きが煩雑で面倒くさい」や「営業時間に融通が利かない」などがあり、「お堅い」というネガティブな印象も持たれています。

これらの印象を引き合いにして永吉は、「ポジティブな『銀行らしさ』を脱却したら銀行として困るわけだけど、ネガティブな『銀行らしさ』からは脱却しないと新しい銀行をつくる意味がない」と語ります。

すなわち、みんなの銀行は銀行である以上、「安心・安全・信頼」がなければなりません。しかし、「手続きが煩雑で面倒くさい」や「営業時間に融通が利かない」「お堅い」といったネガティブさからは脱却しなければ新しい銀行とはなり得ません。

みんなの銀行のメンバーは、３つの価値観を共有しています。それは、「銀行らしさ」からの脱却、「ユニーク」へのこだわり、「信じて、頼られる」です（**図表4-3**）。

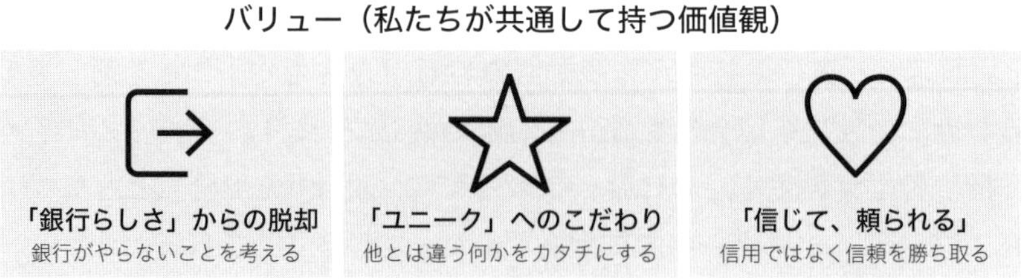

図表4-3　みんなの銀行のメンバーが共有している３つの価値観
出所：みんなの銀行

これらの価値観を実現するために、みんなの銀行では銀行員やデザイナー、エンジニア、マーケター、データサイエンティストなどバックグラウンドの異なるメンバーたちが、常に議論を交わしながらベクトルを同じ方向に向けることを目指しています。

とはいえ、このような多様なメンバーを同じ価値観というベクトルに向けることは「とても苦労しました」と永吉は語ります。

既存の銀行は、銀行員ばかりが生息している言わば単一人材企業です。銀行のことに関してはプロフェッショナルですが、システムは開発会社に、デザインはデザイン会社に、マーケティングは広告代理店になど、銀行業務以外はアウトソースしてきました。

しかしみんなの銀行では変化する市場のニーズや人々の価値観や行動、進歩するテクノロジーに機敏に対応し、自らが小さく迅速に変化できるように、既存の銀行がアウトソースしてきたことを内製化しています。銀行員だけでなくエンジニアやデザイナー、マーケター、データサイエンティストなど、いろいろな人材が集まる多種人材企業の様相を呈しているのです。

となると、「言わなくても分かるよね」では通じません。例えば銀行員同士であれば、コンプライアンスや倫理観、様々な規制やルールなどが各自に染み付いているので、言葉にしなくても共有できています。しかし銀行員以外のメンバーには言葉にしなくては伝わりません。それどころか、一度言葉にしたくらいでは理解されないことがほとんどです。

こうした業界知識や慣行などはある程度時間をかけて共有していくしかありませんが、一方で新しいビジネスへのチャレンジマインドや事業として目指すべきゴールは、多種人材企業になろうとも、むしろこれらに共感して参画しているわけなので、メンバー全員が意識し行動してくれなければ組織としての一体感やパフォーマンスを発揮することができません。

そのため永吉は、新規参画メンバーとの最初の顔合わせの際には決まって「私たちのミッション・ビジョン・バリューとINSIGHTに共感できない人はすぐに辞めてもらって構いませんよ」と冗談交じりに伝えています。

ミッションとは「みんなに価値あるつながりを」。ビジョンとは「世の中のヒト、モノ、カネ、情報を『つなぐ』存在として、銀行というビジネスドメインの先にある『新しい金融機能』の提供を通じた新たな価値を創造する」。そしてバリューとは「『銀行らしさ』からの脱却」などです（ミッション・ビジョン・バリューは第３部で紹介します）。

「引き算で発想する人たち」と
「足し算で発想する人たち」の折り合い

実際、エンジニアやデザイナーなど非銀行員の採用を始めた当初、横田と永吉は「カルチャーを変えていかないとこの組織はうまくいかない」と話していました。

その会話を聞いた中原は「当時は二人が言っていることがピンときませんでしたね」と言います。しかし、開発が進むにつれて「自分たちが

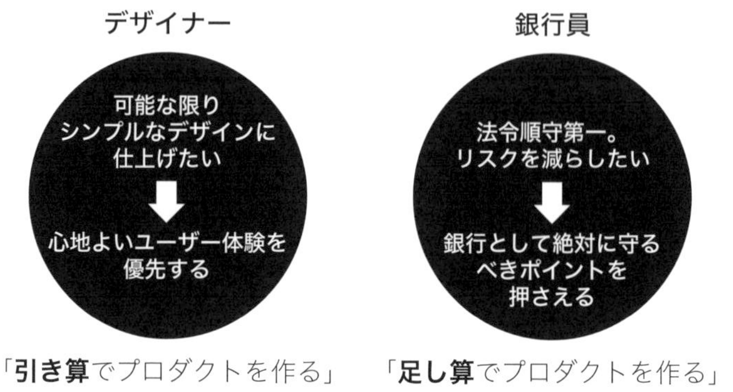

図表4-4　デザイナーと銀行員の考え方の違い
出所：みんなの銀行

銀行員であることを捨てなければならないな」と実感したと言います。「ただし、銀行員として守らなければならいこともあるけれども、バックグラウンドの異なる多様な仲間たちに対して、譲るべきことは譲る、そして尊重すべきところは尊重する必要がある」と考えるようになります。

特にサービスデザインやプロダクトデザインを担当するデザイナーと、銀行の業務規程や関連する法律を守り続けている銀行員との戦いは今でも日々行われ続けている、と永吉は言います。

デザイナーたちの発想は、少しでも説明を省き、操作性の良いUIをどれだけシンプルにできるかということに心を砕いています。一方、銀行員はいかにリスクをお客様に伝えるか、あるいはリスクを伝えないことのリスクをどのように抑えるかを考えています。その結果、読んでいただけるか分からないような延々と続く文章を掲載しようとするのです。つまり、デザイナーは引き算で、銀行員は足し算で考えるため、意見は必ずぶつかり合います。その調整役として、永吉は今でも苦心していると言います（**図表4-4**）。

デザイングループでは若い人たちが活躍していますが、銀行員側はどうしてもベテランで構成されます。銀行業務のスペシャリストになるためには年月が必要なためです。銀行業務に精通したベテラン銀行員たちがいなければ、みんなの銀行の業務は立ち上げられませんでした。このメンバーは、みんなの銀行の屋台骨とも言えます。

「できない」ではなく、どうしたら「できる」か考えよう

デザイナーは、いかに使いやすいプロダクトにするかという「ユーザー中心」の視点に立っています。一方の銀行員はいかにお客様にリスクを負わせないかという「お客様第一」の視点に立っています。つまり、アプローチこそ違いますが、デザイナーも銀行員も同じ「ユーザー＝お客様」の視点に立っていることを相互理解することで、着地点を探ります（**図表4-5**）。その結果が、みんなの銀行が銀行でありながら銀行らしさからは脱却しているという理想に近づくのです。

ただ、実際にはお互いの中間点に落としどころを見いだすことはまれで、ある時は銀行員がデザイナーに主張を譲りますが、どうしても銀行としては守らなければならない部分は絶対に譲れない、という場面も多くありました。

どちらも「ユーザー＝お客様」を見ている

デザイナーは**ユーザー中心**で使いやすさ・分かりやすさを設計するのに対し、銀行業務チームは**お客様を第一**に銀行としての信用・信頼の設計を重視。
双方共にユーザー＝お客様のために考えている。
「顧客」を中心に議論をすることで課題を共有し、アイデアを醸成、プロダクトを設計した。

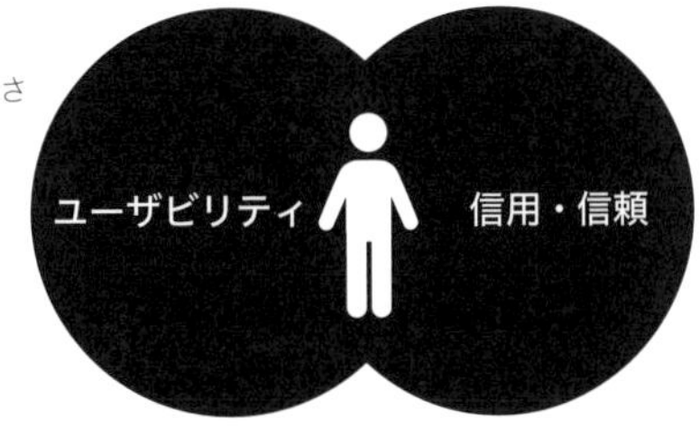

図表4-5 「ユーザー＝お客様」中心の共通理解
出所：みんなの銀行

デザイナーと銀行員が“けんか”を始める度に、永吉が仲裁役として呼び出されます。永吉は仲裁に入る度に「新しいことに挑戦したい」という思いから、ついデザイナーの言い分を支持してしまいがちでしたが、ここを守らなければ銀行として破綻してしまう、という境界線を越えようとすると、「ベテラン銀行員たちが身をていしてでも止めようとしてくれた」ことで、銀行として最低限守らなければならないことを踏み外さずに済んだ、と言います。

もっとも、永吉が一銀行員だった時は、このようなベテラン銀行員たちに相談することは苦手でした。というのも、銀行員というのは、新しいことに既存の枠組みや競合他社サービスとの比較などで考え「No」と言いがちだからです。

ですから、みんなの銀行内でベテラン銀行員たちが「No」と言ったときは、その根拠は法令やガイドライン違反、あるいは過去のクレーム事例などの理由があるからなのかを常に確認していました。

また、デザイナーたちが主張している内容がそのままでは無理だけれども、実は工夫のしようがある、といった場合もあります。このような方法については、既存の銀行内では積極的に口にしなかったベテラン銀行員たちも、みんなの銀行内では積極的に知恵を絞ってくれるようになりました。これは新しいことにチャレンジするというみんなの銀行のミッション・ビジョン・バリューが、ベテラン銀行員たちの間にも浸透してきたためだと永吉は考えています。

また、みんなの銀行では行動指針として、「INSIGHT」と呼ぶ7つの仕事の流儀を掲げています。詳しくは第3部で紹介しますが、この中の1つに「Nothing is impossible：『できない』ではなく、どうしたら『できる』か考えよう」があります。みんなの銀行では日々様々な「できそうにない」アイデアが出されますが、多様なバックグラウンドを持つメンバーが集まると、何とかできてしまうことがあります。

4-3 システム開発の予算コントロール

革新的な事業を行えないという大きな組織のジレンマ

デジタルバンクの開発においては、どうしても予算の範囲内で開発費をコントロールする必要が生じます。そのため、実現したい機能やサービスのうち、どの部分を予算に合わせて削減するのかという選択は、常に苦渋の決断を伴います。

デジタルバンクの理想を追求するときに、現在の技術で実現できないことは恐らくありません。しかし、すべてを実現しようとすると、開発費も開発時間も無制限に増えてしまいます。「デジタルバンクのプロジェクトとは、常にコストとの闘いです」と永吉は言います。

デジタルバンクでは、デザイナーやエンジニアが、これまでにない顧客体験をどうつくるのか、インターフェースや操作性をどこまで作り込むかのアイデアや設計に心を砕きます。

ところがそのように懸命に考え出した機能やサービスも、それを実現しようとしたら予算も時間も足りない、という事態になるのです。特にみんなの銀行は開業時期を決めていましたから、いつまでも機能やサービスを追加し続けるわけにはいきません。

そこで予算と時間を守るために、機能やサービスの要件のそぎ落としを行います。どの要件をそぎ落とすことでどれだけコストと時間が浮くのか、常に検討する必要があります。

しかし、機能やサービスをそぎ落としてばかりいると、理想とする顧客体験を十分に実現できません。そこで、そぎ落とされた機能やサービスは、「今はできないけれどもいずれは実現する機能とサービス」としてバックログ（積み残しの要件）に残していきます。

そして予算と時間に余裕ができたときに、再びバックログの中から優先順位を付けて改めて開発します。この「そぎ落とし→バックログに蓄積→再開発」を繰り返すことで、理想的なデジタルバンクに近づけていきます。

とはいえ、初めの開発予算を決める段階から苦渋の決断の繰り返しでした。まず、新しいデジタルバンクでどのようなサービスを提供すればどれほどのお客様が利用してどれくらいの収益が上がるのかという事業計画を立てます。この事業計画に沿って、SIerが開発費を概算見積もりします。

まだ世の中にないサービスを作り出そうとしているわけですから、そもそもどれほどのお客様が利用してどれほどの収益を得られるのかなど分かるはずがありません。「前例のないサービスを提供して受け入れられるかどうかも分からないのに、計画に縛られること自体がナンセンスだ」と永吉は考えていました。

しかし、予算を無制限に使える事業計画はありません。特に銀行という組織は、「確かな」計画が提示されなければ動きません。ここに、資本力がありながらも革新的な事業を行えないという大きな組織のジレンマがあるのです。そのため、永吉たちは超概算ともいうべき予算でも立てざるを得ませんでした。

予算内で開業するために逆算で機能とサービスを絞り込む

もちろん、超概算でたたき出した予算がそのまま認められるわけではありませんから、結局のところは「ここまでなら出せる」という予算に合わせて開発することになります。つまり、予算内で開業にこぎ着けなければならないという逆算で機能とサービスを絞り込む作業を日々繰り返すことになります。

実際、理想的なサービスをつくろうとすると簡単に予算を超えてしまいました。同時に、開業までの時間も全く足りなかったのです。とにかく限られた予算内で開発できるサービスを絞り込まなければデジタルバンク立ち上げのプロジェクト自体が瓦解してしまう状況でした。

このため、あるサービスを設計していても、コスト削減のためにいくつかの機能をそぎ落とす作業を繰り返すのですが、その結果「そこまでそぎ落としたらそもそもこのサービスの意味がなくなる」といった葛藤が繰り返されました。そこで、予算内でできる範囲の開発を進めておき、不足分は予算ができてから後で追加して充実させていく考え方が徐々に身に付いてきます。

このような対処を可能にするためにも、アジャイル型の開発手法が活かされました。不完全なサービスを作っておいて後から完成させても、既に稼働しているサービスに影響することを防げたのです。

ただし、バックログは増え続けていきます。例えば新しい機能を追加しても、予想していたほどお客様に利用されない場合、その理由として使い勝手の悪さが判明することがあります。この改修もバックログに蓄積されます。緊急度や優先度が高い改修が発生したときも、予定していた機能の開発を後回しにせざるを得なくなりますので、これもバックログに蓄積されます。このような判断が日々行われているのです。

このような判断が必要とされる案件は件数も多く内容も多岐にわたるため、開発が始まった当初は永吉たちの対応にも混乱が生じることがありました。特に開業に必要な機能はすべて用意しなければならないため、「優先順位もへったくれもない状況だった」と永吉は振り返ります。

しかし組織がユニット化されサービスのプロダクトがグループ化されるようになると、ユニット内でバックログの優先順位を判断できるようになってきました。このあたりの判断が早めに可能になったのは、iBankマーケティングでの経験が活きました。「ビジネス的に優先順位を決めて理想的な10のサービスがあれば、まずは優先的に3〜4のサービスを小さく提供し始めるという意思決定の方法は、iBankマーケティングでの経験によると思います」と中原は分析しています。

「Design to Budget」を徹底せよ

実際、みんなの銀行においても、開業当初はローンのサービスが提供されていませんでした。まずは預金と決済のサービスを優先してデジタルウォレットとして訴求し、顧客基盤ができてからローンのサービスを提供すれば十分に追い付けるという判断をしました。

「これが普通の銀行員であれば、ローンのサービスが準備できるまでは開業できない、と考えたでしょうね。だから、伝統ある銀行ではこのような判断は難しいのではないか」と中原は話します。「小さく作ってお客様の声を聞きながらプロダクトの充実度を高めていく手法は、GAFAのアプローチに近いかもしれません」と、永吉が補足します。

このように、予算に応じて機能やサービスの絞り込みを続けてはいましたが、どうしても追加費用は発生しました。通常は計画した予算を超えた追加費用は認められませんが、永吉たちは、「今回は計画からこれだけコストが上振れしますが、これがなければ銀行として成り立たないし、お客様にとって価値あるプロダクトを提供できない」とその都度訴えて追加費用の承認を得ていました。

追加費用の必要性は何度も出てきたので、「まるで後出しじゃんけんですよね」と永吉もさすがに問題視し、予算内で取り込める機能やサービスに限定して開発するという「Design to Budget」の考え方を徹底するようになります。

特にローンの開発では「Design to Budget」が徹底されました。銀行におけるローンの機能は多岐にわたります。そのためローンの開発は当初見積もった予算を超え、青天井で膨れ上がることが分かった時に、まずは予算内で実現できる最小限の機能に絞り込むことにしました。

その状態で一旦はサービスの提供を始め、後は年度ごとの予算内で実現できる開発だけを行い、逐次機能を追加してサービスを段階的に充実させるアプローチを徹底したのです。

例えば延滞した債権を売却する機能などは後回しにしました。ローンのサービスを開始してすぐに延滞が生じることはないだろうと判断したためです。また、仮に延滞が生じても、案件数が少ない初期段階であれば人の手でなんとか対応できると判断しました。つまり、お客様の必要性や利便性を優先し、手作業でも対応できるバックエンドの自動化は後回しにすることで、開発費を年度内の予算内で抑えるようにしたのです。

4-4 海外の先進事例を肌で感じるために

みんなの銀行のコンセプトは世界のトレンドに乗っている？

「まだ日本にはないデジタルバンクやチャレンジャーバンクをつくるなら、海外の事例を見にいくべきだ」。永吉たちがみんなの銀行の構想を練っていた頃、FFGの社外取締役から、永吉たちが海外の先行事例を視察に行くべきだという意見が出されました。FFGにおいては社外取締役の声はことのほか重いのです。そのため、予算も速やかに組まれました。

この声の後押しにより、永吉たちは欧州チームと北米チームに分かれて海外のデジタルバンクやチャレンジャーバンクと呼ばれる企業のオフィスを訪問してディスカッションを実施することになりました。欧州チームと北米チームはそれぞれ３人ずつで構成され、永吉と中原は欧州チームに、吉冨は北米チームに参加しました。

欧州チームはロンドンのIwoca、OakNorth、Thought Machineとマドリードの Santander、Accenture、BBVA、そしてベルリンのFidor、Solaris、N26各社のオフィスを視察しています。北米チームはシリコンバレーのWiL、FlyData、Umpqua Bank、Twilio各社のオフィスを、オースティンではKONYのオフィスを視察し、全米の金融業界で注目されているコンベンション「デジタルバンク2019」を見学した他、市内の金融事情を視察しました。

視察した先の企業にはスタートアップのチャレンジャーバンクやベンディングに特化したFinTech、あるいはシステム開発企業、そしてメガバンクが取り組んでいるデジタルバンクなどがあり、広い領域でのデジタルバンクを対象にしました。

特にSantanderは子会社にOpenBankというデジタルバンクを設立しており、非常に参考になっています。一方、BBVAは競合となるベンチャー企業を買収することでデジタル化を進めています。今後みんなの銀行が展開しようとしているBaaS事業で参考になったのはFidorとSolarisです。またN26のスマートフォンアプリのUIは、英語が分からない日本人にも直感で操作方法が分かるほどデザイン性が優れており参考になりました。

この海外視察を通じて、みんなの銀行のビジネスモデルやコンセプトが、世界のトレンドとマッチしていることを改めて認識できました。

世界最大のFinTechイベント「Finovate」のステージに立つ

永吉たちが新しい銀行の在り方を探るために海外視察を行ったのはこれが初めてではありませんでした。実はiBankマーケティングを立ち上げる1年ほど前にも、世界最大のFinTechスタートアップ企業のピッチイベントといわれている「Finovate」がニューヨークで開かれた際に視察に行っていました。この時はデジタルを使った新しい金融サービスを始めるに当たり、本場のFinTechを見ておく必要があるとして永吉たち自らが企画しています。

Finovateでは2日間で70社ほどのFinTechプレーヤーが自分たちのサービスの優れた点についてプレゼンテーションしました。これを見た永吉は当時「Wallet＋」の企画を立てていたこともあり、「我が意を得たり」と意気揚々として帰国しています。「自分たちが目指しているデジタルの金融サービスの方向性は間違っていない」と「Wallet＋」の企画に自信を持ちました。そして、「来年は自分たちがあのステージに立つ！」と息巻くほどに気持ちが高揚していました。

そして、翌年、関係者一同が驚くことになります。永吉は本当に翌年のFinovateのステージ立って「Wallet＋」について語ることになったのです（**図表4-6**）。まさか本当にFinovateのステージに立つことになると

図表4-6　Finovate Fall 2016でプレゼンテーションする永吉
撮影：FFG

は、実は永吉自身が考えていませんでした。

勢いとはいえ「来年は自分たちがあのステージに立つ！」と宣言してしまった以上、応募だけはしておかなければと考えていたのです。Finovateでは世界中から200社ほどの応募があり、厳正な審査で70社ほどしか選ばれないため、まず自分たちが選ばれることはないだろうと形だけの応募でした。

ところが永吉たちは審査を通過してしまったのです。

「正直驚きました。日本国内では既に有名なFinTechが他にもあったにもかかわらず、まさか自分たちが日本の企業として初めてFinovateに出場することになるとは思っていませんでしたから」

このように、iBankマーケティング設立前の海外視察で得るものが大きかったことから、みんなの銀行設立のための海外視察が必要だとの声が上がった時は、「これはラッキーだ」と永吉は思ったと言います。

優れたUI/UXは言語や文化の違いを乗り越える

iBankマーケティングとみんなの銀行の設立のために海外視察を行って最も肌で感じたのは、優れたUI/UXは言語や文化の違いを乗り越えて共通点が多いということでした。しかし、既存の銀行はこのことを重視してきませんでした。

一方、「これは、日本は相当に遅れていると感じた」と中原は言います。中原は欧州視察チームに参加していましたが、欧州の金融のベンチャー企業は既に中東やインド、東南アジアといった多国展開を進めていたのです。「この分野でも日本はガラパゴス化が進んでいる」と思ったのと同時に「日本市場も狙われている」という情報を得て、「これは急がねばならない」と感じています。

ただ、日本の市場は欧州勢が進出していた中東やインド、東南アジアとは勝手が違ったため進出が遅れていると考えられました。欧州のFinTechがこれらの地域で歓迎されたのは、人口が増加しているにもかかわらず銀行口座を持っていない（あるいは持てない）アンバンクト層が多かったためです。そのような人たちが、スマートフォンで簡単に金融サービスを利用できるFinTechを支持しているのです。しかし日本では人口が減少していると同時に誰もが銀行口座を持っています。

「このマーケットの違いが、欧州のFinTech勢が日本に進出しない理由、あるいは進出を急いでいない理由だと考えられる」と永吉たちは分析しています。

一方、みんなの銀行のターゲットは全く異なります。既に銀行口座は持っているけれども、現在のサービスには満足していないデジタルと親和性の高い若い人たち、つまり未来のお客様です。この人たちは、恐らく非金融事業者やFinTechが提供している金融サービスの方が使いやすいと感じていると考えられます。

みんなの銀行は、「既存の銀行が10年後に、今の若い人たちをお客様として引き留めていられるのか？」という危機感から、若い人たちに支持されるサービスを提供できる銀行を目指しているのです。

「だから、もしかすると私たちのサービスは、海外の方が受け入れられるかもしれない」と中原は言います。

「実際、世界三大デザイン賞のうち２冠を達成していることが、世界レベルで評価されたと受け止めてよいのではないか。だったら、世界のマーケットに打って出ていった方が飛躍的にスケールするのではないか、と思ったりもしますが、まだリソースや実力が追い付いていない現実があります」

対談：ビジネスをアジャイル化する

森健太郎（アクセンチュア ビジネスコンサルティング本部 ストラテジーグループ 銀行プラクティス日本統括 マネジング・ディレクター） × 永吉健一（みんなの銀行 取締役頭取）

世界の潮流に乗れば世界をマーケットにビジネスを展開できる

永吉 アクセンチュアさんにはみんなの銀行プロジェクトに早い段階から参加していただきましたが、このプロジェクトは御社の中ではどのような位置付けでしたか？

森 2017年の暮れに構想をお聞きしたんですよね。その印象として私が覚えているのは、永吉さんが「今の銀行は顧客獲得に重点を置いてコストをかけている一方で、お客様の本質的なニーズには応え切れていないのではないか。既存の銀行はインフラとして捉えられていて、別にその銀行のファンというわけじゃない。だから何かきっかけがあれば、簡単にお客様が離れていってしまう」とおっしゃっていたことです。

「だからこのコモディティー化された金融機関の特性を変えていく必要があって、これからはBaaSのような新たなスタイルが世の中の主流になっていく」と話されていました。

そのお話を聞いて、私もなんとなく新しい銀行をつくった方が早いのではないかと思いました。すると永吉さんも同じことをおっしゃったので、「あ、一致した」と共感した記憶があります。

それでこのことを社内に共有したところ、にわかには信じられないという反応でした。

永吉 でしょうね（笑）。

森　私も半信半疑でした。でも、本当にやるならこれはめちゃくちゃ面白いプロジェクトになるぞと気持ちが高ぶっていましたね。そこを見極めながらご支援させていただきました。

永吉　やはりコンサルタントの立場から見れば、大きな仕事になるとは思うのですが、私たちとしてもまだiBankマーケティングをローンチした直後で、みんなの銀行については経営陣がゴーサインを出すかどうか全く確信が持てていませんでした。なのでアクセンチュアさんの中でも「本当にやるのか？」と思われていたのではないでしょうか？

森　それはありました。そして、これは本当に形になりそうだ、ということで、私たちとしては完全に振り切りました。それで、やるからには全面的に支援させていただきたいと強く思い、私たちの金融のヘッドからテクノロジー部隊まで、とにかく優秀なメンバーを結集しろということになりましたね。私たちにとっても未経験のチャレンジになりますので、気合が入りました。

永吉　アクセンチュアさんでは、これまでにも同様のプロジェクトで銀行の立ち上げ支援をすることはあったのですか？

森　ありました。某銀行ではPMO（Project Management Office）として事業計画を立てるところやシステムを立ち上げるところからどっぷりと漬かって支援させていただきました。これは大変に良い経験となっています。

　それ以外では外資系の証券会社さんが日本に銀行をつくりたいとのことでしたので数十人のコンサルタントを投入したのですが、こちらは本国からのプロジェクト中止指示で急きょキャンセルになりました。結局、みんなの銀行さんのようにゼロからシステムを作ることはありませんでした。

永吉 特に勘定系システムを完全スクラッチで作るという意味では、グローバルなアクセンチュアさんとしても初めてのプロジェクトだったということですよね。先ほど例に出されていた某銀行さんの場合も、銀行の外側はつくるけれども中のシステムは大手SIerさんのシステムを導入したと。

森 そうです。ですから、このプロジェクトは私たちにとっても革新的な取り組みであり社内でも大きな話題性がありました。新たな考え方や技術で銀行勘定系システムが成功すれば、我々にとっても大きなプレゼンスにつながる、と。しかしながら一方で、途中で頓挫したり、開発の遅れで開業時期の遅れが生じたりしたら私たちの責任も当然大きくなりますので、かなり慎重な判断を要したことは間違いありません。

永吉 逆に言えば、アクセンチュアさんとしては世界でもチャレンジャーバンクやデジタルバンクが勃興してきている中で、この世界の潮流に乗れば世界をマーケットにビジネスを展開できるというチャンスも感じられていたわけですよね。

森 はい。既存の銀行は大手のSIerさんによる牙城が堅固に築かれていますので入り込む余地がありません。しかしチャレンジャーバンクやデジタルバンクといった、新しい技術やシンプルな仕組みを求めている相手であれば戦えると思いましたし、それができなければ金融機関の抜本的な改革など無理でしょうという思いもありました。この牙城を切り崩していく方法はいろいろとあるのかもしれませんが、その一つの解が新しいソリューションをゼロからつくり上げて世に出すことかなと。

永吉 そうですね。そのあたりの利害関係も一致して、アクセンチュアさんとタッグを組むことになったわけですね。

ノウハウと体力、資金のどの面でも難度が高いプロジェクト

永吉　アクセンチュアさんではグローバルで様々なプロジェクトを進められていると思いますが、社内アワードでみんなの銀行プロジェクトが世界一の評価を受けて「最優秀プロジェクト」に選ばれたと伺いました。どのような評価によるものだったのでしょうか。

森　私たちのアワードでは360度評価がなされます。お客様にとっても新しいか、技術的にも新しいか、社会的な意義が大きいか、そして弊社内のことではありますが、参加したメンバーがそのプロジェクトを通して成長したのか、といった観点です。これらの観点から、デジタルバンクという新しいビジネスモデルにおけるチャレンジを実施したプロジェクトとして、世界一の評価をされたのは日本では初めてでした。

永吉　なるほど。世界の潮流に乗っているという面も含めての評価だったのではないかと思います。振り返れば、最初はこれからの銀行の新しいビジネスとしてBaaS事業を専業とする銀行をつくろうとのアイデアから始まったわけです。もちろん、そのポテンシャルは今でも実感していますし、当時も海外の銀行を見て感じていました。ただ、検討過程でBaaS事業だけだと提携先が見つからなければビジネスが成立しないリスクが大きいという理由から、BaaS事業において提供する金融機能・サービスを、自分たちでもB2C事業として直接提供することから始めるという二兎《と》を追うモデルに変わりました。初めてのこと一つに挑戦するだけでも大変なのに、二兎《と》を追うとリソースが割かれてしまうなどの懸念について、森さんはどのようにお考えでしたか？

森　正直なところ、難度が相当上がったと思いました。B2C事業として銀行をゼロから立ち上げるだけでも大変な仕事です。システム開発だけでなく、ブランディングも難しい。ノウハウと体力、資金のどの面でも難度が高いプロジェクトになったと思いました。いばらの道だぞと。

永吉 確かにゼロから銀行をつくる、サービスを作る、そしてシステムを構築するというのはものすごいチャレンジです。しかも、同時にお客様もゼロからつくるというのは、開業後だけでなく今でも苦労しているところです。

それでも二兎《と》を追った結果として思いますが、B2C事業でみんなの銀行のブランド力を育てておかなければ、BaaS事業で法人のお客様に提案する時にも「みんなの銀行って誰ですか？」と思われてしまいますよね。また、B2C事業の実績があれば、法人のお客様に提案する時にもサービス内容を示しやすいですね。このような意味では相乗効果があったと言えます。

森 確かにそれはありますね。実際にビジュアルで見せることができると説得力が違います。

改めて「銀行とは何か？」と考えることになった

永吉 話は変わりますが、プロジェクトを通して、改めて「銀行とは何か？」を考えましたね。銀行でなくても、例えばFinTechでも金融サービスを提供できますし、決済もローンも資産運用サービスも提供できます。ならば、銀行とは何か？と。

私たち銀行員は、入社してすぐに銀行の三大業務（預金業務、貸出業務、為替業務）や三大機能（金融仲介、信用創造、決済）をたたき込まれるのですが、その後改めて考える機会はそうそうありません。当たり前のことになってしまうのです。

しかし、新しい銀行を立ち上げるに当たって、銀行にしかできないことは何かと考え直し、銀行業の免許がなければ信用創造を生み出すことができないことに気付きました。信用創造とは、受け入れた預金と貸し出しを繰り返すことで預金通貨が増加していく機能です。

FinTechやプラットフォーマーなどが銀行をつくりたいと考えるのは、この信用創造の起点を持ちたいというニーズがとても強いのだろうと思っています。それでこの預金を起点とした銀行ビジネスの在り方について議論しましたよね。そのあたり、アクセンチュアさんではどうお考えでしたか？

例えば銀行でなくてもiBankマーケティングでは銀行の機能をうまく活用していろいろなことが実現できています。となると、あえてリソースを投下して銀行までつくる必要があるのかという議論です。

森　そうですね。規制がそもそも何のためにあるのかといった議論まで遡るような話かもしれません。将来を考えると、今の法定通貨がCBDC[※1]やDCJPY[※2]に変わっていくかもしれませんし、他のステーブルコイン[※3]も出てくるかもしれませんから、何を基軸にしていくのかという議論になります。今は世の中が大きく変わろうとしている時期ですので、今の規制が今後も永続するとは限らないと思います。とはいえ、少なくとも今後５～10年は法定通貨を基軸として世の中が動くことには変わりがないかと。

※1　Central Bank Digital Currencyの略。中央銀行デジタル通貨と呼ばれ、次の3つを満たすものと言われている。(1) デジタル化されていること、(2) 円などの法定通貨建てであること、(3) 中央銀行の債務として発行されること。

※２　Digital Currency Japan Yenの略。円と完全に連動するステーブルコインで、民間の銀行が発行主体となることが想定されている。発行の際は預金の位置付けの債務とされる。

※３　ステーブルコインとは、法定通貨と価値が連動するトークンなどを言い、円担保デジタルマネー型トークンや、アルゴリズムで価値をペッグする暗号資産型が存在する。

その一方で、銀行が今のままではダメだとも正直思っています。それは、永吉さんがおっしゃっている「銀行は過去のことしか見ていないから信用で評価するけれども、本来は将来を見越した信頼で評価するようになる転換が必要だ」ということと一緒です。

価値のあるものをうまくコントロールして管理し、あるいは使いやすいものに形を変えてお客様に使っていただくという根本的なことを考えると、やはり銀行は規制が成り立つことで皆さんに信頼されてきたという歴史がありますよね。その歴史をベースにしたビジネスを大切にすべきです。

私としてはみんなの銀行はまだ生まれたばかりなので、これが今後どこまでレバレッジをかけていけるのかが勝負だと思います。ですから、新しい銀行をつくったことでまずは大きなハードルを一つ越え、将来の発展の礎を築けたことに大きな意味があると思います。

ビジネスそのものもアジャイルで考える

永吉　私たちは銀行そのものをRe-Design（再デザイン）することと、Re-Define（再定義）することをずっとテーマにしてきました。特にRe-Designではお客様体験を今の世の中にふさわしいものに変えるためにUI/UXに工夫を凝らしました。基本的な機能は既存の銀行と大きく変わらないのですが、サービス開発・提供のアプローチを変えることで、銀行が当たり前のような存在から人々が自ら好んで使ってくれるサービスに変えていこうと。

そしてRe-Defineとしては、銀行にしかできないことを突き詰め、未来の銀行がどのようにあるべきなのかを思い描きながら新しい銀行像を追い掛けていこうと。例えば信用創造から信頼創造へという言葉もその一端です。また、「銀行らしさ」からの脱却といった私たちの価値観にも「信用から信頼」が内包されています。

今回新しい銀行をつくる上での大きな挑戦の一つがアジャイルの実践

です。通常、アジャイルという言葉はシステム開発などの手法として、小さく作って世の中に出して、フィードバックを受けながら改善を繰り返すことを指します。最初から100点満点のものを作ろうとするのではなくて、まずはサービスを小さく始めてから、少しずつ100点を目指す仕組みです。

みんなの銀行ではシステム開発にアジャイルの手法を取り入れていますが、システム開発だけでなく、ビジネスそのものもアジャイルで進めようと試みています。アジャイル型ビジネスとでも言いましょうか。

アクセンチュアさんはいろいろなビジネスの在り方を提唱されていると思うのですが、私たちのアジャイル型ビジネスという取り組みはどのように思われますか？

森　これには理想と現実がありまして。私たちもビジネス全体を、戦略も業務もシステムも含めてアジャイルに変えていこうという考えは理想論としては賛同できるのですが、実践することはなかなか難しいのではないかと思っているのが正直なところです。

特に銀行はどれだけシステムを軽くしても装置産業であることには変わりありませんので、装置がなければスタートできません。しかも、最も守らなければならないお金の流れをつかさどるシステムですので、相当に難しい。例えば安価な消費財を改良していくのとは訳が違うので、理想と現実のギャップが大きいのではないかと思っています。

私たちも今回のプロジェクトを通して学んだことは、銀行をつくる上で、銀行業としての基盤をセットアップすることと、実際にその上に載せていく、つまりお客様に受け入れられるサービスを提供すべく、不断の改善を行っていくことを両立させる重要性です。これは至極当たり前のように思われるかもしれませんが、世の中を見渡せば、実際に不断のサービス改善をビジネスとシステムの双方で、短期間に実行できている銀行は極めて少ないと思います。

後者はみんなの銀行さんのコンセプトの一つでもある、お客様の声を取り込んですぐに実現するという考えそのものだと思いますが、これからが勝負だと思います。どこまでアジャイルを実現できるかですよね。

同時にこのアジャイルを実現するためにお金をどこまでコントロールできるのだろうかと。ここは永吉さんが苦心されているところかと思います。従来の金融機関にはない考え方なので、どう実現すればいいのかを真剣に考えないといけないポイントだと思います。

設計図を描いている間に世の中の方が変化してしまう

永吉　システムの開発においてもアジャイルの手法を取り入れたのですが、一方で銀行の土台を作るところはアジャイルがなじまないということで、勘定系システムはウオーターフォール型でしっかり設計図を描いてから作るフェーズもありました。

つまり、アジャイルとウオーターフォールのハイブリッド型のような進め方がいろいろなところで実践されました。例えば、世の中のニーズにいかに早く対応するか、お客様の声に機敏に対応する部分では、設計図を描いている間に世の中が変化してしまいますので、ここはアジャイルが適しているだろうと考えています。この考え方はビジネスでも同じです。

しかし、銀行には守らないといけないことがたくさんありますので、コンプライアンスやリスク管理、ガバナンスのような部分では、FFGとしてのノウハウをフル活用しました。ゼロから作ったといってもこの部分はウオーターフォール型で揺るがない作り方をしています。

また、人事面もアジャイルに運用しています。みんなの銀行では2年ほどで様々なスキルやバックグラウンドを持つ多種多様な人たちが集まりましたので、人事制度なども一度決めたら絶対にそれに従うというよりは、運用しながら変えていこうという姿勢で臨んでいます。アジャイルという意味ではまさにこれから真価が問われるところです。

森　内部の仕組みやお金・人などは、永吉さんの指揮命令系統で動かすことができる範囲だと思います。

一方、お客様の声の収集については、提供しているサービスに対するフィードバックを頂くことでもありますし、そこには表れないニーズがどのように生じているのかをいち早く捉えて実現していくことでもあります。これを考えると、みんなの銀行の企業体としての仲間ともいえるエコシステムを将来的に作り、その仲間を取り巻くお客様のニーズのフィードバックを早く得られるようにすることも重要だと思います。

その上で、銀行にできることはみんなの銀行が対応しますし、そうではないことは他業態の企業で対応する。そういったつながりができて初めて真のエコシステムと言えると思います。そのためにもビジネスの範囲を広げていく必要がありますので、ぜひ、これからもご一緒させていただきたいと思っています。

同じ船に乗りたいという現場の気持ちはとても強かった

永吉　既存の銀行は、入社した時から定年退職する時まで、大半を銀行員が占める環境で仕事を行います。一方、みんなの銀行は短い期間に、エンジニアやデザイナー、マーケターなど銀行出身ではないキャリア採用者の人たちが7割弱を占める状況となりました。こういったダイバーシティーに富んだ組織が、アジャイルを実践する上で重要なポイントになっています。

一方、当時はアクセンチュアさんからもいろいろな人にジョインしていただいて、開発だけでなくビジネスやデザイン、マーケティングも一緒にやっていただきました。その中で、銀行員のメンバーと対立するシーンも多かったと思うのですが、特に苦労されたことはありますか？

森　そうですね。でも、同じ目的を持って一つの船に乗ってこぎ出していこうという気持ちを皆さんと共有できていたので、他のプロジェクトに比べるとはるかにやりやすかった印象です。目的が明確でしたから。

とはいえ、その目的を達成するためにはどの人にどのように動いてほしいのか、戦略からテクノロジーから、銀行の業務を分かっている人からデザイナーまで、もっとこんなふうに動いてくれたらとか、もっと前向きにアイデアを出してほしいとか、そういう思いは、恐らくお互いにあったかなとは思います。

ただこのプロジェクトは、私たちが会社として目指している多様な人たちとの交流の仕方や働き方、創造の仕方を、完全に体現していたのは間違いありません。先日弊社のワークショップで永吉さんにご講演いただいた際に非常に印象的だったのは、インクルージョン＆ダイバーシティーといったものは、今後お客様に受け入れられるサービスを作ろうとすれば、自然とそうならざるを得ないものだと。意識して変革しようとすること自体が何かおかしいのだと。もちろん、永吉さんがご苦労されているところは私も横で見て理解はしていたつもりです。でも、私たちがもともと持っていた会社をつくる思想がまさに体現できているプロジェクトだなと。

永吉　コンサルタントって、普通は私たちにない知見を提案してくれたりアドバイスしてくれたりする人たちのことだという感覚があるじゃないですか。でもアクセンチュアさんの場合は何かを提案してくれるというよりは、一緒に考えながら今までなかったものをつくり上げてきていただいた印象です。ですから、いい意味であまりコンサルタントっぽくないと言いますか。たまたまお金を払う側と受け取る側にいたというだけで、多種多様なメンバーが集うワンチームという感覚でしたね。

森　確かに。私たちとしては委託者と受託者という関係は厳然としてあるのですが、同じ船に乗りたいという現場の気持ちはとても強かったです。このような思いが強くなって、お客様のところに転職を考えるような者もいます。一人称で取り組むことは、コンサルタントとしてとても重要なマインドセットです。

永吉　ありますね。銀行員でも、出向先で本当にかわいがってもらったりすることがあります。

限られた予算の中で優先順位を付けるDesign to Budget

永吉　ところで、今回のプロジェクトは銀行をつくるということで相当なお金もかかっていますし、スケジュールもかなりタイトな中で開発や会社づくりを進めたわけです。すると、つくる側からすれば、もっと新しいチャレンジもしたいし実現したいこともあり、そのようなアイデアがどんどん膨らんでしまいます。しかしそれらを実現するにはもっとお金も必要だし時間もかかってしまうということで、諦めたことも多いんですよね。

　実際、開業まではMVP（Minimum Valuable Product）の考え方を掲げて、いかに価値あるプロダクトを小さく作るかということでアジャイルを実施していましたが、最初の頃は単に時間を区切ってMVPと称していた時期もあったと思います。

その中で、アクセンチュアさんから限られた予算の中で優先順位を付けるDesign to Budgetというキーワードを出していただいて、このように考えないとたどり着けませんよと、助言していただいたシーンがありました。

この観点でうまくいかなかった記憶はありますか？

森 Design to Budgetという考え方は言うはやすしですが、実際には非常に慎重に考えるべきものでもあります。永吉さんとも何度もお話ししましたが、移動するための乗り物を作るときに、まずエンジンを作ってボディーを作って、ハンドルを作ってなどと順番に作り込んでいって、自動車が出来上がってから初めて人を乗せることができるようになった、ではダメだよね、と。

キックスケーターでもいいし三輪車でもいいから、とにかくお客様に小さくても良いから一体的な価値を理解していただけるものを早く作っていかなければならないよねって。これはかなりこだわったことで、何度も議論を重ねたところですね。

ところが実際にはBudgetがDesignを飛び越えてしまったな、と思ったことは何度かあります。そのようなときは「MVPをさらに切り分けましょう」などといった変形型で乗り切った印象です。

やはりお客様に価値のある単位をどこまでミニマムにするのかというのは、デザインすることがとても難しい。新しいサービスを出していくときにも、その機能を追加するというよりは、その機能を使った時にお客様に提供できる価値は何かという単位でMVPを考えなければならないなと、思いました。

永吉　確かに、限られた予算と時間の中でできる範囲は何か、と捉えてしまうと、お客様にとっての価値のかたまりにはなっていない、ということがありますね。ですから議論するときには単に機能を作るのではなくて、その機能があったらお客様が一定の満足を得られるかどうか。もし、満足できないのならリリースせずにバックログに入れるという判断をしてきたと思います。

それでも、開業するまではどちらかというと開発期間でMVPを区切っていたように思いますが、開業後にはさらに提供価値の単位で考えることを学習しました。例えば2022年7月に提供を開始したローンサービスでは、以前よりも何がMVPなのかを見極めることができていると思います。

森　金融の場合は一つひとつの機能の単位が多くなりがちで、一つのマイクロサービス内でなかなか自己完結できません。他の機能や外部とのつなぎをどうするかなど、基盤への組み込み方を考えると、どうしても肥大化していきます。そのあたりのBudgetの割り振りが巧拙の別れ目になってくるところがありました。

永吉　そのあたりも頭では理解しているのですが、実践するのはとても難しいです。ですから、今でも慎重に議論を重ねながら、そしてこれまでの経験を振り返りながら検討を進めています。

優れたサービスなのに使いづらい

永吉　日本はとても進んでいる面もあります。米国や欧州への視察を通じて、日本の金融サービスはとてもクオリティーが高いことを実感しました。特に感じるのは、ヒト（銀行員）によるおもてなしの精神です。

つまりデジタルだけではなくヒューマンな部分の質が非常に高いと思います。この部分は、世界からは学べないなと。

森 例えば、BNPL (Buy Now, Pay Later) は発明とまでは言えませんが、つい使ってしまうのは、消費行動との一体性が極めて自然だからだと思います。日本の金融機関の経営者でも、クレジットカードのリボ払いがあるのに誰がBNPLなんか使うんだとおっしゃっていた方も多くいましたが、もはやメガバンクも一斉にBNPLに参入しようとしています。日本の金融機関の場合、ローンを借りるにしても資産運用をするにしても至れり尽くせりと言いますか、すべてのラインアップがそろっていますが、多くの商品をそろえることが本当に顧客本位なのでしょうか。よく我々はテレビのリモコンを引き合いに出すのですが、日本のテレビのリモコンはボタンが数十個も付いていて一見便利なように見えますが、なかなか目的のボタンにたどり着けないし、全く使わないボタンも数多くあります。一方、Apple TVやAmazon Fire TVのリモコンは数個しかボタンがないにもかかわらず感覚的にすぐに操作でき、十分な利便性もある。このあたりの直感に訴える設計力などは米国など海外の方が優れているかなと思います。

日本には、とても優れたサービスがあっても使いづらくなっているというトレードオフがあるのだと思います。これをどのように使いやすくするのかというチャレンジがあります。私の周りにはみんなの銀行のファンが結構います。私が宣伝したわけではありませんが、家族全員で愛用していただいている方もいて、お小遣いのやりとりもすべてみん銀アプリだと。この点は、金融機関としては新しい価値の提供の仕方だと思います。

永吉 みんなの銀行ではアプリの説明書もなく、簡単なレクチャーによって、直感的なドラッグ＆ドロップなどの操作でお金を管理できるよう設計しています。みんなの銀行は既存の金融機関のサービスに比べるとできないことがありますが、これはMVPの考え方で必要な機能・サービスに絞り込んでいるためです。

そのため、メディアの方々とお話をしている時にも、みんなの銀行のアプリは、実は若い人だけでなくシニアの方々にも使いやすいのではないですか、と言われるんです。携帯電話で例えると「らくらくフォン」みたいですねって。

私たちは別にシニアの方々をターゲットから外しているわけではありませんし、スマートフォンを使える方であれば誰にでも利用していただけます。最近はシニアの方でも当たり前のようにスマートフォンを使いこなしている方がいます。このあたりのシンプル・イズ・ザ・ベストといった考え方は、海外の視察で自信を深めたポイントの一つです。

とにかくみんなの銀行を使ってみてよ

永吉　森さんの奥さまにもみんなの銀行を利用していただいているのだとか。

森　うちの家内はもともと、銀行のアプリなど絶対に使わなかったんですよ。キャッシュカードだけ使うかなりアナログな人でした。ところがみんなの銀行を利用し始めたら、みんなに勧めているんです。こんなアナログな自分が全く迷うことなくデジタルバンクサービスが使えていること自体がすごいと。とにかくアナログな人ほど、みんなの銀行を使ってみるべきだ、って。

これは言い方が正しいのか分からないですが、私の親くらいの70代や80代の方々にとっては、使い勝手の悪さが安心につながっているところがあります。セキュリティーを高めようと思ったら手続きが面倒くさくなるのは当然だろうと。ですから、使い勝手がシンプル過ぎると逆に怖がるんですね。「これは大丈夫なのか？」と。

　ところがスマートフォンを相応に長く使ってきた60代以下の世代は、シンプルだけど、これは銀行がやっているんだから大丈夫だろう、使い勝手もいいし分かりやすい。変な広告も表示されないし、と評価が変わります。こういった方々がシニア層を含めて一定数いるのではないでしょうか。

永吉　最近戦略をチューニングしようかと思っています。そのあたりの層の方々にももっと訴求しようかと。

森　いいと思いますよ。他にもみんなの銀行の優れていることの一つは、通帳やカードといった実物のやりとりがないことです。つまり、ヘソクリ口座をつくりやすい。これも需要があるのではないでしょうか。大きな声では言えませんが。

永吉　実際にヘソクリ用のボックスをつくって利用している人も多いんですよ。

森　それを非表示にする機能を付けてください（笑）。

永吉　「みんなの声委員会」で検討しますか（笑）。

第5章 銀行であって「銀行らしくない」ブランディング

5-1 デジタルバンクのビジネスモデルを考える

新しい銀行の構想はBaaSから始まった

既に見てきたように、みんなの銀行が構想された当初はB2Cモデルのデジタルバンクではありませんでした。従来型の銀行を母体とした新しい銀行のビジネスモデルはどうあるべきかについて議論した時、まずは従来型のアセットビジネスから脱却するべきだという論点からスタートしたのです。

従来型のアセットビジネスとは、個人や法人のお客様からお金を預かり、そのお金を元手にして融資を行い、その利ざやで収益を上げるビジネスモデルです。しかし、このビジネスモデルに限界が見えているからこそ新しい銀行をつくるわけなので、新しい銀行ではこのアセットビジネスを採用しては意味がありません。

そこで最初に出されたビジネスモデルは、「APIのかたまりのような銀行をつくる」という発想でした。つまり、ホワイトレーベル型の銀行として貸し出し可能な銀行の機能を作り、提携先企業に銀行機能を提供し、取引量に応じて課金するBaaS事業でした。

しかしFFGの経営陣との議論の中で、「最初からBaaS事業を中心とした場合、提携先企業の開拓がうまくいかなかったら膨大な開発費の投資を回収できなくなるのではないか」というリスクの大きさが指摘されたのです。指摘されたリスクは確かに現実味がありました。実際にFFGの顧客企業にBaaSの提案をすると、「面白いけれども前例がないね」と消極的でした。

そこで「もっと収益構造を多層化すべきではないのか」という議論に軌道修正がなされます。しかし常に総論賛成・各論是々非々の状態になってしまい、その状態が2年ほど続きました。アセットビジネスからの脱却には賛成だがBaaS事業一本足ではリスクが高いという堂々巡りです。

この堂々巡りから脱出するために、いったん新しい銀行の機能を誰に貸し出すのかではなく、誰に使ってほしいのか、という視点にシフトさせた議論に変えていきました。するとエンドユーザーは個人であることに改めて注目することになります。

柔軟にピボットすることの大切さ

ならば、最終的にはBaaSとして銀行の機能を貸し出すにしても、まずは自分たちがエンドユーザーである個人のお客様に直接利用していただける機能を開発し、B2C事業として成り立つサービスを提供できるシステムを開発して収益の実績をつくってから、そのB2C事業で培った実績のある機能をBaaSとして貸し出せばよいのではないか、という結論に至ります。

つまり、BaaS事業に固執することなく、より現実的なビジネスモデルへの転換を図れたのです。それがB2C事業で収益の土台を作るべきという議論への転換でした。

しかし永吉たちはまだ、B2C事業で実績をつくってからBaaS事業を展開するのではなく、どうせシステムを作り上げるのであれば、B2CもBaaSも同時に事業化すればいいと考えていました。

ところが今度は、同時に２つの事業を立ち上げるのはリスクが高いという議論が始まります。２つのビジネスモデルを同時に実現するには、資金と人材という限られたリソースを分散させてしまいますし、そもそも足りなくなります。

この議論の着地点は、①B2C事業から始め、エンドユーザーである個人のお客様が実際に利用して評価されるサービスを提供できるシステムが出来上がってから、②その評価と実績を伴った機能をBaaS事業として貸し出すようにする、という２ステップで進めることで落ち着きます。

B2C事業から始めるに当たっては、単に個人のお客様をターゲットにしてしまうと特色のあるとがったサービスが作れませんし、既存の銀行とのカニバリズムが生じてしまいます。そこで、既存の銀行がうまくアプローチできていないデジタルネイティブ世代にフォーカスしたサービスを作ることにしました。

「この時の経験から、やはり新しいビジネスを立ち上げるに当たっては、柔軟にピボットすることが大切だと改めて感じました」

永吉たちは既にiBankマーケティングでも事業のドメインを柔軟に変えることで収益モデルを改善してきたという経験があります。この経験が、みんなの銀行のビジネスモデルを修正する上でも役立ちました。

5-2 新たなブランドの確立に向けて

地銀グループであることが分かるように「そっと訴求する」作戦

みんなの銀行の顧客ターゲットは、県境を越えた全国のデジタルネイティブ世代です。ブランディングでは、既存の銀行らしさからの脱却という新しさを訴求しつつ、銀行としての信頼感も持っていただくために大手地銀の安心感を地域性があだにならない程度に利用するという、独自の工夫を凝らしています。

このブランディングに当たり、幾度にもわたるユーザーインタビュー（顧客調査）を実施しました。大手調査会社の協力を得て、東京の新橋で調査したのです。調査対象はデジタルネイティブ世代ですが、この世代をさらに「学生」「パワーカップル（共働き）」「若手ハイキャリア（高学歴でデジタルリテラシーが高い）」の３つのペルソナに分けました。

これらのユーザーサンプルを抽出して様々な質問を投げ掛け、サービスのプロトタイプに触れていただきました。そして、みんなの銀行のサービスやキャッチコピー、UI/UXで口座を作りたいと思えるかどうかを調査したのです。

その結果、スマートフォンだけでサービスを利用できる銀行についてはおおむね便利だ、と興味を持っていただけました。しかし、運営している銀行が福岡の地銀グループであるFFGであることを伝えると、「私は福岡には関係ないので利用しないですね」という答えが多く返ってきました。地域に関係なく全国で利用できるデジタルバンクであるにもかかわらず、自分の居住地域外の銀行が運営しているとなると、途端に興味を失ってしまうのです。これは貴重な気付きでした。

つまり、みんなの銀行を全国のお客様に利用していただくためには、FFGの傘下であることを前面に出さない方がよいことが分かったのです。しかし、先行しているネット銀行やプラットフォーマーの銀行などと差異化するためには、銀行がつくった安心感や信頼性を強みとして打ち出したいという思惑もあります。

この矛盾をなんとか解決しなければなりません。

そこで打ち出したのが、スマートフォンで完結している新しい銀行であることを前面に打ち出しつつ、信頼性や安心感を確認したい人には国内最大の地銀グループであることが分かるように「そっと訴求する」作戦に出ました。

具体的には、ホームページでは、まずは偏見を持たれないように「この銀行は便利そうだし新しい！」と思っていただけるように訴求します。ここで興味や好感を持ってくれた人の中から、「でも信頼できるのだろうか」と不安を持った人は恐らく運営会社を確認するはずですので、その時には大手の金融機関であるFFG傘下の銀行であることが分かるように記載しておくのです。

このブランディングは、ユーザーインタビューの結果を基にチューニングして立てました。そのため、みんなの銀行では現在でも「国内最大の地銀グループです」というFFGのブランド力を前面には出しませんが、お客様がご利用になる前にはFFGの傘下にある安心感が伝わるようにしています。

このバランスはSNS上でも効果が出ています。「みんなの銀行なんて聞いたことがないし、口座を開設したら1000円もらえるって、なんか怪しくない？」といったネガティブな口コミが多く投稿されたのですが、これらを打ち消してくれるのもSNS上に広がるお客様たちだったのです。「怪しくなんかないよ、地銀で最も大きなふくおかフィナンシャルグループがつくった銀行だからね」、あるいは「スマホで全部できるからめっちゃ便利だよ」とコメントしてくれるのです。

「ですからiBankマーケティングの『Wallet＋』でも同じでしたが、私たちはデジタルのサービスを提供するときには県境を越えるために既存のブランドをいったん捨てる、あるいは超えるというコンセプトでブランディングを行っています」と永吉は方針を示します。

既存の巨大なブランドに引っ張られて、新しい世界観やマーケティングにアクセスされないのはマイナスです。「ですから、都合の良いときだけ『そっと』利用するというバランス感覚」が必要だと言います。

デザインの４原則「Straight、Minimal、Contrast、Playful」

永吉たちは海外視察を通じてブランディングにデザインは重要であることを実感しています。そのことからロゴマークや色使いなどについても細かなルールを策定しました。銀行を超えた金融テックブランドをテーマに、スピンオフした独自のポジショニングでブランドを構築する方針を策定したのです。

特に銀行らしさからの脱却とユニークさにはこだわりました。例えばローマ数字の「Ⅲ」のようなみんなの銀行のロゴには次のような意味が込められています。まず、横に並んだ３本の柱は、地図などで使われるギリシャのパルテノン神殿のような銀行のマークから屋根を取り除いた柱だけの形に似ていますが、これは銀行の信頼や安心、安定を示しています。また、既存の銀行の３大機能である「金融仲介、信用創造、決済」に対して新３大機能として「価値仲介、信頼創造、決裁」を表しています。さらに、みんなの銀行の名前を示すように、「Ｉ（私）」が集まって「みんな」になることも示しています（**図表5-1**）。

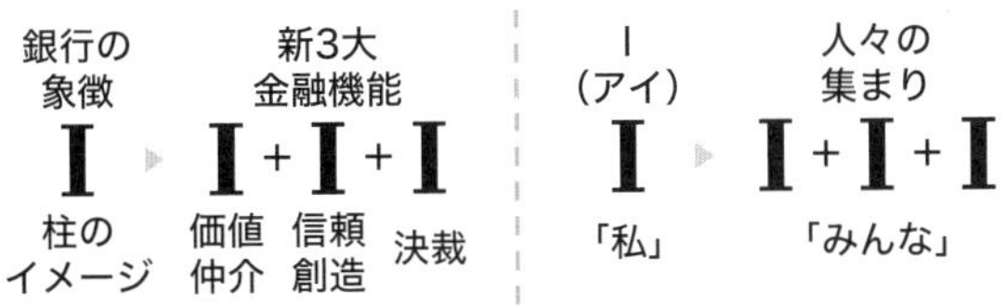

図表5-1　みんなの銀行のロゴマークに込めた意味
出所：みんなの銀行

実はロゴについては当初、全く異なるよりモダンなデザインも候補として複数考案されていました。その中で現在使われているロゴは最も古風で地味だと永吉たちは思っていたのです。ところがZ世代の人たちに見せたところ、意外にも現在のロゴが最も好印象でした。その理由を尋ねると、Z世代も、やはり銀行には信頼や安心、安定を求めていたのです。

次にみんなの銀行が手掛けるデザインの原則も定めています。それは次の4つの原則です。

1. Straight：遠回りな表現を避け、伝えたい表現は真っすぐに伝える
2. Minimal：不要な情報や過剰なデザインは排除し、必要最低限の要素で伝える
3. Contrast：白と黒、有機的と無機的といった、コントラストを付けた表現を意識する
4. Playful：銀行だからといって堅苦しくならず、遊び心を加えた表現を意識する

特に色使いに関しては「カラーパレット」を用意し、黒と白のモノトーンにアクセントとして黄色を使います。このような組み合わせにしている理由は、銀行のロゴやコーポレートカラー、デザインでは赤や青、緑などが使われることが多く、黒と白だけのモノトーンで構成されているデザインは見当たらないからです。また黄色もあまり使われることがないため、独自性を出せると考えました。

イラストを使用する際には銀行の真面目さや堅さ、あるいはテック系企業のグラデーションの多い幾何学的なタッチではなく、意外性のある独自のタッチを採用しています。そのために、ファッション誌などでも活躍している若手イラストレーターの世戸ヒロアキ氏を起用し、全国の

デジタルネイティブ世代に受け入れられる世界観を表現しています（**図表5-2**）。

特にイラストに関してはいろいろなイラストレーターの表現方法を比較検討した結果、白と黒とシンプルな線、日本の日常が描かれているのにどこかグローバルな雰囲気を持っているという特徴がみんなの銀行のデザインコンセプトにフィットしたことから、世戸ヒロアキ氏を起用しました。偶然にも世戸氏は福岡県の出身でみんなの銀行がフォーカスしている世代のイラストレーターでした。

みんなの銀行では開発現場にデザイナーが入っている

以上のブランディングのコンセプトについては、サービスを作る前に策定しました。そのことによりプロダクトを開発するに当たってデザインチームとエンジニアチームが分業しても、UIや操作性にみんなの銀行の世界観としての統一感のあるプロダクトに仕上がっています。

また、早い段階でデザインコンセプトを決めたことで、手戻りのないプロダクト作りが実現できました。

「それだけではありません」と中原は補足します。「みんなの銀行で

図表5-2　イラストの世界観
出所：みんなの銀行

は、当初から現在でも開発現場にデザイナーが入っていることで世界観が守られているのです」。一般的に銀行がプロダクトを開発するとなれば、所管部門の担当者がSIerにアウトソースし、出来上がったプロダクトをやはり所管部門の担当者がチェックしてOKを出します。しかし、アウトソース先ではデザイナーとエンジニアは別々の会社や部門ですから連携が取りにくく、発注と検収を行う所管部門の担当者も１～２年で異動してしまいます。その結果、デザインコンセプトが守られにくくなり、ブランディングも乱れてしまいます。

この問題が、社内の開発現場にデザイナーがいるみんなの銀行では解消されているので、ブランディングとしての統一感が維持できるのです。

さらに、ブランディングの一環として、サービスのネーミングにもこだわりを見せています。「普通預金」では銀行の堅さやお金の無機質感が出てしまうので「ウォレット」と呼んだり、「貯蓄預金」を「ボックス」と呼んだりするなど工夫しています。

また、当座貸し越しの５万円のサービスをローンなどとは呼ばずに「カバー」と呼ぶことで、お客様にとっての価値観が表れるようにしています。この場合では、残高が足りなくてうっかり引き落としができなくなってしまった、という体験を防ぐ（カバーする）ためのサービスであることを表しています。

ただし、ネーミングで新しさを出した場合にはお客様が混乱する可能性もあることから、「ウォレット（普通預金）」のようにかっこ書きで従来の名称も併記しています。このあたりはまさにデザイナーと銀行員が意見を戦わせたところで、デザイナーは引き算で考えますので「Wallet」のみの英字表記にした方が若い人には親しみやすいと主張したのですが、銀行員としては「お客様が迷ったり間違えたりしたら問題だ」と譲らなかったため、併記することになりました。デザインの現場では、常にこのようなせめぎ合いが行われているのです。

せめぎ合いと言えば、実は「みんなの銀行」という銀行名についても長いこともめていました。永吉や中原、吉冨らのスタートメンバーの間では「みんなの銀行」が創業コンセプトにフィットしていると考えられていましたが、他のメンバーたちからは反対意見が多く出たのです。社名を決めるための議論が続いている間に、メンバーも数十人から100人ほどにまで増えていきます。

この時、永吉の思いをくんだデザイナーが「Minna no Ginko」とローマ字表記のロゴを考案すると、新しさが醸し出されデザイン的にも締まりがあり、この銀行名でもいいのではないかという流れができました。また、「SEKAI NO OWARI」というローマ字表記名のミュージシャンが活躍しているなどの影響もあったと思われます。

ようやく「みんなの銀行」でいこう、という意見に収束されました。

5-3 デジタルバンクらしいマーケティング戦略

従来型の４マス媒体を一切使わないマーケティング

みんなの銀行ではブランディングの際に度重なるユーザーインタビューを実施したことを紹介しましたが、マーケティング戦略を策定する際にもユーザーインタビューを実施しています。

マーケティング戦略におけるユーザーインタビューは、戦略の方向性が正しいかどうかを確認するために行われました。みんなの銀行はZ世代をターゲットにしたデジタルバンクという特殊な立ち位置にあったため、様々なマーケティングを試しています。その一つひとつについて広告の効果を現在でも確認し続けています。

一般的にＺ世代やデジタルネイティブ世代はテレビをあまり見ません。家にテレビがない人もいます。また、新聞もあまり読みません。そのため、従来型の４マス媒体であるテレビや新聞、ラジオ、雑誌で、みんなの銀行のターゲット層にアプローチできるのかどうか、また、デジタルバンクという新しいビジネスモデルの広告媒体としてふさわしいのかどうかについては様々なデータを参照して検討されました。

その結果、永吉たちは当初、従来型の４マス媒体を一切使わないという結論に至りました（2022年10月からはテレビCMを始めています）。

同時に、地域にとらわれないデジタルバンクのマーケティングには、やはりデジタルマーケティングが有効であると考えました。その結果、ウェブ上の広告やSNSへの投稿、YouTubeでの動画による訴求を中心に据えたマーケティングプランを軸にすることを決めます。

Ｚ世代やデジタルネイティブ世代に対するインタビューでも、情報の入手先は４マス媒体ではなく、インターネットからであることが分かっていました。しかも、Yahoo!やGoogleで検索するよりもInstagramやTwitterを通した口コミから得ていることも分かりました。

そこで当初は、SNS上でのインフルエンサーマーケティングを軸にし、その周辺に他のデジタルマーケティングを展開しようと考えていました。しかし、実際にマーケティングを始めた時には、インフルエンサーを使わずにその他のデジタルマーケティングから始めています。

これは、いきなりインフルエンサーがみんなの銀行について発信を始めてしまうと、そこではインフルエンサーの世界観が前面に出てしまうと考えたためです。みんなの銀行では、まずは自らの世界観を前面に押し出したかったのです。

もちろん、インフルエンサーに報酬を支払ってみんなの銀行の世界観を出すように依頼することは可能ですが、そのような依頼案件の投稿はフォロワーたちからはすぐに見透かされてしまいます。「あ、これは報酬を受け取っているスポンサー案件だね」と。それでは共感が得られないだけでなく、悪くすると反感を持たれてしまうリスクもあります。

そこでまずは、自分たちがデジタルマーケティングを使って、みんなの銀行とは何か、どのような世界観を持っているのかを発信し、一定の認知を得られるようになってからインフルエンサーの視点から見たみんなの銀行の使用感や利用方法を拡散してもらう戦略に切り替えました。

インフルエンサーの拡散とリファラルプログラム

デジタルマーケティングでスタンダードな手法はほぼ実施しています。GoogleやYahoo!のディスプレー広告や検索結果のリストの上位に表示されるリスティング広告なども活用しました。SEO（Search Engine Optimization）と呼ばれている施策も実施しています。

また、Instagramではイメージでみんなの銀行の世界観を伝えています。Twitterでは便利な使い方やキャンペーン、お客様の声などを拡散するツールとして使用しています。他にもYouTubeでみんなの銀行のサービス内容や利用方法を動画で分かりやすく説明しています。

このようなスタンダードなデジタルマーケティングで一定の認知度も高まったため、現在はいよいよインフルエンサーによる情報発信を行うフェーズに入っています。インフルエンサーの方々が、それぞれみんなの銀行のサービスや世界観を自分なりに捉えた表現で発信しています。

例えばあるインフルエンサーがTikTokでみんなの銀行について何かつぶやくと、目に見えてアプリのダウンロード数が増えていますので、やはり若い人たちには影響が大きいことが分かります。

このようなインフルエンサーによるマーケティング効果は、みんなの銀行が依頼したわけではなく自主的な情報発信により突然拡散してアプリのダウンロード数が急増するなど、全く予期できない状況も起こしています。うれしい誤算と言えます。

特に反響のあるインフルエンサーの特徴を調べてみると大きく３つのアプローチがなされていました。１つめはガジェット好きな人たちが、スマートフォンだけで完結できる便利でスマートで新しいサービスがあるよと、拡散している場合です。２つめは、ミニマリストと呼ばれるような人たちが、モノクロのデザインで煩わしい手続きや操作がない無駄のない世界観に共感し、自分たちにとてもフィットしたサービスが登場したとして拡散している場合です。そして３つめは、みんなの銀行が実施している「お友だち紹介プログラム」を利用することで、紹介者も紹介された人も共に1000円がプレゼントされるリファラルと呼ばれるプログラムがお得だと積極的に拡散している場合です。

特に３つめのリファラルプログラムである「お友だち紹介プログラム」の効果は抜群に高く、口座開設者の７割を占めています。この割合の大きさは永吉たちにとっても予想外であるとともに歓迎すべき事態でした。というのも、リファラルプログラムによる顧客獲得は、費用対効果が高いためです。一般的なインターネット広告で1件の口座を獲得するためのコストは5000～8000円です。ところがリファラルプログラムでは、紹介者と口座開設者に1000円ずつプレゼントしますから、口座を獲得するためのコストは2000円で済むのです。

銀行に口座を開設すると1000円もらえるのは怪しい？

リファラルプログラムをマーケティングに取り入れることを思い付いたのは、海外のフードデリバリーサービスが日本に上陸した際にリファラルプログラムを採用して、一気にユーザーを獲得したのを見ていたからでした。

しかもリファラルプログラムの効果はみんなの銀行を開設した直後から表れましたので、即効性も高いのです。

「銀行に預金をしてもほとんど金利が付かない時代に、銀行から1000円プレゼントされるという新鮮な体験が、歓迎されてブレークしたのではないか」と永吉たちは解釈しています。

「私たち銀行側の人間が説得するよりも、利用されているお客様同士の声の方が断然と説得力があるのです」と永吉は言います。

「また、キャンペーンをYouTubeの動画で紹介すると、瞬く間に閲覧者が自主的に紹介して拡散してくれます。これはZ世代やデジタルネイティブの世代が、共感したものをシェアしたいと思う傾向が強いことにマッチしたマーケティングになっています」

ところでリファラルプログラムでは、1000円をプレゼントする際に工夫を施しています。実は紹介者と紹介されて口座を開設した方にそれぞれ1000円をプレゼントする際には、「ボックス」と呼ばれる貯蓄口座に振り込まれる仕組みにしてあるのです。

もし、すぐにATMで引き出せる「ウォレット」に振り込まれると、振り込まれた方は例えばセブン-イレブンのATMですぐに引き出せてしまいます。ところが「ボックス」に振り込まれると、もしその1000円を引き出そうと思ったら、一旦「ボックス」から「ウォレット」にドラッグ＆ドロップしてお金を移動させなければなりません。

あえてこの一手間を必要とすることにより、お金の管理方法を簡単に変えられることを実体験していただくことになります。また、ATMから現金を引き出す際にも、スマートフォンをATMにかざしてお金を引き出すというカードレスの体験をすることになります。

これらの体験は既存の銀行では得られない新しい体験になります。この初めての体験により、みんなの銀行の世界観を理解していただくことになります。

App Storeのアプリダウンロードランキングのファイナンス部門で２位を獲得

以上のようなインフルエンサーマーケティングやリファラルプログラムといったマーケティング手法は既存の銀行では行われてきませんでした。みんなの銀行がデジタルバンクならではの成功例と言えます。ただ、みんなの銀行の成功例が知られるようになると、ネット証券会社やネット銀行などでも取り入れられるようになってきました。

とはいえ、これらのマーケティングが成功したのは、それ以前にネット上で情報を拡散し、みんなの銀行というデジタルバンクについての認知が広められていたという土台があったからです。従って、いきなりインフルエンサーマーケティングやリファラルプログラムをまねても、成功するとは限りません。

また、成功するとは限らない理由はあと２つあります。１つは、みんなの銀行は口座開設がネット上で完結していることです。他のネット証券やネット銀行では、口座開設に当たって書類への押印が必要なほか、郵送によるキャッシュカードの受け取りなどが必要になるケースがほとんどです。このやりとりが必要だと分かった時点で、「面倒くさい」と感じられてしまいます。

もう1つは、リファラルプログラムの入金が最短で口座開設の翌日である点です。月末締めの翌月末入金など、いつ入金されるのか分かりにくいという仕組みにはなっていません。このスピード感は、ネット上のサービスを使い慣れている若い世代の人たちの評価を大きく左右すると考えられます。

また後日談ですが、みんなの銀行のこのようなデジタルマーケティングの手法は海外のデジタルバンクやチャレンジャーバンクでも成功している事例を確認できています。このことからも永吉たちの戦略は的を射ていたと言えます。

みんなの銀行のデジタルマーケティングが成功したことは、App Storeのアプリダウンロードランキングのファイナンス部門で2位を獲得したことでも分かります。その時の1位はPayPayで、3位はNTTドコモのd払い、4位が楽天カードでしたので、メジャー級のサービスの中で健闘したと言えます。

このように、みんなの銀行ではブランディングから顧客獲得・利用まで一貫したコミュニケーションシナリオを作り各領域でPDCAを高速回転させながら口座開設と収益拡大につながるアクションを愚直に実践しています。

「銀行って期待されていないんだな」と実感した

みんなの銀行のデジタルマーケティングは、既存の銀行では思いも寄らない手法であったため、たまたま成功したように見えるかもしれません。しかし「そうではありません」と吉冨は言います。

「まず、ターゲットをＺ世代やデジタルネイティブと絞り込んでいたことと、自分たちがスマホで完結するデジタルバンクであることから、そこからデジタルマーケティングが有効であることは確信していたのです」

それだけではありません、と吉冨は続けます。「若い人たちにインタビューした時に、銀行から何かをもらえるなどと期待している人はいないんですよ。むしろ手数料を取られると。そこで銀行からお友達紹介で1000円ずつもらえたらどうすると尋ねると、サークル仲間で紹介し合って飲み会の費用にするからうれしいですねと言うんです。100万円を定期預金で預けても１年間で20円しか増えませんからねって」

吉冨はインタビューを繰り返しているうちに「銀行って期待されていないんだな」と改めて実感したと言います。「今時の低金利では、口座を開いてポケットティッシュをもらってもうれしくないんですよね。物理的に物を受け取るのも面倒くさいんです」

デジタルバンクだからこそデジタルマーケティングが功を奏したと言えますが、マーケティング戦略の中で「デジタルバンクというポジショニングを行ったことも成功した要因です」と中原は補足します。「銀行と言えば既にメガバンクや都市銀行、地方銀行、そしてネット銀行というポジションが存在していました。みんなの銀行はブランディングで注意しなければネット銀行にカテゴライズされてしまい、新しさや革新的なサービスであることを理解していただけません」

そのため、「日本初のデジタルバンクというポジショニングにはこだわった」と中原は言います。

しかし、当初はメディアでも「ネット銀行」と報道されてしまいました。それを見つけるたびに、中原たちは手分けしてメディアの記者などの担当者に電話して「ネット銀行ではなくデジタルバンクです」と違いを説明しながら訂正を要請していました。

それでも即座にメディアに理解されることはなく、しばらくは「デジタル専業銀行」「スマホ完結銀行」「スマホ専業銀行」などと表記が定まりませんでした。「デジタルバンクという呼称がメディアの皆さんになじむまでには段階を経る必要があったようです。恐らく報道内容をチェックする責任ある方々の年齢層が高かったからではないかと思います」

また、デジタルマーケティングのPDCAを高速回転させることができたのは、デジタル広告の運用を代理店に任せるのではなく、社内で行っているためだと中原は説明します。

「iBankマーケティングの時からGoogleやYahoo!、LINE、Facebookなどの運用を自社でできるようになっていました。代理店に委託しなかったことで、マーケティング施策のチューニングを日単位や時間単位で行えたのが強みです。普通の銀行ではできないですよね」

むしろiBankマーケティングは社名に「マーケティング」と冠しているように、FFGや広告主である他社からインターネット広告の運用を受託していました。ここで培われたデジタルマーケティングのノウハウがみんなの銀行でも活かされたのです。

「みんなの『声』がカタチになる」という
サービスコンセプトを形にした「みんなの声委員会」

また、みんなの銀行では、お客様起点やお客様体験を重視する取り組みとして、「みんなの声委員会」を発足して運営しています。「みんなの声委員会」は単なるカスタマーサポート的な活動ではなく、銀行における取締役会やコンプライアンス委員会、リスク管理委員会などと同じ位置付けの活動です。これほど重要な位置付けにしているのは、みんなの銀行のサービスコンセプトに「みんなの『声』がカタチになる」を掲げているからです。お客様の声をしっかりと捉えて、プロダクトを改善したり新しく生み出したりしていくというサービスコンセプトを形にしたのが「みんなの声委員会」です。

みんなの銀行ではコンタクトセンターやSNSに寄せられた「声」だけでなく、インタラクティブなコミュニケーションの場を設けてお客様の質問やクレーム、ご要望などを集めています。

またSNSでは、「#みんなでつくるみんなの銀行」などのハッシュタグが付けられて直接みんなの銀行に寄せられる「声」もあります。その他にもみんなの銀行に関しての投稿をすべて集約し、それらの膨大な投稿からポジティブな声かネガティブな声か、キーワードは何かといったことを毎月分析して経営陣や関係者にフィードバックしています。そして分析結果に対する具体的なアクションを検討する活動が「みんなの声委員会」です。

もちろん、毎月膨大な量の「声」が集まりますので、「声」の量やトーン、内容を勘案して対応する優先順位を付けて対応しています。対応するのは機能やサービスの改善・開発だけではありません。例えば最近では「Cheer Box」を設置し、トンガ王国への寄付を届ける取り組みを行いました。

2022年1月15日、トンガ王国のフンガ・トンガ＝フンガ・ハアパイ火山で海底火山の大規模な噴火がありました。この直後、Twitterに「#

みんなでつくるみんなの銀行」が付いた以下の投稿がありました。

今トンガの人々は、不安で怖くて心細いおもいをしているっていうのに、自分には何もできやしない。

「少しでも力になりたい」
深夜だろうが早朝だろうが、そう心が動いた時に、みんなの銀行の口座からスグに義援金を振りだせる仕組みがあったらスゴいと思ったり
#みんなでつくるみんなの銀行

この「声」を読んだ「みんなの声委員会」は、みんなの銀行のミッションである「みんなの価値あるつながりを」を実施すべく、すぐに対応しました。「Cheer Box」という仕組みを利用し、トンガ王国へ義援金を寄付する仕組みを作ったのです。その間、約１週間です。

つぶやいた人には「すぐに自分の声が届く銀行だ！」ととても喜んでいただけました。そして、このような取り組みに共感してくださった方々が、みんなの銀行の世界観にも共感してくださるのです。

みんなの銀行へリクエストを伝えるための、SNSハッシュタグが欲しい

そして「みんなの声委員会」の取り組みがいかにお客様の声を反映しているのかということについて驚かれるのが、そもそも「#みんなでつくるみんなの銀行」というハッシュタグ自体がお客様のご要望から作られたものだったことです。

みんなの銀行へリクエストを伝えるための、SNSハッシュタグが欲しいです。

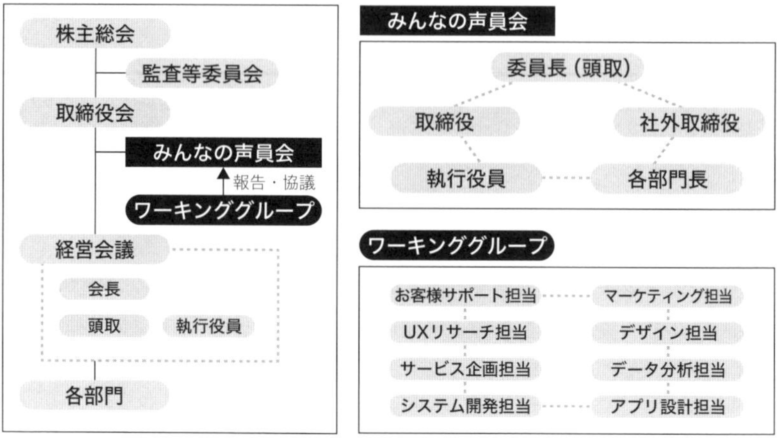

図表5-3　「みんなの声委員会」の構成
出所：みんなの銀行

このお客様のご要望が投稿されたことに対して、お客様がSNSで気軽にみんなの銀行に声を挙げられるような仕組みも、お客様と一緒に作りました。このような取り組みに、みんなの銀行の姿勢が表れていると言えます。

「みんなの声委員会」は委員長（頭取）、取締役、社外取締役、執行役員、各部門長で構成されており、社内の組織上では取締役会の下に位置しています。「みんなの声委員会」の下に「ワーキンググループ」があり、ここでお客様の「声」が収集・分類・分析されて実現の可能性や方法が検討されて「みんなの声委員会」に上げられます。「ワーキンググループ」は「お客様サポート担当」、UXリサーチ、サービス企画、システム開発、マーケティング、デザイン、データ分析、アプリ設計の各担当者で構成しています（**図表5-3**）。

また、これらの担当者が生身の人間として存在していることを示し、お客様にも親しみを持っていただくために、担当者がどのような人物な

図表5-4 「みんなの声委員会」のメンバー
出所：みんなの銀行ホームページ

のかも公開しています（**図表5-4**）。このように内部メンバーの顔を出すことは既存の銀行ではあまりありませんでした。しかし、みんなの銀行はデジタルで完結するサービスを提供している銀行だからこそ、親しみを持っていただけるような工夫をしています。

「どの銀行もお客様の声に応えるという施策を行っていると思いますが、ここまで徹底している銀行は他にないのでは」と永吉は自負しています。「近年、多くの企業が取り組んでいるDXという文脈の中にはお客様起点や顧客中心といったキーワードが含まれていると思いますが、それらを実際に仕組み化していることがみんなの銀行の特徴だと思います」

5-4 唯一の顧客接点である
スマホアプリへのこだわり

若い人たちがいかに銀行に期待をしていないのかを痛感したからこそ

みんなの銀行はスマートフォンですべてのサービスを利用できるデジタルバンクであるため、スマートフォンのアプリをプロダクトとして徹底的に磨き上げる必要がありました。そのため、アプリの開発においてもターゲットとなる若い人たちへのインタビューを重ねています。

そのインタビューで、若い人たちがいかに銀行に期待していないのかを痛感したことは既に紹介しましたが、それだけにまだ顕在化していない潜在的なニーズを掘り起こして提供価値をつくるべくサービスの設計が行われました。

「銀行に一番近い存在は何かと尋ねたら『役所』という答えが一番多かったのです。ああ、期待されていないな、と思いました」と中原は言います。「中には役所よりも行きたくない所、と答えた人もいましたね」と吉冨が付け足します。

また、プロダクトの試作版（モックアップ）のユーザーテストも行いました。対象者は大学生、パワーカップル、若手ハイキャリア層です。すると、既に銀行を日常的に利用している30代以上の人たちからは、「別に銀行にこんなデザイン性や操作性を期待していません。格好良くなくてもいいですし、ドラッグ＆ドロップなんかできなくてもいいんです」と言われます。

「本当に期待されていないんだな」と永吉も思ったと言います。

ところがまだ本格的に銀行を利用していない10代や20代の人たちからは、「なんだ、このかわいいデザインは。しかも操作感が抜群にいい」と絶賛されます。「これこそ自分たちの銀行ですよ！」と評価された時には、「そういうことだったのか」と永吉たちは自分たちのサービスの位置付けを再認識しています。

既に日常的に銀行を利用している層の人たちは、銀行が新しいチャレンジをしようとしていることに期待していません。一方、まだ銀行を本格的に利用していないより若い世代の人たち、特にZ世代やデジタルネイティブと呼ばれる世代の人たちからは、「まさにこれこそが自分たちの世界観が反映された銀行だ」と強く共感されたのです。

みんなの銀行は、未来のお客様をターゲットにしていますので、この共感はプロダクトに対する自信となります。

フリクションレスにするためにサービスをそぎ落とす

既存の銀行では新しいサービスを開発する場合、完成して初めて世の中の反応を見ることになります。そのため、実は誰にも求められていなかったサービスであったとか、重大な欠陥が存在していたとか、サービスを提供し始めてから分かります。

一方、みんなの銀行では新規開発のプロダクトのときも既存プロダクトの改善のときにも、まだ作動しないデザインや操作性だけが分かるモックアップの段階からユーザーテスト、ユーザビリティーテストを繰り返し、世の中に出すまでに十分なテストを終えています。そのため、サービスの提供を始めてから必要とされていなかったとか重大な欠陥が存在していたということはありません。また、テストの段階で操作に迷いが生じないか、あるいは操作が終わるまでに何秒かかっているかなどをビデオに撮影して計測し、UIやレスポンス時間の点からも最適化しています。

ところでユーザーテストでは、テスターがプロダクトに慣れてしまわないように毎回異なる人たちに参加していただいています。また、バイアスがかからないようにみんなの銀行の関係者とは接点がない人たちをサンプリングしています。

このような手続きを経て開発した結果、みんなの銀行のプロダクトは既存の銀行のアプリに比較して驚くほどシンプルなUI/UXを実現しています。フリクションレスにするためにサービスのそぎ落としをしているのです。つまり、既存の銀行にはあるけれどもみんなの銀行にはないものがたくさんあるのです。

例えば現段階では口座振替サービスを提供していません。そのため、クレジットカードの引き落とし口座をみんなの銀行に設定するということができません。このように既存の銀行であれば当たり前に提供されているサービスのうち、いくつかは対応していないのです。

これはユーザーの使い勝手を良くするためにサービスを絞り込んでいるという理由の他に、「Design to Budget」の考え方から、与えられた予算と時間の中で開発するには時間と費用がかかり過ぎる機能やサービスを後回しにしていることもあります。

財布が持っている機能と銀行の機能をスマートフォンに融合する

他にも、みんなの銀行ではフリクションレスを徹底するために以下の「〜レス」があります。

口座開設

・店舗レス：銀行に行く必要がありません。手続きはすべてスマートフォンで完結。
・営業時間レス：24時間365日スマートフォンで口座を開設可能。

・郵送レス：口座開設に当たって郵送物は一切ありません。

ウォレット（普通預金）

・印鑑レス：印鑑による取引を撤廃しましたので、すべてスマートフォンで取引可能。
・通帳レス：スマートフォンのアプリが通帳代わり。
・キャッシュカードレス：セブン銀行のATMにスマートフォンをかざせば引き出し可能。

ボックス（貯蓄預金）

・小袋管理レス：目的や用途に合わせてボックスを使いこなせばまるで小袋管理。
・振り替えの手間レス：ドラッグ＆ドロップで簡単に資金を移動。
・手動積み立てレス：日次、週次、月次、年次の自動積み立て機能でアプリ任せの貯金が実現。

デビットカード

・デビットカードレス：原則としてすべてのお客様にバーチャルデビットカードを無料発行。
・キャッシュレス：オンライン決済、スマートフォン決済でキャッシュレス生活。
・管理サイトレス：利用限度額の変更や一時利用停止などの操作がアプリで完結。

レコード

・何度もログインレス：他行の資産や入出金履歴をみんなの銀行アプリだけで一元管理。
・集計レス：ハッシュタグ（#）機能で利用履歴をカテゴライズ。

プレミアムサービス

・回数管理レス：ATM手数料や他行振込手数料の無料利用回数を数えて覚えておく手間から解放。
・手数料増減レス：手数料が定額化されることで収支管理が簡単。

カバー

・残高不足レス：万が一残高が不足していても５万円までカバーされる。
・金利レス：プレミアムサービスの無料オプションで借り入れによる利息負担なし。
・定額返済レス：毎月決められた金額を返済する必要がなく、ある時払いでOK。

「これら『〜レス』の中で、キャッシュカードをなくすことに関しては社内で最ももめました」と中原は振り返ります。キャッシュカードをなくすことについては、永吉と中原、吉冨の３人以外は皆が反対しました。新しいことを推進するデザイナーたちでさえ、キャッシュカードはあった方がいいと主張したのです。

しかしみんなの銀行が目指す世界を考えた時、やはりキャッシュカードは要らないと考え、「もし、駄目だったら、そのときに出そう」という条件付きでキャッシュカードをなくしました。

「結果的には、その後、世の中のキャッシュレス化が進み、カードレスについても受け入れられるようになりましたので、キャッシュカードレスを実現したことは正解でしたね」

中原の言葉に吉冨も補足します。「そもそもみんなの銀行では財布が持っている機能と銀行の機能をスマートフォンに融合デジタルウォレットを実現することを目指していたので、必然的にキャッシュカードはいらなくなるのです。そのコンセプトを貫いたわけです」

また、みんなの銀行ではカードローンのサービスはありますが、やはりカードはありません。「なので、これはカードローンと呼んでよいのだろうか？」という議論もあるのだと永吉は笑います。

銀行がサブスクリプションを始める

このように可能な限り「～レス」を推進していることで、その分浮いた運営コストなどを「プレミアムサービス」というサブスクリプションサービスの形でお客様に還元しています。月に600円お支払いいただくことで便利なサービスを利用できるようになるのです。例えばATMからの引き出しが月間15回まで無料になります。また、他行への振り込み手数料も月間10回まで無料になります。ATMでの引き出しや他行への振り込みがこれだけの回数無料であれば、一般的には回数を気にせずに使えると考えられます。

また、デビットカードのキャッシュバック率を１％に設定しています。通常、クレジットカードで１％のポイントバックを受けるためには、年会費１万円ほどのゴールドカードにしなければなりません。しかもみんなの銀行ではポイントではなく現金で利得還元が受けられることが特徴です（2023年1月時点）。

さらにいつでも出し入れ自由な貯蓄預金の金利が国内最高の0.3％です。本稿執筆時点での一般的な国内銀行の１年もの定期預金の金利が0.002％、普通預金の金利は0.001％ですから、定期預金との比較では150倍、普通預金との比較なら300倍もの金利が付きます。ちなみに、みんなの銀行では「みんなの銀行プレミアムサービス」を利用していなくても貯蓄預金の金利は0.1％です（2023年1月時点）。

従って、これらのサービスを利用できれば、月当たり600円のサブスクリプション代は簡単に元が取れることになります。

2022年12月時点で、「プレミアムサービス」を利用しているお客様は全体の3割超となっています。「プレミアムサービス」でATMの引き出し手数料を無料にする回数を月間15回に設定したのは、さすがに２日に１回以上ATMからお金を引き出す人はいないであろうから、15回の設定であればほぼ残りの回数のことを気にせずに済むという考えに基づいています。

「実はユーザーインタビューをしている時に、他行でATMからの引き出しの無料サービスが残り１回になっている時にどうしているのか、と尋ねたのです。すると、無料サービスを使わないともったいないから、最寄りの駅の近くに提携ATMがないので提携ATMがある途中の駅で一旦降りて、お金を引き出していると言うのです。無料サービスを使うために行動が縛られているのは本末転倒ですよね。それで、このような悩みから解放される意味でもサブスクリプションが有効だと考えました。月に600円で様々な制約から解放されるといいなと」と吉冨はインタビューで垣間見えた潜在的なニーズについて解説します。

以上のように可能な限りサービスをそぎ落としてシンプルなUI/UXを実現したことは、銀行業における各種法令やガイドライン上の規制と、過去のお客様とのトラブルや判例などをベースにどれだけ新しい表現を実装できるかへの挑戦となりました。このような専門性の高い規制や判例に挑戦するためには永吉たちだけの知識では対処できないため、ベテラン銀行員たちの協力を仰がなければならなかったのです。みんなの銀行プロジェクトにおけるベテラン銀行員は、銀行サービスの匠《たくみ》です。

永吉たちが新しい試みを行おうとするたびに、ベテラン銀行員たちは監督官庁の監督上問題が生じないかどうか、法令に抵触する可能性はないかなどについて助言や指導をします。例えばデザイナーが斬新な表現を考案しても、法的に守らなければならないラインを超えているとか、その表現では誤解を招くため採用できないなどのジャッジを行っています。また、サービスに関する規定や約款の作成もベテラン銀行員たちが担います。

このような銀行サービスの匠たちをグループ内から受け入れることは、非金融事業者が新銀行をつくる場合に簡単にまねできません。みんなの銀行がFFGを母体とすることの優位性の一つであると言えます。

取り組みと市場の反応を往復しながら
プロダクトをブラッシュアップする

また、アプリにお客様の声やニーズを適格かつ迅速に反映させるために、みんなの銀行では機能やサービスごとにチームを組織するユニット制を取り入れています。そして各機能を磨き上げていくために日常的なユーザーインタビューやアンケート調査を行い、ニーズの深掘りをしています。つまり、社内の取り組みと市場の反応を往復しながらプロダクトをブラッシュアップしているのです（**図表5-5**）。

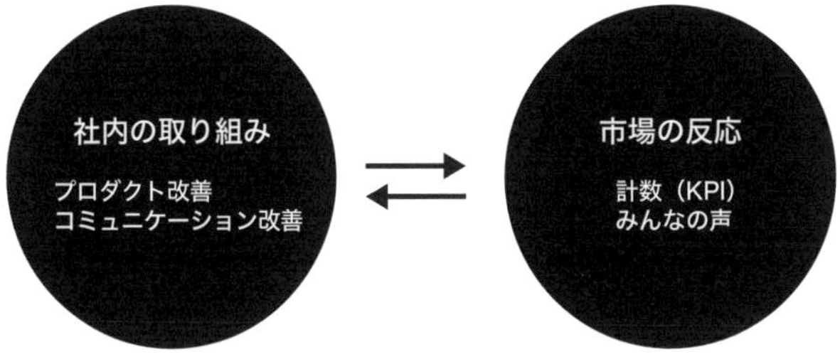

図表5-5　プロダクトをブラッシュアップする方針
出所：みんなの銀行

市場の反応はお客様の声や利用実績のログから収集します。収集したログから実際にプロダクトがどのように利用されているのかを分析して、より使い勝手を良くしながらまだ世の中にないサービスを作っていくプロセスを踏む開発手法を採用しています。

例えば、お客様がハッシュタグ機能を使って自身のお金の使い方をどの程度振り返っているのか、ログを基に利用状況を可視化しながらプロダクトの改善点を探っています。みんなの銀行では「みんなの声委員会」を、取締役会と同じ重要度を持たせて毎月開催しています。そこでは現在どのような課題や要望が出ており、どのように取り組んでいくべ

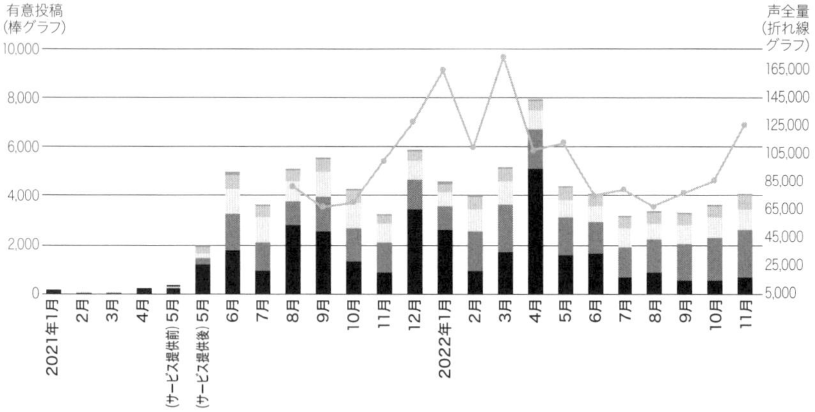

	2022年11月中の声		
	前月比	構成比	
声全量（折れ線）	145.9%	―	125,633
有意投稿（棒）	112.8%	100.0%	4,101
アプリストア	142.4%	1.1%	47
チャットボット	120.9%	14.4%	589
Webフォーム	105.8%	20.9%	859
電話	112.3%	46.8%	1,920
Twitter	115.5%	16.7	686

図表5-6　みんなの銀行に寄せられるお客様の声
出所：みんなの銀行

きなのかなどを協議しています。

1カ月間にお客様から寄せられる「声」は、多い月には17万件、そのうち有意な「声」は5000件くらいです。この「声」の出所の内訳は、「電話・Webフォーム・チャットボット」「Twitter」「アプリストア」などです（**図表5-6**）。

しかしこのように膨大な「声」を担当者が一つずつ確認することは現実的ではありませんので、テキストマイニングなどを活用してどのようなキーワードが多いのかを確認しています。**図表5-7**は、名詞の出現頻度について解析した結果の例です。

お客様の「声」を分析した結果に対して、既に備わっている機能をお客様が使いこなせていない場合は、SNSなどで使い方や機能の紹介について情報発信します。キャンペーンなどの販促情報についても発信しま

図表5-7　単語出現頻度の分析例
出所：みんなの銀行

す。また、YouTubeでは使い方を説明する動画や、オススメのキャンペーンを紹介する動画を発信しています。

SNSやYouTubeでは多くのお客様が自主的に情報を発信してくださっていることがみんなの銀行の特徴ではありますが、みんなの銀行自身も積極的にSNSやYouTubeで情報を発信し続けています。

アプリのアップデートを1年間で30回前後行う

みんなの銀行ではコンタクトセンターと呼ばれる電話対応でも、どのような問い合わせが多いのかを常に分析しています。分析結果から、お客様が疑問に思われやすい内容や悩まれる内容を抽出し、FAQに回答を追加していくことで、電話での同じ問い合わせを減少させる仕組みも構築しています。

以上の取り組みを継続することで、プロダクトとしてのアプリを常に進化させています。改善内容の優先順位付けは各ユニットで行われますが、ユニット内では解決できない課題に対しては、別途「ユニット横断会議」が開かれて優先順位が協議されます。

一方、お客様の「声」以外にも、社内から自発的に出されたアイデアについてもユニットごとに協議され、ユニット内で実現できないアイデアについてはこちらも「ユニット横断会議」で協議されます。

ただし、社内のアイデアについては本当にお客様に有益な機能・サービスなのかを確認するために、まずは紙芝居のようなダミーの画面が遷移するモックアップでユーザーチェックを行います。この段階で「必要ない」「魅力がない」といった反応であれば、そのアイデアを今回は実装しないと決断されます。

プロダクトを世の中に出したら出しっ放しにするのではなく、常にお客様の「声」を吸い上げて頻繁にサービスの改善や追加を行っていることが、他行に対するみんなの銀行の優位性になります。この頻度の高さは、App Storeでのアプリのアップデートが1年間で30回前後行われていることにも表れています。一般的な銀行のアプリでは、1年間のアップデート回数は2～3回前後なので、おおよそ10倍もの高頻度です。

5-5 パートナー企業とのアライアンス推進

リアルではつながりがない業界の事業者同士でもデジタルならばつながれる

みんなの銀行は個人のお客様向けにサービスを提供するB2Cビジネスを展開していますが、一方では銀行業界における新たなビジネス領域となる可能性を秘めたBaaS事業のパートナー開拓を中心に、ビジネスを共創するつながりを生むための積極的なアライアンス推進活動を展開しています。

リアルでは銀行と直接つながることができない業界の事業者とでも、デジタルであればつながりをつくれるのがBaaSと、銀行の機能をAPIで提供するビジネスモデルを展開しています。APIとはソフトウエア同士が連携するための機能ですが、例えばグルメサイトで店舗を紹介しているページを見るとGoogleマップが埋め込まれています。これはAPIで連携してグルメサイトからGoogleマップの機能を利用できるようにしているのです。あるいはクラウド会計ソフトにログインすると、自分の利用している銀行でのお金のやりとりが会計ソフトにも自動的に取り込まれていたり、残高確認ができたりします。これもAPIで会計ソフトと銀行のサービスが連携しているのです。

このように、APIは、異なるサービスの機能が連携することでお客様に新しい利便性をもたらします。

みんなの銀行が展開しているBaaS事業でも、自社が持つ金融機能を、他の事業者のサービスに黒子として提供することで新しい利便性を生み出せます。例えば何かを買おうとしたときに、ついでにローンの借り入れができたり、スーパーマーケットで買い物をしている時に食費管理用の預金口座の残高が確認できたりすることが考えられます。

既存の銀行はお金を預かり、貸し出した利ざやで収益を上げるアセットビジネスに依存しています。そのため、資金需要が減ったり、超低金利で利ざやが稼げなくなったりするなどの課題が年々大きくなっている状態です。

そこでBaaSビジネスを展開すれば、金融機能を提供することでシステム利用料を得られるというこれまでとは全くモデルが異なる収益の柱を得られることになります。しかし、APIを通して銀行の機能を提供するビジネス例はまだほとんどありません。あらゆる業界の企業がBaaSに興味を持ってはいますが、具体的にどのようなサービスやシーンで利用すればよいのかイメージが湧いていない段階です。「そのような形のないサービスをどのように作り出し、顧客体験をどのように変えることができるか、一緒にチャレンジできるパートナーを募っている段階です」と永吉は語ります。

暮らしの中で「ついでに」金融サービスを受けられるという世界観

みんなの銀行がBaaSで目指しているのは、消費者が暮らしの中で「ついでに」金融サービスを受けられるという世界観です。

例えば福岡銀行はこの10年間で来店客数が4割減少しています。この数値からは、銀行のサービスを単独で受けるために来店する人が減っていることが読み取れます。そのため、みんなの銀行のB2Cビジネスでは、いつでもどこでもスマートフォンで呼び出して利用できる銀行を目指したのです。この考え方を進めると、何か他のサービスを利用しているとき、例えば家電品を買おうとしているときや旅行のプランを練っているときなどの「ついで」に金融サービスを利用できることで新しい顧客体験を生み出すことができます。

この顧客体験を実現するためには、パートナー企業が銀行の機能やサービスを、APIを通して自らのサービスに連携させることができればよいのです。そこでパートナー企業が得られるメリットは、「顧客体験の向上」と「データ活用」、そして「新たな収益源」となります。

「顧客体験の向上」の例としては、海外旅行に行くときに「ついで」に円からドルへの両替ができるとか、高額な家電品を購入する際に「ついで」にローンの審査を受けられる——といったことが考えられます。

「データ活用」であれば、正確で有用なデータが多い金融情報を自社サービスのマーケティングに活用することなどが考えられます。

「新たな収益源」としては、お客様が求めるシーンで金融商品（預金、ローン、投資信託、株式、保険など）を併せて販売することで利益をシェアすることが可能になります。

吉冨によると「現在、200社近くの企業様とBaaSのパートナーシップについてお話をさせていただいていますが、ほとんどの企業様が金融サービスの利用に興味を持たれています」。そこで得たニーズの高い預金や為替決済のサービスを提供できるAPIの開発が進められています。

折衝を重ねている企業から実際に出ている要望の例として、預金サービスを導入して顧客接点を創出したい、会員制の積み立てサービスである百貨店やデパートの友の会をデジタル化して効率化・高度化し、若い世代を呼び込みたい、クレジットカードやQRコードなどのキャッシュレス決済を銀行の決済手段を活用して手数料を抑えたい、家電量販店などが高額商品の購買導線にローンを組み込むことで購買機会の損失を防ぎたい――などが出ています。

このようなニーズをAPIで連携した金融サービスの提供で満たすことができれば、新しいビジネスを共創することができます。これを実現するために、現在積極的なアライアンス推進活動を展開しているのです。

まだ世の中にないサービスを一緒に作る

とはいえ、現在はまだBaaSで何が実現できるのかというイメージが明確なパートナー企業は多くありません。そこで吉冨たちがパートナー企業のニーズをヒアリングして、具体的なアライアンスのモデルを企画・提案している状況です。

このような状況の中、みんなの銀行はBaaS事業の第１弾として、2022年10月にマルエツやマックスバリュなどを展開するユナイテッド・スーパーマーケット・ホールディングス（U.S.M.H）のように買い物アプリと銀行口座を直結する決済サービスを2023年度中に提供することを発表しました。

現在U.S.M.Hのアプリ「Scan&Go」では買い物代金をクレジットカードやPayPayで支払うことができますが、みんなの銀行口座から直接支払えることになれば後払いや現金チャージの手間を省くことができるようになります。また、決済手数料も従来の手段より抑えられるようになります。

さらに同年11月には、家計簿サービスなどを展開するマネーフォワードとみんなの銀行がAPIによる連携を開始することを発表しました。この連携により、マネーフォワードのサービスからみんなの銀行の口座の残高照会と入出金明細照会を、いちいちIDやパスワードを再入力することなく利用できるようになります。

以上のような事例が出始めてはいるものの、BaaS事業が本格的にローンチしているとは言えません。そのためみんなの銀行としては、パートナー企業に営業するに当たって、「どのような連携を行えば新しい顧客体験を創出できるのか、一緒に考えていきましょう」というスタンスで臨みます。

「ほとんどの場合はシステム開発が伴いますので、いつまでに何ができるとなかなかお約束できません。一方、パートナー企業によってはいろいろな金融機関とのお付き合いがありますので、そのあたりにも配慮しなければなりません」と吉冨は言います。

吉冨の言葉を受けて、永吉も補足します。

「まだ世の中にないサービスを一緒に作りましょうと言っても、最初はパートナー企業もイメージが湧いていません。かといって、何でもできるかというと予算や時間との兼ね合いでできない場合もあります。とはいえ、できないならいいよ、と言われてしまうと必ずニーズがあるはずのパートナー企業との関係が疎遠になってしまいます」

この営業は本当にバランスが難しい、と永吉も同感します。

そのため、パートナー企業においても、折衝の担当者がBaaSやAPIを理解できていればよいのですが、そうでない場合は、そもそもみんなの銀行が既存の銀行やネット銀行と何が違うのかといったことから理解してもらわねばなりません。

「U.S.M.H様の場合は、窓口となった皆さんがスーパーマーケット業界のデジタル化や新しいサービスを追求されている方々ばかりでしたので、同じ世界観を共有することができて、非常に円滑に話が進みました。このようなスピード感を得られることはまれだと思います」と永吉は振り返ります。

プロダクトを売っているのではなく、ビジョンを売っている

一緒に作り上げるプロダクトやビジネスモデルは新しいものになるため、みんなの銀行とパートナー企業との間で何を実現したいのかを問い続けて、みんなの銀行の経営理念や提供価値などをしっかりとアピールし続けています。

そのために、吉冨たちはパートナー企業に何度も足を運び、リモート会議を重ねるなどしています。吉冨は、「自分たちは現時点ではプロダクトを売っているのではなく、ビジョンを売っているといえます。そのためには、リモート会議も便利ですが、やはり直接お会いしないと温度感がつかみにくいですよね」と語ります。

「この時、新しいサービスや価値観を共創するに当たっては、新規事業企画部門の人たちや経営戦略部門の人たちであれば、何か新しいことをしなければならない、現状のままではまずいという考えをお持ちですので、競合他社よりも先んじて新しい試みにチャレンジしよう、とお話も進みやすいのです。しかしBaaSやAPIというキーワードでシステム開発部門やIT管理部門の方々が出てこられると、稼働実績はあるのですか？　既存のシステムや業務プロセスに影響が出るのはちょっと、と保守的な面が強く各論や技術論になりがちで話が進みにくいこともあります」(吉冨)

吉冨の話を受けて中原は、「最も苦労しているのは、出来上がった商品がないということですね」とアライアンスの難しさに言及します。

「それでは一緒に作りましょう、という話になっても、内容によっては自分たちもまだすぐにつくれる状況ではないこともあります。それで、今回は宿題を持ち帰らせていただき、回答を提出しては再び宿題を持ち帰る、といったことの繰り返しになります」

しかし、このようなやりとりを続けていく中でつながりが深くなっていくことも確かだと中原は言います。

ただ、このような苦労は、まだ世の中にないものを作ろうとしているからこその生みの苦しみであって、事例が増えるに従って営業もしやすくなってくるだろうと考えています。

「今が一番大変な時ですね」

ところでデジタルバンクやBaaS、APIなど、一般的な銀行員には理解しにくい先端テクノロジーに関わる知識を、銀行員だった永吉たちはどのように理解し、知識を身に付けていったのでしょうか。

「確かに周りの人たちからは、“永吉はシステムやデジタルに詳しい”と思われていますが、私はそれほど詳しくはありません」。永吉たちは座学で学んだわけではなく、新しい銀行の形を求めて実際にプロジェクトを立ち上げて進めていく中で、いや応なしに知識が身に付いてきたのだと言います。

例えば「この場合はウオーターフォール型よりもアジャイル型で進めるべきだ」といった判断ができるようになったのも、プロジェクトを進める際に納期と品質を両立させるための議論していく中で理解していきました。「つまり、必要に迫られて体で覚えたという感覚です」

対談：本気で変えると思うこと

佐藤守（アクセンチュア Accenture Song シニア・マネジャー）　×　永吉健一（みんなの銀行 取締役頭取）

本当に変えようと思っている人たちってなかなかいない

永吉　佐藤さんはいろいろな企業にサービス設計やブランディングなどをコンサルティングされていると思うのですが、みんなの銀行のプロジェクトに参画すると決まった時、どのような思いがありましたか？

佐藤　私は前職のエンジニアの時から銀行のシステム開発に関わることは多かったのですが、新しく銀行を立ち上げるプロジェクトには関わったことがありませんでしたので、純粋に驚きました。

FFGさんは国内最大の地銀グループですが、まさか地銀の方々が先陣を切ってクラウドベースの新しい銀行を立ち上げるとは。しかもターゲットをデジタルネイティブ世代にフォーカスすると伺って、なんと大胆なプロジェクトなのだろうと驚いたのです。

私が参加したのは、サービスデザインの上流プロセスがひと回りして開発が始まる時期だったのですが、思うように進まないという空気感がありました。ブランディングもデザインもなかなか進まないし、これまでにないUXやUIを、という意気込みを実際のプロダクトに落とし込むところでつまずいていると。

みんなの銀行の方々もアクセンチュアのメンバーも、それぞれのタスクをどうやって進めればいいのか分からないといった混沌とした状況でした。

なぜ難しいのかと言うと、銀行だからなんですね。生活者として考えると、銀行ってとても自己主張が強い。色使いも赤や緑や。CMでも人気タレントを起用したりして。とても一方的な存在感があるんです。

かといって、自分から見ればただの金庫でしかない。ましてや今の低金利環境では、預けていてもお金が増えるわけでもありませんし。

そのような印象を銀行に対して持っていましたので、これをブランディングするのは個人的にも難しいと感じていました。また、アクセンチュアの他のメンバーも他業界に比べて、銀行はお堅い、というイメージを持っていました。

永吉 その印象はどこかで覆ったのですか？

佐藤 永吉さんたちにお会いした時に、「銀行のイメージを根っこから変える」という気概を感じました。その時に「あ､これは」と思いました。

私はいろいろな企業の変革をご支援させていただきましたが、ここまで真剣にビジネスを変革しようとする方々にはなかなか会えません。それで、これは本気で全力をかけて挑まないと、と背筋が伸びた感覚になりました。

事を荒立てないよう時間をかけるより、勇気を持って討論する

永吉 佐藤さんが感じられた、いろいろと思うように進まない感覚は私たちも感じていました。私たちはもともと銀行で働いてきたというバックグラウンドがありましたので、ある程度は何をすべきか分かっているつもりだったのです。それに、iBankマーケティングなどのプロジェクトを経験してきたため、デザインやブランディングなどにはとても強い思い入れがありました。しかし、銀行をゼロから立ち上げるのはやはり大変で。

そこに佐藤さんたちに加わっていただき、混沌としていたところを整理してくださったので、こちらも曖昧だったものがかなり明瞭な形として見えるようになりました。それでワクワク感が高まったんですよ。

とはいえ、銀行業界のこれまでの常識を巡っては、デザイナーとベテラン銀行員との意見の対立を避けて通れない状況でした。そこで佐藤さんには行司役的な立場にもなっていただいたと思いますが、どんなご苦労がありましたか？

佐藤　苦労はたくさんありました（笑）。

デザイナーにはデザイナーとしての思考や言葉遣いがあり、銀行員の皆さんにも銀行員としての視点や言葉遣いがあります。ですから同じ言葉を発しているつもりでも、それぞれ異なった理解をするケースも少なくない。そしてそれを翻訳する人がいないんです。「これはお互いに話が通じていない」と思ったことは何度もありました。

例えばデザイナーが「お金を送る」と表記すべきだと主張すれば、銀行員は「振り込み」と表記しなければならないと譲りません。このようにささいにも感じられるところから認識を合わせていく必要があることを強く意識するようにしました。そして、デザイナーと銀行員の意思疎通ができるように、それぞれの主張をお互いに理解できるところまで落とし込むことを丁寧にサポートしました。

結果として、皆さん、けんかをしたことが良かったと言いますよね。短期間で初期のシステムリリース（Minimum Valuable Product：MVP）を開発しながら次期リリースの要件定義を進め、その先の第３リリースの構想検討も始まるといった具合に、類を見ないほどにサービス開発が同時並行で進んでいました。そのため、文化の異なる人たちが一つひとつすべてを丁寧に合意しながら進めることは難しかったと思います。事を荒立てないよう時間をかけるよりも、勇気を持ってお互いに「そうじゃないだろう」と討論するようにしたことで、苦労はしましたが、かえって時間が圧縮できました。

かなり強い主張でぶつかり合うこともありましたが、今考えると皆さんがどれだけ真剣に考えていたのかよく分かります。最高のゴールを目指していたんだなと。

デザイナーも銀行員もそれぞれの経験から、ここはしっかりと意見しておかないとまずいと思う部分には、ちゅうちょしないで声を上げ、議論を尽くしてきました。

永吉　デザイナーの人たちは引き算のプロセスで物を作っていこうとするので、極力シンプルにすることでユーザーのフリクションレスを実現しようとします。一方、私たち銀行員は足し算で考えているのですね。お客様がリスクを負わないためには何を説明しておくべきかと。

引き算と足し算なので、うまくいけばプラスマイナスゼロなのですが、現実はそう簡単な話ではなくて、ある時はマイナスで、ある時はプラスで、お互いに絶対に譲れないところに決着するんですね。

でも、デザイナーの言っている「ユーザー」と銀行員が言っている「お客様」は、実は同じ人たちのことを示しているわけです。そこをお互いに理解できればけんかしても雨降って地固まるみたいに収まったというシーンがいくつもありましたね。

佐藤　永吉さんがおっしゃる通り、平行線になった場合はお客様にとって何が良いのかという観点に立ち返って議論して決めていきました。これが最終的にはプロダクト全体の軸にしっかりとなってきたことが良かったですね。

永吉　本当にそうでしたね。

海のものとも山のものとも分からないものに取り組む体験

佐藤　これまでのサービス検討の経緯や没案を振り返って見ていたら、いろいろと思い出しました。

例えばボックスというサービスも最初は「Wallet＋」の目的預金をほぼ踏襲したらよい、と要件定義が進んでいましたが、ユーザーにとって使い勝手がいいのか？というそもそも論になり、手戻りさせながら、現在の機能に落とし込みました。こういった試行錯誤の経緯はたくさんあったな、と。

いよいよローンチして、初期のお客様の方々にヒアリングさせていただいた時、何のガイドもなく、自然と私たちの意図をくんだ使い方をしてくださっていたのを見て、ユーザーインサイトに真っすぐに、勇気を持って試行錯誤したことが本当に良かったとメンバーみんなで感動したことを覚えています。

時間をかけて議論して、没になった議論も意味があったと今でも思います。これまでの金融サービスにはないサービスを作ろうとする姿勢があったからですよね。

とはいえ、プロダクトはマーケットに出して使ってもらわないと分からないこともたくさんあるのだということを、私も改めて認識する良い経験をさせていただきました。

これから、みんなの銀行としてローンのサービスも備わり、銀行機能、もしくは従来の銀行にはない機能をさらに拡充するため、投資を行っていくフェーズに入っていきます。海のものとも山のものとも分からないものに取り組むという体験を立ち上げフェーズで経験できたことは、いよいよ前人未踏の地に踏み出す今後にも必ず活きてくると思います。

ローンのサービス構想を振り返ってみると、企画段階では「こんな機能があったらいいね」と挙げていたアイデアを、ユーザーリサーチでの評価に基づいて勇気をもってそぎ落としたことで、プロダクトをよりシャープなものにできたのではないかと考えています。

永吉　なるほど。

佐藤　また、Design to Budgetの考え方が浸透して、予算と時間が限られているから削らなければならない、という前提が定着してきたことも感じました。

お金を扱う企業としてベストな体験を世の中に生み出せるのか

佐藤　恐らくデザイナーの人たちは、銀行をつくるという感覚では携わっていなくて、お金を扱う企業としてどんなベストな体験を世の中に生み出せるのかというマインドでデザインをしてきた、それがとても良かったと思っています。その結果、今までにない体験を実際に世の中に生み出せたと思っているのですが、銀行員の方々はどのようなお気持ちで携わっておられたのでしょうか。

永吉　相通じるものがあると思います。中原などは入社20年超の銀行員ですが、入社当初から銀行って「イケてない」と思っていたようです（笑）。世の中とのギャップが開き過ぎていると。だからこのプロジェクトで根っこから変えてやろうと思いながらも大変だったと言っています。

それも始めてみたらサービスを作るだけでなく、そもそも企業のカルチャーから変えようという話になった時には、本当にできるんだろうかと言っていましたからね。

そして今はこんなにできるものなのか、と驚いていますが。

カルチャーを変えることができたのは、皆がそれぞれの持ち場で努力した結果だと思います。特に混沌としていた時に佐藤さんたちに参加していただいたことは大きかったですね。

佐藤　そう言っていただけると救われます。混沌を深めたんじゃないかって時もありましたから。

永吉　佐藤さんと一緒に参加された柳さん（柳太漢 アクセンチュア ソング本部 シニア・マネジャー）さんがロゴと世界観を３カ月で提案してくれたことで、いろいろなものがまとまり始めた気がします。

佐藤　それもうれしいお話です。

永吉　みんなの銀行という銀行名は決まっていましたが、既に存在する「みんなの○○」という名前の他サービスなどに印象が引きずられるのではないかと心配して。

それをどう料理するのかと思ったら、ローマ字のロゴデザインを持ってこられたので、その新しい感覚を実際に見た銀行員たちも「おっ」と気付かされて。

そこからいろいろなことがまとまり始めたので、デザインの力ってすごいな、と思いましたね。

佐藤 ありがとうございます。

永吉 本当にいろいろなことを教えていただきました。特に私たち銀行員はプロダクトにこだわるという経験がありません。対面ビジネスをしている時は同じ「売る」にしても自分を磨いてお客様との人間関係を築いていくことが重要だったわけです。

だからいろいろな業界でプロダクト作りにこだわってこられた視点や知識には感銘を受けました。

また、先ほども触れましたが、お客様起点で議論しているはずが、それぞれのお客様起点にズレがありました。ともすると水掛け論に陥ってしまうところを、うまくみんなの銀行としての骨格を示して落としどころを見つける能力もさすがだと思いました。

この間の活発な議論が続けられた頃のことを、中原たちも「青春の日々みたいだった」と言っていますよ。

佐藤 確かに部活動のような盛り上がり方でした。たくさんけんかもしましたしね。

ブランドコンセプトを考える時にも「Think Love」という言葉が出た時には「みんなが好きなことを考えられるような世の中を金融が後押しするんだ」という皆さんの沸いたような高揚感は、まさに部活動的でした。この時の高揚感が、今のサービスを使っていても感じられます。

また、柳がロゴを出した時の皆さんの反応を見た時も、「あ、これは本気で変えようとしているマインドを皆さんが共有している」と強く感じました。ですから、こちらもさらに身が引き締まりましたね。何が何でもこのプロジェクトは成功させるんだ、と。

永吉　まぁ、結果的には「Think Love」は違うものになりましたが（笑）。

佐藤　銀行員の方々もデザインの経験がないのに、体験をデザインするんだっていう心持ちを強く持たれているのがすごいと思いました。いろいろなクライアントさんがいますが、真剣味が大きく違ったなと感じています。

「銀行にデザイン性など求めていませんよ」と言われた

永吉　やってみて初めて分かることもありますよね。自分たちでリサーチして、小さく作ってみて世の中に出す。そしてユーザーからのフィードバックを得て、自分たちが予想していなかった反響があれば「なるほど」と思いますし、予想通りの反響があればとてもうれしい。この感覚は実際にやってみた人にしか分からないでしょう。

　そういえば、まだモックの段階でユーザーに試してもらったら、「銀行にデザイン性など求めていませんよ」と言われた時はショックでしたね。一方で、大学生などのZ世代からは「これこそ自分たちの銀行ですよ」と絶賛されて、希望が持てました。未来の銀行をつくっているのですから、今の銀行と比べられても困るよねって。

佐藤　銀行にデザインは要らない、と言っていた人たちは、今思えば僕らのお客様じゃないのかもしれませんね。みんなの銀行はターゲットをあえて明確にして、そこに価値を届けるのだ、と意識して議論していましたから。デジタルネイティブ世代の中でも、さらに特定の価値観の人たちが僕らのプロダクトを使ってくれるんだよねと。

　ペルソナについても最後までこれでいいのか、と議論が続きましたが、モニタリングしてみたら、やっぱりこの人たちが支持してくれるんだな、と感じられました。このようにターゲットを思い切って絞り込んだことも、他の金融機関とは全く異なるところですね。

ただ、銀行にデザイン性は要らないと言っていた人も、実は使ってみたら「いいじゃん、これ」って使ってくれているかもしれません。人は慣れていないものには最初は違和感や嫌悪感を持ちますからね。

実際、いろいろな場面でみんなの銀行を利用している方と会うことが増えましたが、割と50代の方たちも使っているんですよ。皆さん、「最初はどうかな、と思ったけれども、使い出したら便利ですよ」とおっしゃいます。

そしてこの洗練されたUI/UXは、業界を超えて注目されています。銀行のアプリではなく、先進的なプロダクトとして。「どうやってこんなことを実現できたんですか？　しかも銀行で」と実際に聞かれることがたくさんあります。

永吉　プロダクト開発のアプローチは銀行らしくないのかもしれません。例えば、私たちも海外のテック企業が標榜しているNorth Star Metricを定めようとしたんですが、銀行でNorth Star Metricを策定しているところがありませんでした。

理由を考えたら、銀行は単一サービスを提供しているわけではないからできないんだと気付いて。

しかし私たちの場合はプロダクト開発やマーケティングにこだわる会社なので、やっぱりNorth Star Metricを定めたいよね、ということで強引に考え出したのが、星座を構成する星々を各プロダクトに見立てた北斗七星（Big Dipper）としての指標だったんです。これなら複数のプロダクトに対応できるなと。

そこでNorth Star Metricの下にウォレットやカバーなどのプロダクトごとの指標を定めました。

North Star Metricを定めていない他の銀行はプロダクトにこだわりがないのかというと、彼らはプロダクトを売りにしているわけではなく、ブランドを売りにしていたのです。

実際、「A銀行やB銀行のプロダクトは何ですか？」と問われても答えられません。これは、銀行がブランドで売っているためです。

ですから、そういったプロダクトへのこだわりに気付いていただけるのは、私たちが既存の銀行とは位置付けが異なっている証拠だとも言えます。

佐藤　私たちの世界各国の仲間からも、みんなの銀行のプロダクトデザインについて問い合わせがあるんです。本当に素晴らしいと言ってもらえています。そのたびに、このプロダクトは世界レベルでトップランナーになっているんだなと思っています。

どのようにして顧客体験を高めて数字に結び付けていくのか

佐藤　みんなの銀行さんの中でも、皆さん各自が責任を持ってお仕事に取り組まれていますよね。

永吉　はい。提供価値単位で組成した「ユニット」の枠組みが機能し始めていて、リサーチやサービスデザイン、システム開発などのメンバーが横串を刺して顧客インタビューや改善活動などをするようになりました。それぞれがどのようにして顧客体験を高めて数字に結び付けていくのかという観点で動くようになっています。そのため、一つひとつのプロダクトのレベルが少しずつ上がってきているように感じますね。

会社の規模感も変わりましたね。佐藤さんがいらした時はまだ社員が20人くらいでしたよね。今は200人くらいになっていますから。

佐藤 10倍ですね。

永吉 だから最初の頃は、ほぼ全員でデザインに関するミーティングには参加していました。現在は規模が大きくなったので、当時のようにメンバー全員が一堂に会して議論するということができなくなっています。だからこそ、なおさら、大事にすべきことを全員に伝える必要性を感じますね。

佐藤 みんなの銀行には、カルチャーがありますからね。このカルチャーは他の金融機関では、なかなか感じられません。しかも、デザインに対する考え方をしっかりと持っている企業は金融機関以外でもなかなかありませんから。一方で、20人くらいの時はいいのですが、200人といった規模になってくると、当時のマインドが薄れていきますよね。その結果、ビジネスで成功しても創業当時のモノ作りに対する思い入れが薄まってしまいがちです。

僕は、みんなの銀行には、創業当時のマインドを持ち続けながら、デジタルバンクのトップランナーでいてほしいですね。

また、大きくなるとお客様の体験と社内の議論が乖離《かいり》しやすくもなると思います。創業時のように、頭取の永吉さんが自ら若い主婦の方に聞き取り調査をすることも少なくなってくるでしょうから。そうすると、リサーチで得た数字だけで分かろうとするので、ズレが起きないように留意が必要です。

その観点でも永吉さんがおっしゃっていた、小さなユニット単位でリサーチや改善を回していくのはとても重要なことだと思います。

一方、目の前のリサーチだけでは今度は大きなトレンドを捉えにくくなり、両立が難しくなっていく。

そのバランスを少し心配していましたが、今回お話を聞いていて、企業としての足腰が強くなり、余裕も感じられました。その余裕を新しいチャレンジに大胆に振り向けていければ、面白くなりそうだと感じています。その一つが、BaaS事業ですね。

引き続き、みんなの銀行の進化を、一人のユーザーとしても楽しみにしています。

第6章 ゼロからの組織づくり

6-1 アジャイル型ビジネスを実現するための組織設計

私たちの銀行は、既存の銀行をコピーしてつくっていない

みんなの銀行では、新しい形の銀行として市場をリードできるビジネスサービスを実現するために、バンキングシステムをゼロベースでスクラッチ開発しました。同様に、オペレーションの仕組みやガバナンスの枠組み、組織体制についてもゼロベースで議論してきました。

「私たちの銀行は、既存の銀行をコピーしてつくっていないことが一番の特徴です」

永吉は、みんなの銀行の組織を既存の銀行からコピーしてつくったら、結局既存の銀行が一つ増えるだけで、新しい銀行をつくる意味がない、と考えていました。

「せっかく銀行をつくるのなら、自分たちが本当につくりたい銀行を、あるいは未来のお客様に必要だと思ってもらえる銀行をつくりたい。サービスもプロダクトもシステムの開発も、マーケティングも、そしてオペレーションもゼロから作り上げた集合体がみんなの銀行でなければならないのです」

そのため、みんなの銀行の組織づくりは試行錯誤の連続となりました。

つまり、始めに会社ありきや組織ありきではなく、みんなの銀行のミッション・ビジョン・バリューを実現するために必要な組織が出来上がってきたのです。

創業当初は20〜30人の組織でしたので、横田（現みんなの銀行会長）や永吉（現みんなの銀行頭取）のリーダーシップでけん引して運営することができました。しかし、人数が100人を超え始めると、彼らのリーダーシップだけでは動かせなくなります。その結果として生じた不具合を仕組みに変えて解消することを積み重ねていくことで、「あるべき組織のアウトラインが見えてきた」と永吉は言います。

「書籍の『イノベーションのジレンマ』や『両利きの経営』でも述べられていましたが、DXの肝は組織のカルチャーだと思います。しかし組織カルチャーや企業風土のような目に見えないものは、長い年月をかけなければつくれないという風潮が日本にはあると思います」

そこで永吉たちは、まだ創業段階のうちに組織カルチャーを見える化しようと考えました。そうしなければ、ミッション・ビジョン・バリューを実現するための組織は短期間でつくれないと思ったからです。そこで行動指針として、7つの仕事の流儀「INSIGHT」を掲げ、メンバー全員に示したのです。この行動指針を踏まえて日々の業務を遂行できる集団が、みんなの銀行やゼロバンク・デザインファクトリー、iBankマーケティングだという定義です。ですから、これらの組織には共通のカルチャーがあります。

後から「自分もあればいいと思っていた」と言っても仕方がない

Appleの創業者であるスティーブ・ジョブズの有名な言葉の一つに、「多くの場合、人は形にして見せてもらうまで自分は何が欲しいのか分からないものだ」があります。永吉たちも、このアプローチでiBankマーケティングやみんなの銀行を立ち上げてきました。そしてこのアプローチを日々の業務に反映させるために明文化したのが、7つの仕事の流儀「INSIGHT」と名付けた行動指針です。

特にみんなの銀行には多様な価値観を持った人材が集まっているため、ともすればまとまりがなくなりがちです。しかし、「INSIGHT」があることで、それぞれの強みやスタイルを活かしながらも、組織として同じベクトルでパフォーマンスを発揮できているのです。

特に「INSIGHT」の中の一つ、「Into the Customer：ユーザーが『次に』欲しいと思うモノを誰よりも先に創ろう」は、前述のスティーブ・ジョブズの言葉と同じ意味で、みんなの銀行が非常に大切にしている仕事の流儀です。

既に欲しいモノが分かっている場合は、そのモノは誰かが作っていて既に世の中に存在しているので、人は選択すれば良い状態にあります。しかし「次に」欲しいモノはまだ当の本人も気付いていない潜在的ニーズの状態にあるので、それをいかに早く見つけ出すかが重要です。

そして見つけただけでは意味がありません。スティーブ・ジョブズが言うように、「形にして見せてもらうまで」人は自分の課題やニーズに気付かないので、誰よりも早くそれを形にすることに意味があります。

「それができる人が一番すごい」と永吉は言います。「大企業のマーケティング担当者や商品企画担当者にも、『あればいいな』と思い付く人はいくらでもいるでしょう。しかしそれを実際に形にできる人はほとんどいません。誰かが形にした後で『自分もあればいいなと思っていた』と言っても仕方がないのです」

特に既存の銀行では150年の歴史を持つ中で、これまでにもいろいろ「あったらいいな」の企画を検討してきたに違いありません。しかし、それらは当時の法律や規制、上司の気分、戦略上の制約、そして失敗したら評価が下がるといった様々な理由で形にできなかったと考えられます。そして銀行員のさがとして、一度「できない」体験をしてしまうと、ずっとできなくなってしまいます。

一方、みんなの銀行には様々な価値観や経験のバックグラウンドを持つ人たちが集まっているが故に、「できない」理由よりもどうしたら「できる」かを考えようとするメンタリティーがあります。この考え方を重視しているみんなの銀行では、「INSIGHT」の中の一つに「Nothing is Impossible：『できない』ではなく、どうしたら『できる』か考えよう」を記しています。

みんなの銀行では、失敗は「次への気付き」であり「成功への第一歩」であると考えているので、チャレンジすることを推奨しています。

既存の銀行には存在しない人材を評価できる制度に

また、みんなの銀行では最小限での運営体制によるガバナンス構造のシンプル化を通じて、意思決定のスピード向上が図られています。そのためには組織がどうあるべきか、試行錯誤を続けてきました。

実は立ち上げ当初のみんなの銀行の人事制度や評価制度そして報酬体系は、グループであるFFGや福岡銀行と同じ制度のままでした。しかし、9割以上を銀行員で占めている既存の銀行の人事制度や評価制度、そして報酬体系は、非銀行員の割合が約7割のみんなの銀行には適していません。従業員一人ひとりの働き方やキャリア志向などが多様化したためです。

そこで現在は、専門職の人事評価や報酬体系について、新たに独自の制度をつくり、2023年４月に向けて制度の移行作業をしている最中です。

新制度では、多様な人材に適した評価制度と報酬体系を、できるだけシンプルにつくり上げており、既存の銀行の制度とは全く異なるものになります。

みんなの銀行では既存の銀行内には存在しないデザイナーやマーケター、エンジニア、そしてデータサイエンティストなどのリクルーティングを手探りで進めてきました。

例えばエンジニアは新しい銀行システムを構築するためには最も重要な人材でした。また、マーケティングには既存の銀行のような４マス媒体を使うのではなくデジタル広告を中心にしたデジタルマーケティングを熟知した人材が必要でした。この分野も実店舗での広告や４マス媒体にしかなじみのない銀行員では対応できません。そしてみんなの銀行はデジタルバンクですからデータのかたまりのような存在です。そこでデータ分析のスペシャリストであるデータサイエンティストが必要になります。さらにスマートフォンで完結する世界観を実現するためには、優れたUI/UXをデザインできるデザイナーも必須人材となります。

これらの人材をアウトソースしていてはコミュニケーションの質と速度を高められませんので、事業がスタートしてからも逐次人材を採用してきました。

とはいえ、これまでの人材採用は親会社であるFFGとして行っていました。みんなの銀行の立ち上げ当初は、事業としての実績もなく、まだ投資している段階の会社でしたから、この会社として求人活動を行っても人が集まらないと考えられたからです。

FFGであれば、採用に応募してくる人たちにとっても地銀で最も大きいグループであるため安定していて待遇も悪くないだろうという印象を持ってくれます。その上で、実際の勤務先は「みんなの銀行」ですから、何やら新しいことに挑戦できて、既存の銀行よりも面白そうだ、と受け取られるわけです。

この点ではFFGのブランド力をうまく利用し、当初から優秀な人材がたくさん集まりました。

6-2 銀行の屋台骨を支える銀行員のアサイン

ベテラン銀行員たちが、新銀行の立ち上げを力強く支える

みんなの銀行を立ち上げるに当たり、まずはFFGから人材を受け入れましたが、実はこれは簡単な話ではありませんでした。

FFGは国内最大の地銀グループとはいえ、メガバンクほど潤沢な人材リソースを持っているわけではありません。また、当時のFFGでは、他にも十八銀行との経営統合やFFG全体の構造改革などの大型プロジェクトを同時に進めていたため、新銀行設立のための人材を捻出することが容易ではありませんでした。

それでも新しい銀行を立ち上げるには相当な力業になるため、30～40代の若いながらも銀行員としての十分な知識と経験を持った人材が必要であることを、永吉はFFGの経営陣に訴えていました。

しかし、FFGとしては先述の大型プロジェクトに相当な労力を割かねばならず、かつ高度な専門性も投入しなければならなかったため、永

吉の希望はかなえられませんでした。

そのため実際に参画したのは主に50代のベテラン銀行員たちでした。しかし、結果として彼らが、新銀行の立ち上げを力強く支えることになります。ベテラン銀行員たちは、預金、為替、ローンといった既存の銀行における３大業務のスペシャリストたちです。ところが新銀行が目指すのは、日本初のデジタルバンクというこれまでにない新しいビジネスへの挑戦です。

「既存の銀行のベテラン銀行員たちが新しい銀行の立ち上げにふさわしいのか？」

永吉たちは不安に駆られることになります。

しかし、実際に新銀行の立ち上げが始まると、銀行特有の仕組みやルール、規制や法律など、若手の銀行員では手に負えない知識と経験が求められたのです。この要請にベテラン銀行員たちは大きな力となりました。

既にお話ししましたが、彼らは若いデザイナーたちと連日のように白熱した議論を繰り広げることとなります。デザイナーたちの新しいアイデアや試みに対し、ベテラン銀行員たちがその都度目的や意図の説明を求め、法令などに抵触しないかの確認が行われました。デジタルバンクといえども、銀行として守らなければならない線を決して超えないようしっかりと脇を固めてくれたのです。

もし彼らが立ち上げに参画していなければ「この銀行、大丈夫なの？となっていたかもしれません」と永吉は振り返ります。

できない理由を誰よりもよく知っている存在

ベテラン銀行員たちはFFGではグループ長などのライン職だった人たちですが、銀行では50代に入ると部長・課長・係長といった指揮命令を行ういわゆるライン職から外れることが多くなります。つまり、多くはライン職を後任に譲った人たちです。銀行を舞台にしたテレビドラマなどで見られるように、この年代になると関連企業や取引先企業に出向することが多くなります。

みんなの銀行に参画したベテラン銀行員たちは、第一線を少しだけ退いた人たちという意味では知識と経験が豊富で優秀な人材であるため、新銀行の立ち上げプロジェクトというとてもエネルギーが必要な現場に十分に適応できる人材でした。

また、彼らが新銀行の立ち上げに参画したことは、50代以降の銀行員が、銀行業務のスペシャリストとしての知見を存分に発揮できる場を得ることができる良い例となりました。というのも、事業会社に出向してしまうと、多くの場合はそれまでに身に付けた銀行業務のスペシャリストとしての知見が活かされることが少ないためです。しかし新しい銀行を立ち上げる現場に身を置くことで、銀行業のスペシャリストとして大いに活躍できたのです。

「彼らはこれまでの銀行が“できない理由”を実は誰よりもよく知っている存在でもあるのです」

できないのは先例がないからなのか、法律上の規制によるのかを示してくれる貴重な存在だと永吉は言います。

「同時に、法律上の規制によりできないことも、工夫次第でできるようになる、といったアイデアも持っているのです」

そのような彼らのアイデアにより、安心して新しい試みにチャレンジできたことがいくつもあったと永吉は言います。

「ただ、新銀行の立ち上げというハードワークは、ベテラン銀行員の皆さんには年齢的にもきつかったかもしれません」

それでも、やりがいを感じて参画していただいたと、永吉は感謝の気持ちを表しました。

とはいえ、永吉たちは、これからはもっと若い人たちが必要だと考えています。一方、FFG自体もDXを推進するために若い人材を手放せない状態です。そこで、現在はエージェント経由で採用したり、リファラル採用を進めたりしています。リファラル採用とは、既にみんなの銀行で働いている人からの紹介や推薦を受けた人を採用する方法です。

リファラル採用のメリットは、紹介されたり推薦されたりした人は、既にみんなの銀行の内部の人からみんなの銀行の事業や業務、社風、トップの人柄などを説明された上で、ぜひここで働きたい、と思った上で入社してくるので、入社後に「こんなはずじゃなかった」というミスマッチが起きにくく、ロイヤルティーやモチベーションが高い点が特徴です。

6-3 プロジェクトに共感したメンバーの結集

詳細を語れない求人で「この会社は怪しい」と思われる

前項では、みんなの銀行の立ち上げ時、FFGから人材を受け入れる際の難しさをお話ししました。

では、外部からのリクルート活動はどうだったのかというと、これもまたスタート当初は苦労しました。

特にみんなの銀行の設立を公表する前は、まだ入社しないかもしれない応募者に対して秘密裏に進めているプロジェクトの詳細を語るわけにもいきませんでしたので、当然、応募する側からは「この会社はよく分からない、怪しい」という印象を持たれます。そのため、最初のうちは一向に人材を採用することができませんでした。

しかも、みんなの銀行の開業に向けたプロジェクトが走り始めた段階では、採用担当者や人事担当者などもいません。「いったい、誰が人材を採用するんだ？」というところから始まったのです。しかもFFGでは大きなプロジェクトが走っていましたから、みんなの銀行に必要な人材を提供することは困難です。

「人材の提供が無理なら、どうやって人材を採用すればよいのか教えてください」と訴えたと中原は思い出します。

FFGの人事部門にしても、デザイナーやエンジニアといった銀行員以外の人材採用の経験はありませんでした。しかも、メインの採用は新卒採用ですから、既にプロフェッショナルである人材のキャリア採用は勝手が分からない状態でした。

そこで最初は中原が手探りで始めることになります。

「誰も人材採用の手段が分かりませんでした。しかもプロジェクトの内容は伝えられません」

ところがFFGが新しいことに取り組んでいることを少しずつ公表し始めると、様々な人たちが応募してくるようになり、その人数は右肩上がりとなります。

そして2019年9月に日本で初めてGoogle Cloudを勘定系システムの構築基盤として採用することを公表し、2020年3月にこの取り組みが金融業界内でのベストプラクティスであることが評価されて「Japan Financial Innovation Award 2020」の大賞を受賞すると、求人への応募者は激増します。同賞は、金融分野において情報通信技術を活用した先進的な取り組みを行い、業界内でのベストプラクティスとしてオープンイノベーションのさらなる拡大に貢献した企業に贈られる賞でした。

同賞を受賞した時はまだみんなの銀行を開業していなかったのでFFGが受賞しているのですが、実はこの受賞は「Japan Financial Innovation Award」が開催されて初めての大賞受賞となります。

「Japan Financial Innovation Award 2020」で流れが変わった

「Japan Financial Innovation Award」は、FINOLAB社が主催し、一般社団法人 金融革新同友会 FINOVATORSが共催している賞です。毎年1年間にプレスリリースされた金融関連のイノベーション案件の中から約500件抽出され、その中から金融関連の専門家の審査により、先進性や成長性、金融業界変革の可能性といった観点から受賞者が決定されます。

つまり、同賞についてはFFGが応募して受賞したわけではなく、1年間にプレスリリースで公表した活動が注目されて選ばれたのです。その第1回大賞受賞者になったことは、Google Cloud上に銀行の勘定系システムを構築することをリリースしたことが、金融業界にとっては相当なインパクトを与えたことを示しています。

この受賞により、先進的な取り組みに興味のあるエンジニアをはじめとする若い人たちが、就職先・転職先としてFFGに注目しました。

「この賞は、私たちにとって幸先の良いありがたい賞でした」と永吉が言うのは、日本では金融機関が表彰される場がほとんどないためです。

実際、みんなの銀行がGoogle Cloud上に勘定系システムを構築したことは、金融業界におけるベストプラクティスの共有となります。この場合のベストプラクティスの共有とは、先進的な技術やトップクラスの枠組みを業界全体で共有することを意味します。実際、Google Cloud上で、１つのアプリケーションを機能ごとに複数の小さなサービスの集合体として構成するマイクロサービスとして開発する技法や、分散データベースのCloud Spannerの採用、ペタバイト単位のデータに対して機械学習などの組み込み機能を使用してデータの管理・分析を支援するフルマネージド（完全運用保守管理代行）のエンタープライズデータウエアハウスであるBigQueryなどを組み合わせて勘定系システムを構築する考え方は、「金融業界に新しい方向性を示した」と永吉たちも自負しています。

例えばFFGの既存システムは大手SIerの勘定系システムで稼働していますが、５～10年後といった将来にはみんなの銀行がチャレンジした新しいシステム構築のアーキテクチャー（基本設計、設計思想）を取り込んでいくと考えられます。

FFGとして「Japan Financial Innovation Award 2020」を受賞したことは、当然、FFGの既存の銀行の新卒採用にも良い影響をもたらしました。福岡銀行や熊本銀行、十八親和銀行への就職希望者たちが口々に「みんなの銀行のような新しい取り組みをしているFFGの銀行である」ことが各銀行を選んだ理由だと述べているのです。

また、FFGでは年に１度、新しいチャレンジをしたい行員が異動の希望を出せるキャリアチャレンジ制度があります。この制度を利用してみんなの銀行に転属される可能性もあります。実際、永吉たちもキャリアチャレンジ制度を利用して応募してきた人たちを面接していますが、実際に転属がかなうのは年に１～２人ですので、まだまだ狭き門ではあります。

もう一つ、みんなの銀行の人材採用を加速させた理由として、福岡オフィスと東京オフィスの２拠点で働けることと、リモートワークも可能であることをうたったことがあります。やはりデザイナーやエンジニアなどの職種では、より多様な働き方の選択肢があることは、就職先を絞り込む際に重視されます。

6-4 新銀行の志となる「ミッション・ビジョン・バリュー＋INSIGHT」の策定

銀行と言うよりベンチャー企業のような人材の多様性

このようにしてみんなの銀行には多種多様なメンバーが集まります。特にみんなの銀行ではデザインやシステムの開発を内製化するという他の銀行では行われていない体制を取っていますので、デザイナーやエンジニアなどのメンバーの割合が高くなっています。

また、マーケティングやデータサイエンス、ブランディングも内製化していることにもメンバーの多様性が表れています。

永吉たちはiBankマーケティングで、銀行本体ができない広告やマーケティングビジネスを事業の核とするために、マーケティングやブランディング、データサイエンスなどの知見が備わった人材をキャリア採用しました。この段階で、金融をマーケティングする会社としての位置付けで人材採用の経験を積んでいました。

そしてみんなの銀行では金融をエンジニアリングしてマーケティングする会社としての位置付けで、特にエンジニア層に厚みを持たせた多様な人材を集めています。

2022年12月時点では全213人のメンバー（派遣・嘱託行員含む）のうち、最も多いのは39.9%を占めるシステム関係のメンバーでした。次に多いのは経営管理や経営企画に携わるコーポレート関係の22.5%、サービス企画や業務オペレーションなどに携わるビジネスの20.7%、デザイン7.5%、マーケティング5.2%、そしてデータサイエンスに携わるデータ4.2%となります。この内訳だけ見るとベンチャー企業のようで、とても銀行とは思えません。

この中でもコーポレートやビジネスは銀行員出身が対応できる職種になります。そこで銀行員で構成されるFFGの出向者と、専門職として入社したキャリア採用者の割合を比較すると、FFG出向者（銀行員）が33.3%でキャリア採用者が66.7%と、非銀行員の割合が上回っています。この銀行らしくない人員構成が、みんなの銀行の人材における多様性を示しています。

既存の銀行では社員の９割以上を銀行員が占めていますので、入社した時から退職するまでずっと同じカルチャーの中で働いています。そのため、会社がどのようなロジックで動くのかについて、お互いにすべてを言わなくても分かり合える世界に生きています。

一方、みんなの銀行では銀行員は33.3%ですから、彼・彼女らが自分たちとは異なったカルチャーを背景にした66.7%の人たちと一緒に新しいチャレンジをするとなると、非常に大きな負荷が掛かります。何しろ66.7%の人たちは、銀行らしくないことをしたい、新しいことをしたい、そしてそれらのことが面白いと思っている人たちですから、銀行らしさを指針に行動してきた人たちとはおのずとぶつかることになります。

そこで、みんなの銀行はどこに向かって何をしようとしているのかを示して、そのベクトルを共有する必要があります。そのためにはFFGの経営理念やブランドスローガンなどとは異なったみんなの銀行独自のミッションやビジョン、バリューを策定し、これらに共感できる者同士として一緒に仕事をしていくことを目指すことになります。

「新しい金融機能」の提供を通じた新たな価値を創造する

昨今、パーパス経営が注目されています。パーパス経営とは、社会における自社の存在意義を明確にしてどのように貢献するのかをパーパス（purpose）として掲げて経営理念とすることです。みんなの銀行ではこのパーパスをミッションと呼んでいます。みんなの銀行のミッションは「みんなに価値ある『つながり』を。」です。このミッションを目指して銀行としてのビジョンや働くメンバーの価値観であるバリューを共有しながら多様なメンバーが同じ方向を向いて進むことができています。逆に言えば、これらのミッション、ビジョン、バリューに共感できない人は、みんなの銀行には入れません。

みんなの銀行のビジョンは「世の中のヒト、モノ、オカネ、情報を『つなぐ』存在として、銀行というビジネスドメインの先にある『新しい金融機能』の提供を通じた新たな価値を創造する」です。これは、自分たちがどのような銀行をつくりたいのかを示しています。

みんなの銀行は既存の銀行とは異なるチャネルを通じて新しい金融機能を提供していくことを目指しています。新しい金融機能とは、既存の銀行が持つ三大金融機能である「金融仲介、信用創造、決済」に加えて、デジタルを起点としてユーザーの価値観や行動が変容してきたことを反映した「価値仲介、信頼創造、決裁」を再定義することをビジョンとしているのです。

１つめの「価値仲介」とは、従来の「金融仲介」という本質的なビジネスから価値を仲介するビジネスにトランスフォーメーションしていくことです。すべての資産を取引可能なものに分解・流動化し、法定通貨に限らない資産（価値）の取引を仲介します。

２つめの「信頼創造」は、既存の銀行が重視してきた「信用」という過去のトラックレコードだけでなく、将来の「信頼」を評価することを示します。例えば既存の銀行がお金を貸す際には、貸し出す相手が個人であれば、どの企業に何年間勤めていて年収はどれくらいか、クレジットカードの返済履歴で延滞実績がないかなどの過去のトラックレコードにより個人を評価します。貸し出し相手が企業の場合は、過去３年分の決算書を分析するなど、やはり過去のトラックレコードから企業を評価してきました。

しかしみんなの銀行はデジタルバンクでありデータと情報のかたまりですから、AIや機械学習などの新しい技術により、個人や法人の過去を参考にはしつつも、この個人や法人がこれからどのような行動を取っていくのか、どのようになっていくのかといった将来の予測で評価できる世界を目指しています。つまり、過去のトラックレコードから得られる「信用」だけでなく、将来に対する「信頼」という未来に向けたベクトルを可視化して評価していきます。

３つめの「決裁」は、既存の銀行の「決済」がお金を決済する「Settlement」を意味するのに対し、法定通貨に限らずお客様が「これがベストな取引だ」と自らの意思を反映して決定する意味での「決裁」、つまり「Decision」を示します。今後、人々の間には法定通貨に限らず様々な価値や資産が流通するようになります。それは暗号資産であったりメルカリでやりとりするモノであったり、あるいは情報銀行が管理する個人情報かもしれません。それらの価値や資産の取引の決裁を行うためのアドバイスやレコメンドを行います。

組織のカルチャーが変革されなければ、DXは進められない

そしてみんなの銀行の「バリュー」は以下の3つです。

「銀行らしさ」からの脱却：銀行がやらないことを考える
「ユニーク」へのこだわり：他とは違う何かをカタチにする
「信じて、頼られる」：信用ではなく信頼を勝ち取る

「『銀行らしさ』からの脱却」とは、銀行に対する世の中のネガティブなイメージから脱却し、他の銀行がやらないことを考えることです。

「『ユニーク』へのこだわり」とは、みんなの銀行のライバルは銀行ではないことを認識し、他（あらゆる業種）とは違う何かを、誰よりも早くカタチにしようという考えです。例えば、Appleは単なるパソコンメーカーにとどまることなく、スマートフォンやタブレットを生み出しました。

そして「信じて、頼られる」とは、人を過去のトラックレコードだけでなく、未来を示すデータで評価することでお互いに信じ合って頼り合える関係を目指すことです。例えばみんなの銀行にはバックグラウンドの異なる多種多様な人たちが働いていますが、皆、お互いの未来を信じて共に働きたいと思える関係になり、頼り合える関係を持ちたいと考えています。

そしてこれらのミッション・ビジョン・バリューをさらにブレークダウンしたのが「INSIGHT」と呼んでいる7つの仕事の流儀です。

Into the Customer　（顧客起点・未来志向）
Nothing is Impossible　（チャレンジ）
Stand united with Compassion　（チームワーク）
Inclusion & Diversity　（一体性と多様性）
Give Many “Likes”　（共感）
High Heat!　（こだわり・情熱）
Take the Lead　（自発性・自律性）

実際の現場では、前述の「バリュー」よりも「7つの仕事の流儀」の方がなじみやすいということで、オフィスの壁に「INSIGHT」を描き、常に「自分は7つの仕事の流儀に基づいて行動できているのかどうか？」を確認できるようにしています（**図表6-1**）。さらに今後は、人事における360度評価の基準においても、「INSIGHT」を活用する予定です。

「DXの最後のピースには、組織カルチャーの変革がはまると思っています」。いくらデジタル化が進められても、組織カルチャーが変革されなければ、DXは進められません、と永吉は言います。

図表6-1　オフィスの壁に描かれた「INSIGHT」
撮影：みんなの銀行

頭取か社長かCEOか、みんなで決める

他にも、みんなの銀行では独自の組織カルチャーを形成するために頭取の呼称に関する社内投票を実施しています。

「既に銀行としての届け出も済ませていたので考えていなかったのですが、FFGの社外取締役の一人から、デジタルバンクといった新しい取り組みにチャレンジするのに、トップの肩書が旧態依然とした銀行の呼び方のままでいいのか、と言われたのです」

頭取をやめて社長にしたらどうだ、とまで言われたのですが、「いや、待てよ。こういうことは、社員がどう思っているのか、問うてみるプロセスを経るべきではないのだろうか？」と永吉は思います。

確かに一般的に会社のトップは社長やCEOと呼ばれていますが、「頭取」を名乗っている人は銀行にしか存在しません。なるほどみんなの銀行は「銀行らしさ」からは脱却することを目指していますが、「銀行」から脱却するわけではありません。

「ならば、あえて頭取という呼称にこだわることで、自分たちのアイデンティティーになるのではないだろうか」

このような議論をした上で、永吉はみんなの銀行の社員たちに「頭取、社長、CEO」のどれがふさわしいか投票させました。「もともと銀行員だった人たちは頭取を選び、キャリア採用の人たちはCEOを選ぶだろう」と永吉は予想しました。しかし、開票してみると、永吉の予想は外れて「頭取」を選んだ社員が最も多かったのです（**図表6-2**）。

しかも内訳を確認すると、頭取を支持したのは意外にもキャリア採用組で、銀行員組の方がCEOを選んだ人が多かったのです。

社内総選挙の結果は……

1. 頭取	**81票**	**55.9%**
2. CEO	57票	39.3%
3. 社長	7 票	4.8%

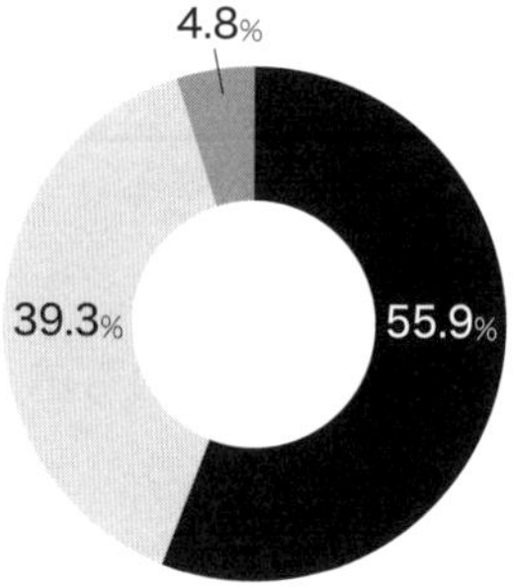

図表6-2　「銀行トップの対外呼称」社内総選挙の結果
出所：みんなの銀行

ただし、結果としてはやや玉虫色的となり、日本国内では頭取を使い、海外ではCEOを使うことになりました。

もっとも、肩書を使うのはあくまで対外的な場であり、社内では役職にかかわらずお互いに「さん」付けで呼ぶルールにしています。会長の横田に対しても頭取の永吉に対しても、「横田さん」「永吉さん」と呼び合うことにしているのです。

やはりこの部分では、「銀行らしさ」を脱却し、スタートアップらしい組織にしたかったことが理由です。また、頭取という呼称はあくまで銀行としての誇りやアイデンティティーでしかなく、世の中の一般の人々にとっては、さして重要なことではないだろうという考えがあるためです。

「みんなの銀行のお客様に、“みんなの銀行の頭取を知っていますか？”と尋ねても、誰も知らないはずですからね」

頭取が誰かよりも、みんなの銀行がどんな銀行か、ということが大事なのですと、永吉は言います。

「North Star Metric」と「Big Dipper Metric」を策定する

また、みんなの銀行らしい組織カルチャーを基に全メンバーで共有する会社、事業としての経営指標（KGI・KPIの一つ）として、ミッション・ビジョン・バリューをサービスごとにブレークダウンした「North Star Metric」を策定しました。「North Star Metric」は訳すと「北極星指標」で、定義としては「チームの目標と方向性、その成功を測る尺度」となります。つまりチームが短期的な成長を超えて長期的な観点の顧客成長を導き出すのに役立つ指標と考えられています。

「North Star Metric」は海外のスタートアップやテック系企業の多くが掲げています。SNSサービスでは「登録後○日以内に○人以上と友人になる割合」や、EC事業者であれば「サブスク会員1人当たりの購入金額」を設定していると聞いたことがあります。「North Star Metric」には必ずしも収益目標が掲げられているわけではなく、顧客の起点とビジネスの起点が適切に融合した状態が指標として掲げられています。

そこでみんなの銀行でも「プロダクトドリブンな海外のメガテックのような企業を目指そう」と話し合っていたことから、自らも「North Star Metric」を掲げることにしました。ところが海外も含めて金融機関で「North Star Metric」を策定している企業がありません。その理由を考えてみたところ、「North Star Metric」を定めているメガテック企業のプロダクトが､創業当初はとてもシンプルであったことに気付きます。

「Facebookにせよ Amazonにせよ、創業当初は非常にシンプルなプロダクトでビジネスを立ち上げているのです」。ところが銀行は初めから預金や融資、送金、資産運用、保険など、複数のプロダクトを組み合わせてワンストップで提供しているため、一つの指標を定めるのが難しいのだ、と永吉たちは気付きます。「福岡銀行のプロダクトや○○銀行のプロダクトってなんですか？と問われても答えられませんよね。つまり、銀行の違いってブランドの違いなのです」

とはいえ、みんなの銀行はプロダクトに強くこだわってサービスを作り込んでいる銀行であるため、やはり「North Star Metric」を策定したいと考えます。ところが「North Star Metric」はプロダクトごとでなければ策定が困難です。しかし北極星がいくつもあるのも混乱します。

そこでみんなの銀行では「North Star Metric」を「毎月みんなの銀行の機能を利用してくれる人数」と定義し、どのような利用方法でも構わないのでアクティブなお客様の数を捉えておくことにしました。

そして、複数あるプロダクトの各指標については、北極星の周りを回っている北斗七星になぞり、７つのプロダクトごとに「Big Dipper Metric」を策定しました。具体的には次の通りです。

ウォレット：入金回数（自らの意思で入金した回数）
ボックス：入金金額（目的ごとに分けたお金の総額）
デビットカード：決済ボリューム（自分らしくお金を使った総額）
レコード：＃検索数（自分らしく「振り返り」をした回数）
カバー：利用者数（お金のピンチから解放された人数）
ローン：実行金額（夢の実現をサポートした総額）
プレミアムサービス：関連取引総数（みんなの銀行の世界観に触れた回数）

これらのいずれかのサービスが使われれば、おのずと「North Star Metric」に影響します。このように、「North Star Metric」に独自の解釈を加えていることも、みんなの銀行のユニークさです。

このように「North Star Metric」と「Big Dipper Metric」を策定し、

現在でも継続的に改善活動を実施しています。一つは「みんなの声委員会」として、そしてもう一つは毎週行われている「ユニット横断会議」です。「ユニット横断会議」では「Big Dipper Metric」を策定した7つのプロダクトに対応したユニットで、定期的にユーザーインタビューを行うなどして機能の改善点の優先順位を決めて順次対応しています。このような取り組みが日常業務に組み込まれています。

対談：イノベーションを起こせる組織とは

小杉俊哉（FFG社外取締役）　×　永吉健一（みんなの銀行 取締役頭取）

「他社がやっていないからこそやるんだ」という強い信念と決意

永吉　小杉さんにはFFGの社外取締役という立場でみんなの銀行での様々なディスカッションにご参加いただきました。小杉さんはAppleなど多くのイノベーティブカンパニーに人事部門やマネジメントの立場で参画されていますが、それらの企業に比べるとお堅いイメージの銀行が新しい銀行をつくるプロジェクトと聞いた時に、どのようなイメージを持たれていましたか？

小杉　率直なところ、「本当にやるの？」と疑いました。というのも、メガバンクでさえ取り組んでいないデジタルバンクを、これまたどこもやっていないパブリッククラウド上でゼロからシステムを構築するというではありませんか。しかも開発パートナーは銀行の勘定系システムを作ったことがないといいます。大丈夫なのだろうかと思いました。

　しかも普通のシステム開発とは違い、銀行のシステムですから、実際にお客様が使い始めたら後戻りできません。当初はそんな懸念ばかりがありました。

　ただ、議論を重ねるうちに横田さんや永吉さんの意気込みや思いを何度も伺ったことと、それ以上に柴戸会長（現在）をはじめとする経営陣の方々が、「他社がやっていないからこそやるんだ」という強い信念と決意を知り、これは私が何を言ってもやるんだな、と感じました。

「それなら、ぜひやってください」と同意しました。それが正直なところです。

一方で、このプロジェクトが目指しているポジショニングには強く引かれました。まだメガバンクも挑戦していないからです。しかも挑戦しようとしているのは超優良企業である地方銀行グループです。特に地方では銀行の再編の動きが出ているように、金融業界も変化を迫られている時代ですが、規模の大きなメガバンクのような保守的なところでは難しいチャレンジです。

また、このプロジェクトは金融業界をリードする可能性があるとも思いました。しかも、特にアジアを巻き込んだグローバルな観点からもBaaSを目指すというのは非常に面白いことになるという感想も持ちました。

永吉　確かに社外取締役の皆さんにお話しさせていただいた段階では、経営陣全員がやるぞ、というコンセンサスを持っていましたが、実はその状態に至るまでに2年ほどかかっているんです。柴戸会長が、経営陣全員が同じ方向を向くまで議論を尽くせとおっしゃって。

当初は総論賛成・各論是々非々でした。そこですべての役員に賛成していただくために、2年間も非常につらい禅問答を続けるような日々がありました。しかし、文字通り議論を尽くした結果として全員が賛成してくださった状態でしたので、その覚悟が伝わったのだと思います。

小杉　なるほど。しかしこのような何もかもが初めてというチャレンジは、FFGの社風や企業文化、あるいは福岡という土地柄がとても良い方向に作用した上でのGOだったと思いますよ。私も研修を通じて様々な銀行に関わってきましたけれども、恐らく簡単にはできません。まだ他がやっていないからやるんだ、という決断は、環境的に恵まれていたのだと思いますね。

永吉　私もそう思います。

スタートアップと銀行のハイブリッド

永吉　とはいえ、メンバーがほとんどいないところから急速に200人ほどの組織になるにあたり、これまでの「銀行村」には生息していなかった様々なスキルや価値観を持った人たちが集まってきているので、どうしても従来型の銀行の仕組みや制度ではうまくまとめられなくなりました。そこで現在新しい人事制度を策定し、2023年の４月からスタートすべく、現在準備を進めているところです。

　このあたりの議論に小杉さんにも加わっていただきましたが、実際のところどのように思われていたのでしょうか。確か最初は「あまり既存の銀行の制度と変わらないね」と言われたと記憶していますが。

小杉　はい、それは何度か申し上げていますね。既存の銀行の制度の延長ではありませんか、と申し上げたら、銀行からの出向者も多くいるのである程度は仕方がないとの答えが返ってきました。しかし、みんなの銀行はスタートアップですから、銀行とは明らかに違います。

　キャリア採用で全く異なる職種の人たちが入ってきて、人材の要件も働き方もキャリア形成の仕方も異なる中で、その人たちに魅力を感じてもらえるようなアトラクティブなものでなければなりませんし、リテンションも考えなければならないとすれば、やはり新卒で入社してリタイアするまでいるといった制度を引きずってはいけないとお話ししました。

　それと、制度づくりに参加しているメンバーが銀行出身者であるためだと思いますが、すごく作り込んでしまっていました。最初からかなり複雑な制度になってしまっていたので、ベンチャーでありスタートアップである企業が、大企業のような人事制度を策定しても運用できませんから絵に描いた餅になりますよと。ですからとにかくシンプルにしてください、盛り込み過ぎない方がいいですよ、とは何度も申し上げています。

永吉　私たちもスタートアップなどに詳しい人事のプロがいない中で、小杉さんからのアドバイスを受けたり、一部コンサルタントにもお手伝いいただいたりしながら制度をつくってきました。その結果、スタートアップと銀行のハイブリッドみたいな制度になったかなとは思うのですが、小杉さんにはどのように感じられましたか？

小杉　随分と良くなっていて、よく仕上げたなと感心しています。シンプルになっていますし、分かりやすくなっているというのが感想です。たしか私からは「人事コンサルタントやIT系か外資系の人事マネジメントの経験者を早く参画させてください」と申し上げていました。そうしないと、制度づくりだけでなく、採用やリテンションも未経験者ばかりではしんどいですよという話をしていましたよね。ですから、本当によくできたと思っています。

永吉　ありがとうございます。これからはLINEなどで人事の経験がある担当者が加わったりして、現在の200人を300人、400人にする計画にドライブをかけないといけないところなので、人事の担当者も２倍にしています。それでも足りないかもしれませんが、ようやくそのようなフェーズに入ってこられたと思っています。

イノベーション組織において自律立型人材を育てる

永吉　以前、小杉さんから、イノベーション組織であるみんなの銀行で求められる「リーダーシップ」とは、私がおぼろげながらイメージしていたマネジメント人材やグループ長とは異なり、一担当でありながらもリーダーシップの役割を担うことができる人材が重要だというようなお話を頂いたと思います。そこでイノベーション組織で自律型人材を育てるために必要なリーダーシップについて、もう一度お話しいただけますでしょうか。

小杉　ありがとうございます。日本の企業では、マネジメントにとどまっている人が多いですね。特に銀行はその典型かなと思います。ウオーターフォール型に本部から戦略や戦術が降りてきて、支店ごとに指標が与えられて、それに対して成績を上げていかなければならないので、自然とそうならざるを得ない部分もあります。ところがみんなの銀行のようなイノベーション組織やスタートアップでは、そのような動き方ではうまく機能しません。

とはいえ、銀行でもあるので当然一部は銀行的な動き方も必要ですが、できるだけ役割分担をしたら任せること、経営者やマネジャーが支援する構造にしていかないと自律的には動けないですね。

永吉さんみたいに制度がなくても勝手に自律的な動きができる人もいるにはいるのですが、その出現率は２％くらいです。みんなの銀行ではキャリア採用した人が多いのでもう少し出現率が高くなって２割くらいいるのかもしれませんが、そうした人材をマジョリティーにしていかなければならないので、そのためには経営者やマネジャーが支援型になって各メンバーに任せて見守ることが重要です。

あとはこのような自律的な動きを担保する仕組みが必要ですね。例えば銀行の典型的な評価として「罰点が付いたらもう次がない」と思われては誰も自律的に動きませんので、新しい提案や試みに対して、うまくいかなかったとしても引き続き自分の行動が尊重されると思えるような心理的な安全性が必要です。もちろん、業務にもよりますが。

そのような担保がなければ、人は自律的に動けません。マイノリティーである自律的な人を後押しすることによりマジョリティーが動くことがこの企業の文化として必要なのかなと思っています。

永吉 まさに小杉さんが著された『起業家のように企業で働く 令和版』(クロスメディア・パブリッシング、2019年)を拝読させていただいたところで、みんなの銀行のリーダーたちにも研修をしていただきました。Appleのようなイノベーティブ企業でお仕事をされてこられた経験なども踏まえて、人事などで日本の一般的な企業との違いは、特にリーダーシップの観点ではどのあたりにあると思われますか?

小杉 最近ジョブ型雇用や人的資本経営が流行していますが、私が以前著した『人材マネジメント戦略』(小杉俊哉著、日本実業出版社、1999年)で既に書いているので、予言していたと人事系の人たちからは言われています。しかし、まだ流行の域を出ていませんね。なかなか浸透していませんし、単に米国の後追いになっている感じがします。例えば、もともと外資系企業では昔も今もジョブディスクリプションを詳細に規定などは逆にしていません。あるのは、仕事ごとのロール・アンド・ミッションですね。ロール・アンド・ミッションを定めてジョブグレードで採用、登用します。役割と使命ですね。

そもそも業務内容の変化が激しい中で、すべてを規定することは無理があります。新しいことにも対処できません。(野球の) ポテンヒットのように、誰のジョブにも書かれていないことは誰もやらなくなってしまいます。

そうではなく、自分で自分の役割と使命を広げることが上のグレードに上がっていく唯一の方法であり、それを実践している人しか評価されないようにします。つまり卒業方式です。

逆に日本の職能資格制度は、「これができそうだ」という人を上げていく入学制度方式なので、実際にはできない人が上げられています。

しかし、等級制度にして、前の等級を十分果たしたと認められない限りは次の等級に上がれない方式にすれば、自ら証明していくしかありません。つまり、やらなければならないmustの領域にとどまっている人は評価されないわけですね。人を資本だと捉えれば当然ROI（Return On Investment）が問われます。

そのような考え方がみんな身に染み付いているので、ただ言われたことだけをやるといったメンタリティーではないのです。もちろん、一部の業務ではスペシャリスト的に、あるいはオペレーション的に業務を遂行する人も必要ではありますが、いわゆるメインプレーヤーにはそのようなスタンスの人は少ないですね。そのあたりが差だと思います。

永吉　そのあたりのご示唆も頂きましたので、私たちの等級や昇格の考え方にも反映できたかなと思います。実際の運用は2023年度からなので、これからの運用が結果にひも付いてくるかどうかが肝ですが。

小杉　それはもう、実際に運用しながら見直しや修正をかけていくしかありません。

永吉　実際の運用が始まったら、またアドバイスを頂ければと思います。

人が増えても横串を通すような努力や工夫が必要

永吉　新しい銀行をつくるに当たり、他のイノベーション企業の事例などを参考にしながら、立ちはだかる様々な壁を乗り越えたり壊したりしてここまで来たと思っています。とはいえ、世の中に変革をもたらす事業にしていくという意味では、まさにスタート地点に立ったところかなと。そこでぜひ、みんなの銀行の組織を進化させるために必要な要素やポイントについてお話しいただけないでしょうか。

小杉 まだ発展段階というか緒に就いたところですよね。

永吉 そうなんです。

小杉 なかなか難しいテーマですね。永吉さんがもっと外に出て、あるいは他の人でもいいのですが、インフルエンサーとして名前が売れて、「あ、この人ってみんなの銀行の人だったんだ！」と思われるようになるといいですね。そうなるとお客様を増やすことだけでなく、採用の面でもかなり有効です。しかもあまりお金もかかりませんので、もっとやればいいのにと思っています。ですから、今回本を出されるのはとても良いことだと思っています。

永吉 今のところ、私の場合はいろいろなセミナーや講演で年間30カ所くらい呼んでいただいています。最近ようやく私たちのエンジニアなどもGoogleのコミュニティで運営側に回って発言するようになっています。また、CIOの宮本などは、新しいテクノロジーやセキュリティーの分野では講演などで引っ張りだこになってきました。

小杉 ああ、それはとても良いことです。そのような人たちが増えてくるといいですね。銀行ではそのようなことはありませんからね。個人のプレーヤーが目立つことがありません。とても有効だと思います。

永吉 これからは人事領域でも新しい取り組みを始めるので、人事の担当者なども外の世界で活躍してくれるのではないかと思います。

小杉 そうですね。人事系はマーケティング系とは異なるとても不思議な領域で、皆さん積極的に表に出ていますよね。人事担当者同士は様々な勉強会で交流し、仲もいいですよ。銀行の広告塔としては北國銀行頭取の杖村修司さんが頑張っておられますよね。先進的なイメージを出せています。あのような方が何人も立っていくのが有効だと思いますね。

　また、これは当たり前のことではありますが、プロジェクトベースやタスクフォースのように、常に新しい取り組みを行っている部隊がいくつもあることも有効です。縦割りにしてはいけません。人が増えても横串を通すような努力や工夫が必要です。あとは釈迦に説法ではありますが、お客様目線をいかに持ち続けるか、お客様をいかに巻き込むかも重要です。

　業界は全く異なりますが、ワークマンさんでも企業とは関係のないインフルエンサーたちが自主的に宣伝してくれています。無料の広告塔になっているんですね。ファンを増やせたら影響力も大きくなりますので、みんなの銀行でも何か仕掛けられないだろうかと思っています。

永吉　私たちもインフルエンサーを活用したマーケティングなどもいろいろと試みてはいるところですが、ビジネスではない形として広げていくのはなかなか難しいですね。もしかすると金融特有の難しさだろうか、などとも感じているのですが。日本人は昔から、家族や友人たちにお金の話をしにくいというメンタリティーの中にいるといいますか。

　例えば、自分は銀行をこんなふうに使っていますよ、とかお金の管理はこんなふうに工夫していますといった話を大々的に語る人はこれまでは少なかったように思います。ただ、最近はあまり気にせずにお金のことを発信する若い人たちも増えてきています。このあたりの変化は大いに活用する余地があるのかなとは思っています。

小杉　あと、投資には若い人たちが興味を持っていますよ。例えば私の教え子の一人はまだ大学院生時代に個人が１万円からできる不動産投資があると得意げに話してくれましたが、20代や30代前半の人たちは、このようなことに興味を持っているのだなと思いました。このあたりの傾向も何か絡めることができればいいですね。

永吉　そう思います。

評価は必ず昇給につながらなくてもいいが、行動指針や行動基準と矛盾してはいけない

永吉　以前、小杉さんから伺ったお話で強く印象に残っているものの一つに、制度づくりとカルチャーづくり、チームビルディングは一緒にしない方がよい、とのお話がありました。制度をつくって満足してはいけませんし、逆にこれらは対立し得るのだということも印象に残っています。そこで改めて、これからの組織で気を付けるべきはどのような点でしょうか。

小杉　当たり前ではありますが、会社員は何によって自分が評価されるのか、という評価指標により動くところがあります。銀行員は銀行の評価指標で動きます。これから運用されようとしている新しい人事制度はシンプルにすべきだと申し上げていたのは、指標が分かりやすいことで自分の仕事を自己目的化できるようになり、自己成長につなげやすいためです。

また、評価指標だけでなく、永吉さんは行動指針として「INSIGHT」と呼ぶ７つの仕事の流儀も示されています。米GEの「GEバリュー」と名付けられた行動指針は成功した例ですね。今は「GEビリーフス」に変わりましたが、この行動指針や行動基準は行き過ぎると洗脳になってしまいます。

とはいえ、『ビジョナリー・カンパニー』（ジム・コリンズ著、日経BP、1995年）でも述べられているように、ある程度カルト的な文化は成長している企業には特徴的で、共通の信条や共通の思想みたいなものを皆で共有するためには、行動指針や行動基準を掲げるだけでなく体現することが大切だと言っています。

人事においては、評価は必ず昇給につながらなくてもいいのですが、行動指針や行動基準と矛盾してはいけません。矛盾があるとそっぽを向いてしまいますし、悪くすると辞めてしまいます。その場合はもともとのミッション・ビジョン・バリューを変える必要があります。

リーダーシップや組織の在り方の話の最後には人材が来ます。その人材が世の中に価値を提供できなければ会社の発展もありませんから、人材が混乱しないように、あるいはおかしいと思わないように、バリューチェーンを人材マネジメントでも通すことが重要ではないでしょうか。

永吉　まさにバリューチェーンの恐らく真ん中あたりにリーダーシップのお話があったかと思います。その意味ではみんなの銀行が今後拡大していくときに、忘れてはならないことや変えてはならないこともあるのかなと。それは例えばリーダー層に求めるものであったり、自律型人材をどのように育てていくかであったり。そこで、みんなの銀行のリーダーたちが育つことでみんなの銀行が強くなっていく期待値のようなものはありますか？

小杉　以前、みんなの銀行は大企業の傘下にあることに甘えているという話をしたことがあります。この話と矛盾するのですが、その環境を最大限利用することも大切です。例えばベンチャーキャピタルから投資を受けて起業した場合は、何事にも追及が厳しくなります。その面では親会社であるFFGは寛大です。

計画通りに進んでいなくても、いろいろ言いながらも見守ってくれています。この、好きなようにやれている環境は最大限に活かした方がいいですね。どれほど面白いことができるのかって。

そして、iBankマーケティングやみんなの銀行が、本体をしのぐくらいの勢力になり、まさにDXを主導できるようなことがあれば、それは逆に親会社を救うことになります。そのような気概を持っていただきたいですね。

永吉　はい、そもそも、従来型の銀行のままでは将来のリスクがあると考えてiBankマーケティングやみんなの銀行を立ち上げたので、いつかはFFGをリードするのだというくらいの気持ちは持っていたいです。

小杉　あとは、今回の新銀行立ち上げは、ある種の壮大な実験でもあります。そのため､実験として許容されている時間もある程度はあります。しかし、早い段階で数字を上げなければ説得力がありませんし実効性が証明されません。これはあえて言わなくても、永吉さんが日々突きつけられている課題だと思いますが。例えばビジネスモデルを変えてでも数字を上げることができれば文句を言われることはありません。勝てば官軍ですから。

永吉　その意味では、iBankマーケティングも最初から全く計画通りにいかなかったので、本当にピボットを繰り返しながら計画より２年ほど遅れて黒字化しています。その貴重な経験をしたメンバーがみんなの銀行にはいますので、こちらでも必要に応じてどんどんピボットを繰り返すつもりです。

小杉　分かります。しかし数字は上げなければなりませんよ（笑）。

永吉　はい、この部分は私たち経営陣でしっかりと受け止めて、現場のメンバーとは適度な緊張感のもとあまり深刻にならないようにしながら結果を出していきたいと思っています。

第7章 フルスクラッチのシステム開発

7-1 次世代バンキングシステムを開発するパートナー（SIer）選定

開発SIerの絞り込み

永吉たちは、デジタルバンクの心臓部といっても過言ではないバンキングシステムを構築するに当たり、海外のチャレンジャーバンクが使っているシステムや、日本国内で勘定系システムを開発しているSIerの実績などについて、アクセンチュアのグローバルネットワークの支援を受けながら調査しました。

国内外での開発状況をある程度把握すると、5社に絞り込んで、各社にRFI（Request For Information）を提示しました。RFIとは、SIerの選定を目的とせずに、クラウドで勘定系システムの構築が可能かどうかや日本語でのサポート状況、質問に対する対応の早さなど、幅広い情報収集を目的とした情報提供依頼です。

次に4社に絞り、RFP（Request For Proposal）を提示しました。RFPはSIerを選定するための情報提供を求めるもので、機能充足度や主に勘定系システムの開発コスト、開発スケジュール、保守性などについて打診しています。

その結果、開発パートナーをアクセンチュアに絞り込み、要件定義を実施しました。要件定義では勘定系システム以外も含めたシステムコスト、開発スケジュール、機能充足度、非機能充足度、アーキテクチャー充足度、保守性・拡張性、そして実現性を確認しています。

以上のSIerの選定を行う際、既に勘定系を含めたシステムはパブリッククラウド上に構築することを前提としていました。日本では例がないパブリッククラウド上での勘定系システムの構築を決めていたのは、一つには海外の先例があったことが理由ですが、最も大きな理由は、日本初のデジタルバンクとして提供したいビジネスを実現するには、パブリッククラウド上にゼロベースでスクラッチ開発を行う必要があると、判断していたためです。

また、SIer選定の条件として、銀行として安全、安心、確実に金融サービスをご利用いただくためのミッションクリティカルな要件を満たすことが第一でした。同時に、ディスラプターやFinTechと同じ土俵で戦うために優れたUI/UXを、スピード感を持って開発できることも重要でした。FinTechと対抗するには、新しいサービスを開発する際、おおよそ１週間で開発してリリースするスピード感が必要と考えていました。この場合、品質やドキュメント、テストを最低限実施し、システムを重厚にしない作り方になります。

ハードウエアを自社施設内に設置するオンプレミス（on-premises）だと、納品されるまでに時間がかかり、リリースまで早くても３カ月、条件によっては１年以上かかることも珍しくはありません。

しかし、みんなの銀行はデジタルバンクとして、ディスラプターやFinTechを競合として見ているので、これらの企業に匹敵する開発速度を必要としていました。このスピード感を実現するには、オンプレミスではなくクラウド上にシステムを構築する必要がありました。

以上のような要件を満たす軽量で柔軟なシステムは大手SIerが提供するパッケージ型のソリューションには見つけられませんでした。そのため、内製化によりSIer依存からの脱却を図るためにアクセンチュアを開発パートナーとしてゼロからスクラッチ開発することが決断されたのです。

前例のない開発に踏み込んでも大丈夫だろうか

アクセンチュアをパートナーに選んだ理由は他にもありました。ビジネスの面でもコンサルティングしていただき、開発までワンストップでのサポート体制を整えていたためです。

永吉たちもゼロバンク・デザインファクトリーという開発会社を立ち上げてエンジニアを採用することで開発環境を充実させ、内製化の体制を整えました。ただし、アクセンチュアをパートナーに決定するまでは、決して順風満帆であったわけではありません。いくつかの懸念が浮かび上がったのです。

１つは、パッケージシステムであれば銀行として必要なサービスが一通りそろえられているにもかかわらず、パブリッククラウドでそれをなぞるような開発をしたのでは既存の銀行と何が違うのか？という素朴な疑問の声が上がり、永吉たちは改めて「自分たちはそもそも何がしたかったのか？」を再考しなければならなくなりました。

また、開発パートナーをアクセンチュア一択に絞り込んでしまうと、パブリッククラウドで勘定系システムの構築実績がない同社に、果たして開発能力はあるのか。実際に開発が始まってからプロジェクトが破綻してしまうことはないのだろうか、という懸念の声も上がったのです。

詰まるところ、前例のない開発に踏み込んでも大丈夫だろうか、という迷いが生じてしまったのです。

「わたしは、『もうやるしかないだろう』と割り切るのが早かったですが、やはり最終責任者である横田（現みんなの銀行会長）は決断するまでに時間がかかったようです。趣味のランニングをしている最中でも、気がつけば『本当にこの選択は正しいのか？』と自問し続けていたと言います」と当時の様子を語ります。

そこで、一気に最後まで開発するのではなく、小さなユニット単位で開発してはPoC（Proof of Concept：概念実証）を実施することでリスクを最小限に抑えながら進めるアジャイル方式で開発することでようやく決断がくだされます。

この時、中原と吉冨は「すごい決断をした」と大いに緊張したと言います。「みんなの銀行プロジェクトにおいては、新しく銀行業免許を取得することとシステムをスクラッチ開発することの２つが大きな決断だったと思います」と二人は振り返ります。

7-2　フルクラウド型バンキングシステム構築への挑戦

アーキテクチャーの評価とFFGとの連携

欧米諸国ではデジタルバンクが先行して誕生していたことから、パブリッククラウドを勘定系システムに採用する例も出始めていました。しかし日本では前例がありませんでしたので、複数のサービスを比較しつつ、一つひとつの課題を丁寧にクリアしながら採用すべきサービスの検討が進められました。

特にアクセンチュアにとって日本の銀行の勘定系システムの開発が初めてであったことから、まずは入出金処理などの一連のトランザクション処理が銀行システムとしての十分な品質を担保できるほど迅速かつ安定的に行われるのか、というテストから始まりました。

その際、アクセンチュア側で設計したシステムの論理構造や仕様をアーキテクチャーで示されても、FFG側では評価できないという問題がありました。そこで、本書の「3-4 デジタル時代に即したシステム開発子会社の設立」で言及したように、勘定系とクラウドシステムのそれぞれに詳しいベテランエンジニアの2人にSME（内容領域専門家）として参加していただき、システムの評価を依頼しています。

「この評価でバンキングシステムとしての品質が担保されてから、実際の要件定義に進めることができました。また、SMEの方々の評価結果は、銀行業免許を得るために監督官庁へシステムの状況を報告する際にも必要だったのです。何しろ監督官庁にとってもパブリッククラウドにバンキングシステムを構築するのは初めてのことでしたので」と稲倉直也（みんなの銀行CXOオフィス・マネージングディレクター）はシステム開発の序盤の経緯について語ります。2019年2～3月のことでした。

要件定義に入ると、例えば利息計算はどのように行うのか、入出金のトランザクションの整合性はどのように担保されているのかなどの一つひとつについて、FFGで勘定系システムを管理しているIT統括部にも説明していきます。

また、FFGが定めている月に一度のシステムリスク評価に関する会議においても、同様に状況を報告していました。

「要件定義以降もFFGと密に連携して進めていきました」と稲倉が語ります。FFGとの連携については、パブリッククラウドを利用するに当たってのクラウドチェックリストをFFG全体で策定する作業も行われています。また、システム開発以外のソリューション選定などでもFFGと連携していました。例えばみんなの銀行のアプリを使って現金を引き出せるATMはどこにするか、あるいはコールセンターを構築するソリューションはどこが提供しているものにするのかなどについても協議しました。

バンキングシステムの構築基盤にはGoogle Cloudを採用

採用するシステム基盤やアプリケーション基盤、データベースサービスなどについては、開発パートナーであるアクセンチュアと協議を重ねました。「どこのSIerが提供しているサービスが最適か、バンキングシステムに実装する機能ごとに一つひとつアクセンチュアと話し合いました」と稲倉が振り返ります。

協議の結果、スケーラビリティーに優れるGoogle Kubernetes Engine、Cloud Spanner、さらに大規模なデータ分析を得意とするBigQueryなどのサービスが、みんなの銀行が標榜するデジタルバンクの基本コンセプトに合致すると判断しました。肝心のシステム基盤は、銀行として求められる可用性や耐障害性などのミッションクリティカルな要件を柔軟にスケールできる最適なソリューションとの評価から、Google Cloudを採用することを決定しました。銀行として求められる可用性とは、災害などによる障害が発生しても銀行としての業務を継続できることです。

Google Kubernetes Engineはオープンソースのアプリケーション基盤なので、SIerに依存せずにアプリケーションを開発できます。また、クラウド上での開発になるため物理的なサーバーを意識する必要もありません。例えばリクエストが大量に発生した際、物理的なサーバーで構成している場合はリクエストの量に応じて設置しているサーバーの台数を横に増やしていく必要がありますが、Google Kubernetes Engineはリクエストの量に応じて自動的にサーバーが増減しますので、開発者は物理的なサーバーの制約を気にする必要がありません。

Cloud SpannerはGoogle Cloudが提供するデータベースサービスです。「通常、勘定系システムのデータベースには国内の銀行で採用実績のあるメジャーな製品が選ばれますので、Cloud Spannerなど勘定系システムでは知られていないけど大丈夫なのか、と言われました。そこでPoCを実施したのです」と語るのはみんなの銀行執行役員CIOでゼロバンク・デザインファクトリーの取締役CIOである宮本昌明です。Cloud SpannerはPoCにより性能面や耐障害性では問題ないとされます。

「しかし」と宮本は続けます。

「当時、日本ではマルチリージョン構成のCloud Spannerがなかったのです」。マルチリージョンとは、３つ以上の物理的なエリアでデータベースが稼働していることを言います。複数のエリアで稼働していることで、災害に強いのです。ところが当時の日本のCloud Spannerはシングルリージョンでしかサービスが提供されていませんでした。

「しかし海外ではCloud Spannerがマルチリージョンで提供されている例がありましたので、日本でもマルチリージョンのサービスを提供してほしいとGoogle Cloudに交渉しました」。みんなの銀行という、まだ実態がない企業からの要請にもかかわらず、Google CloudはCloud Spannerのマルチリージョンでのサービス提供を了承してくれました。日本初のデジタルバンクのチャレンジがまた一歩前に進んだ一つの瞬間でした。

BigQueryもまたGoogle Cloudが提供するデータベースサービスです。Cloud Spannerが構造化された行指向型のリレーショナルデータベースであるのに対し、BigQueryは列指向型の非リレーショナルデータベースです。

勘定系システムのデータベースでは入出金処理の順序が重視されますので、行単位で順序よく処理される行指向型（スプレッドシートの行を順番に処理していくイメージです）のCloud Spannerが適しています。「例えば、5万円の現金を自分の口座に入金した後に、その口座から2万円を他の銀行に振り込み、残高から1万円の現金を引き出した、といった処理では順序が大切ですよね」と宮本は説明します。

一方、BigQueryは膨大なデータから高速に検索することを重視したサービスです。「膨大な情報から高速に参照したいのは、金融属性やお客様属性、お客様の行動などです。また、取引履歴は膨大になっていきますよね。このような情報を分析してプロダクトに反映させることはBigQueryが得意なのです」

Cloud Spannerは勘定系システム、BigQueryは情報系と呼ばれています。情報系データベースには勘定系データベースから流れてきた情報が蓄積されますので、どこの銀行でも利用しています。「Google CloudのAIサービスや分析サービスを駆使して、BigQueryから大量のデータ分析を高速に処理しているのが私たちの特徴です」

パブリッククラウド上のデジタルバンクが全銀ネットに接続

そして2021年1月には、パブリッククラウド上に勘定系システムを構築したデジタルバンクとして初めて全銀ネット（全国銀行資金決済ネットワーク）に接続され､先進的な取り組みとして注目されました（**図表7-1**）。

「接続に当たっての問題はありませんでした。全銀ネットに接続した

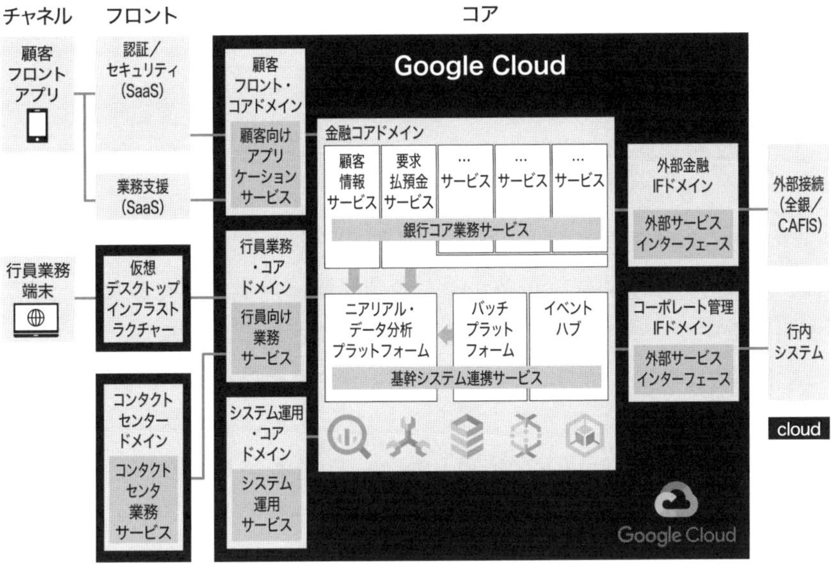

図表7-1　みんなの銀行のバンキングシステム全体像
出所：みんなの銀行

瞬間は、まさに日本で初めてのクラウドバンキングの幕が開けた瞬間であり、その第一歩を自分たちが踏み出したのだ、という感動がありました」と吉富が付け加えます。

「同時に、このプロジェクトが後戻りできない不可逆点を越えたことを意味しました」と中原が当時の覚悟を思い出します。

全銀ネットとの接続は大いに注目されたため、みんなの銀行には様々なイベントでの登壇依頼やメディアからの取材依頼が舞い込むようになります。

しかし、内部の者たちにとって最も大きな挑戦は、実は勘定系システムをパブリッククラウド上に構築することを決めた瞬間でした。実際、

FFG内ではパブリッククラウドを使うことに対する反対の声も上がっていました。

「その反対意見の多くは、テクニカルな根拠がなかったのです」

つまり、「パブリッククラウドって業界でも実績ないし、なんとなく怖いよね」という印象論が多かったと中原は言います。そのため「どこが問題ですか？」と尋ねても明確な根拠は示されませんでした。しかしこの印象論による反対は強く、iBankマーケティングのシステムをパブリッククラウド上に構築しようとした際も、反対意見が強かったためにプライベートクラウドに変更したという経緯がありました。しかもiBankマーケティングは勘定系システムを構築したわけではありませんでしたので、勘定系システムを構築しようとするみんなの銀行の場合はより強い不安を伴った反対意見が出ていました。

しかし、iBankマーケティングでの実績や世界の金融を取り巻く環境のトレンドが、FFG内の反対意見を賛成意見に変えていきます。

「iBankマーケティングの時から環境が変わってきました。勘定系システムではありませんが、周辺システムではパブリッククラウドに載せる例が増えてきていましたので」と稲倉が言うと、吉冨が付け加えます。

「iBankマーケティングで外部のシステムと接続する経験を積んできており、そのことがビジネスを広げることだという体験がFFG内で得られてきたことも流れを変えたと思います。また、FinTechの影響もあったかもしれません。なんとなく、パブリッククラウドへの流れができてきました」

7-3 マイクロサービスアーキテクチャーの採用

マイクロサービスによる疎結合方式は何が優れているのか

みんなの銀行では、日本初の試みとして勘定系システムをパブリッククラウド上に構築しましたが、もう一つ初めての試みがありました。それは、勘定系システムをマイクロサービスで構成したことです。既存の銀行では、様々な機能を密結合して一つの勘定系システムを構築しています。こうしたシステムアーキテクチャーを「モノリス」と呼びます。それに対してみんなの銀行が採用したのは、「マイクロサービス」というアーキテクチャーで、最小限でシンプルな機能ごとに切り出されたサービスを疎結合した集合体としてシステムを構成しています。

モノリスなアーキテクチャーにしていると、機能追加などでどこかに手を加えると全く予想できない箇所に影響が出てしまいかねません。また、長年使い続けると、プログラム（群）とテーブル（群）の処理が複雑に絡み合い、システムがいわゆるスパゲティ状態となり、ブラックボッ

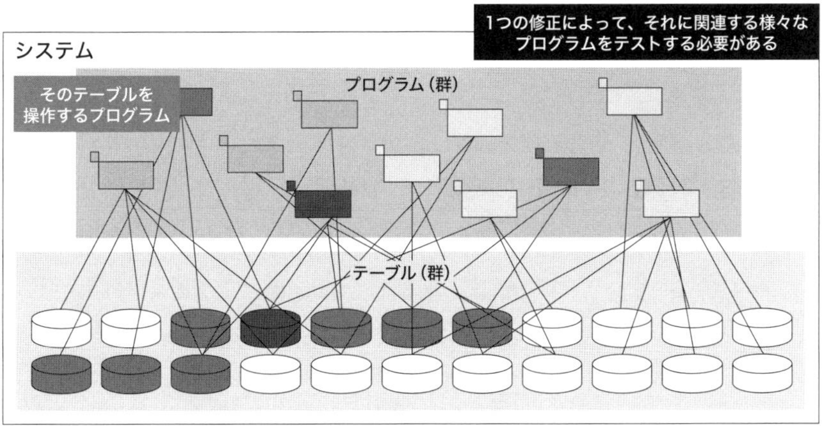

図表7-2 一般的な既存の銀行のシステム構成
「モノリスアーキテクチャー」のイメージ
出所：みんなの銀行

クス化してしまうのです。新たな機能を追加したり、機能を改善したりしようとした時、その影響がどこまで及ぶのかを調査するだけで多大な工数と時間を費やさなければなりません（**図表7-2**）。

一方のマイクロサービスアーキテクチャーは、機能やサービスの単位で分割されており、お互いの変更が影響を及ぼしません（**図表7-3**）。機能やサービスの単位とは、ローンや顧客管理、預金などです。この方式を採用していると、新商品や新サービスのスピーディーなリリースにシステムが足を引っ張ることがなくなります。また、金融機能や金融サービスを外部にAPI提供するのにもふさわしい構造です。

例えばみんなの銀行では、他の銀行やクレジットカード、電子マネーなどの入出金履歴を一元管理できるアグリゲーションサービスを提供しています。このアグリゲーションサービスを改良しようとしたときに、他の機能やサービスのどこに影響が出るのか調査する必要はありません。そのため、アグリゲーション開発のチームだけで作業が完結し、開

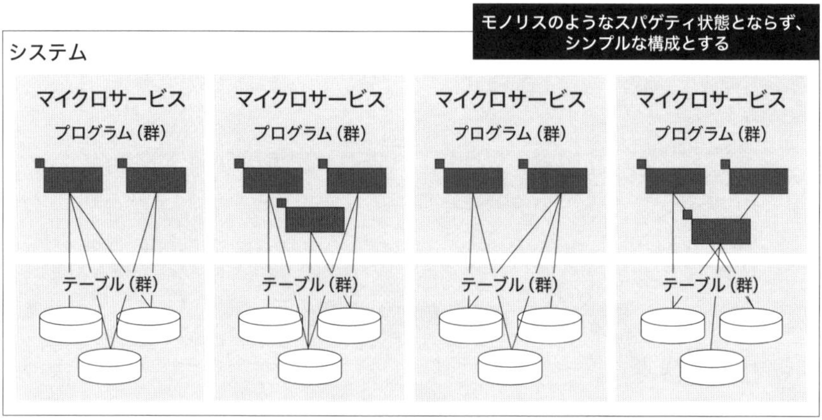

図表7-3　みんなの銀行のシステム構成
「マイクロサービスアーキテクチャー」のイメージ
出所：みんなの銀行

発期間が短くなります。

従来型の密結合したシステムですと、改良したい機能に手を加えたときに、他のどの部分に影響が出るかが分からないので、システム開発に関わっている全チームに影響の有無と影響が出る場合の対処方法についての調査依頼を出す必要があります。そのため、改良作業は複数のチームでの複雑な連携が必要になります。その結果、調査と改良作業に時間がかかってしまい､作業に携わる人員も増える傾向にあります。この時、もしも事前の影響調査に漏れが生じていた場合、システム障害を引き起こしてしまう可能性もあるのです。システム障害が発生してしまうと、新たな調査・対応期間とコストだけでなく、再発防止策まで必要になってしまいます。

また、新しい機能やサービスを追加する場合も、マイクロサービスであれば、新しい機能やサービスを独立したアプリケーションとして開発してからシステムに結合すれば済みます。しかし従来型の密結合されたシステムでは、システムのどこにプログラムを追加すれば他の機能への影響が最小限で済むのかを調査することから始める必要があります。しかもプログラムが追加された後の影響チェックは、やはりシステム開発に関わっている全チームに調査依頼を出さなければなりません。

マイクロサービスの疎結合方式の難しさ

みんなの銀行の勘定系システムをマイクロサービスで構成することは、アクセンチュアからパブリッククラウド上に勘定系システムを構築する提案が出された時には前提となっていました。

「FinTechがスピード感を持って金融サービスに参入できているのは、マイクロサービス方式で開発しているからですよ。これに太刀打ちするためには、私たちもマイクロサービス方式で開発すべきです、と提案されました」と中原は言います。

また吉冨も、「みんなの銀行を構想した当初は、ホワイトレーベル型銀行としてBaaS事業を柱に据えるつもりでしたので、それなら機能やサービスごとに外部へ提供しやすいマイクロサービス方式のアーキテクチャーになるよね」とやはり既に前提になっていたことを明かします。

さらに、第三者がシステムを検証しやすいことも、マイクロサービス方式を採用する理由の一つになりました。

一方で、マイクロサービスごとの粒度や線引きなど、全体最適を考慮した上での判断が悩ましい場面も多く出てきました。実は他社のBaaSや勘定系システムでは、マイクロサービス方式を目指しながら挫折した事例が多いのです。その理由が、各マイクロサービスの粒度と線引きが困難になったためでした。

例えば「振込」というマイクロサービスがあったとき、厳密には「振込」のマイクロサービスだけでは完結できません。振り込みの要請を受け付けると、「預金」のマイクロサービスからお金を別の口座に振り込み、再び「振込」のマイクロサービスに返ってくるというトランザクションが必ず発生します。このトランザクション処理を容易にするために、結局「振込」と「預金」のマイクロサービスを分離できずに合わせてしまうことになってしまい、マイクロサービス化を断念してしまうのです。

「マイクロサービスは、正常に処理される場合の設計は簡単なのですが、エラーが起きた時の設計が難しいのです」と宮本は説明します。例えば「振込」のマイクロサービスから「預金」のマイクロサービスに移った時に、「預金」のマイクロサービスでエラーが生じると、そのエラーを「振込」のマイクロサービスに返さなければなりませんが、このハンドリングが難しいと言います。このハンドリングをエラーハンドリングと呼びますが、複数のマイクロサービスにまたがると設計の難度が高くなります。

銀行は処理が一つでも抜けてはいけませんし、処理の順序も担保されなければならないという厳密な仕組みを作らなければなりません。多くのSIerがこのエラーハンドリングで挫折していると言います。

「マイクロサービスはこの業界では特に新しい手法なので、既存の勘定系システムを開発してきたSIerの開発者が習得できていません。それで実際の開発を始める時に初めて習得しようと学習しますが、結局、難しいね、という話になってしまうのでしょう」

宮本たちも同じ壁に突き当たります。マイクロサービスは疎結合でなければならないにもかかわらず、エラーハンドリングへの対処を考慮しているうちにいつの間にか密結合になってしまうのです。

その度に、疎結合となるように設計し直さなければならないといった議論が繰り返されました。そしてこの議論はさすがにシステム部門を中心に結論を出さねばなりませんでした。

7-4 あらゆる制約の中で、スピーディーかつハイクオリティーなシステム開発を行うために

秘密裏に、かつ迅速に準備する

みんなの銀行の設立は、銀行を新たに設立するプロジェクトとしては類を見ない早さで進められました。しかもシステム開発では、日本初のパブリッククラウド上での勘定系システムの構築や、前例のないマイクロサービスの疎結合によるシステム構成、そしてスマートフォン完結型

のデジタルバンク自体が日本初めてと、初めての試みが重なっていたのです。

そのため、開発部門のみならず、マーケティングや法務関係など他の部門も全員が日夜フル回転で準備を進めていました。

このプロジェクトのスピード感を比較する出来事として、2019年に銀行設立準備会社を開業することが公表された前年の2018年11月に、プラットフォーマーのLINE社が銀行を設立することを既に発表して注目されていました。その２年後にみんなの銀行は開業していますが、LINE社は本稿執筆時点で開業を再延期する可能性について報道がなされています。

また、新銀行設立を公表する以前の段階では、新銀行設立の情報を伏せながら各種ソリューションの選定や全銀ネットに接続するためのゲートウエーサーバーの設置場所などを秘密裏に進めなければなりませんでした。例えば全銀ネットの接続にはおおむね17カ月必要となりますので、みんなの銀行開業予定日から逆算して割り出したスケジュールで進めなければなりません。

しかも全銀ネットに接続開始できるタイミングは年間に４回しかありません。従って、計画通りサービス開始するには、2021年１月までに全銀ネットに接続する準備を終えていなければなりませんでしたし、それ以前に銀行業免許を取得しておく必要もありました。

その上、全銀ネットと接続するゲートウエーサーバーは全銀ネット側のサーバーの近くに設置する必要があります。この場合、保守の面からも安全性の面からも、そして既存の施設を使えるという面からも最も効率的な場所は、FFGの福岡銀行のゲートウエーサーバーが設置されている場所になります。

「ところが福岡銀行の施設内に私たちのゲートウエーを設置するとなると、福岡銀行の共同開発社である広島銀行さんやIBMさんなどに相談しなければなりません。しかも新銀行設立については秘密にしたままで相談する必要があります。何とお伝えすべきなのか……。このように、何をするにしても一手間かかっていたのは事実です」と中原は思い出します。

「それに全銀ネット側にもNTTデータさんなど多くの企業が関わっていますので、本当に難しかったです」と吉冨もうなずきます。「全銀ネットで相談するときにも、“例えば銀行を設立するとしたらどんなスケジュール感になりますか？”といったぼかし方になりますよね」と吉冨が言うと、「それって、全然ぼかせていない」と中原が苦笑します。

どうやって可能にしてみせることができるかワクワクしていた

このようなタイトなスケジュールは、特に開発部門には大きなプレッシャーとなってのし掛かっているはずでした。

「私がみんなの銀行に入社したのは2019年9月で、銀行設立準備会社のプレスリリースが出された翌月です。そこからみんなの銀行が開業されるまでの1年3カ月の間に作らなければならなかったのはシステムだけでもかなりありました」と言いながら宮本はリストを示します。

- クラウドベースの勘定系システム（フルスクラッチ）
- 勘定系システムをベースとした各種サービスアプリ
- クラウドベースの情報系システム
- 行内VDIシステム
- 会計システム

・コンタクトセンターシステム
・外部接続ゲートウエーシステム（全銀ネットほか）
・監視システム
・各種運用フロー
・みんなの銀行・ゼロバンク・デザインファクトリーの社内イントラ
・拠点間WAN
・各種セキュリティー
・各種規定
など

既存の銀行で使用されるオンプレミス上のこれらのシステムは、通常は５年ほどで保守期間が切れるため、１年間をかけてハードの交換準備を行います。ところが宮本たちは、更改するだけで１年かかるようなシステムを、わずか１年３カ月でゼロから立ち上げているのです。このことだけでも、非常にハードなスケジュールで新銀行が立ち上げられたことが分かります。

これほどタイトなスケジュールであったにもかかわらず、宮本は「できない」とは思わなかったと言います。「むしろどうやって可能にしてみせることができるかワクワクしていました」。宮本は、何を設計してどのように開発し、どのような検証が必要なのかといった「何をすべきか」は明確に把握していたので、「あとは人手があればできる」と判断していたのです。そのため、「できなかったときのプレッシャーよりも、チャレンジングな仕事をすることの面白さの方が勝っていましたね」と笑います。

とはいえ、システム開発においては内製化へのチャレンジも同時に行われていたため、そのための困難には直面していました。

「内製化のためのエンジニアが足りなかったのです」と宮本は言います。新銀行設立を秘密にしながら優秀なエンジニアを集めるだけでも難しいことでしたが、エンジニアに求められるスキルの高さもハードルになっていました。

「当時クラウドと言えばAmazon Web Services（AWS）かMicrosoft Azureで、Google Cloudはこの業界では新興組という印象でした」

そのため、まだGoogle Cloudを知り尽くしたエンジニアが日本にあまりいないという状況だったのです。しかも勘定系システムをクラウド上でマイクロサービスにより設計した経験者などいません。そのため、これらの技術を旺盛に学ぶ意欲を持ったエンジニアを探し出して採用するしかなく、採用には相当な苦労を強いられています。

「とにかく優秀であれば、銀行システムに携わったことがないエンジニアも含めて様々なバックグラウンドを持つエンジニアを採用していきましたので、銀行システムとはどうあるべきかから始まって、皆が同じ方向に向かうために、組織カルチャーをつくっていかなければならない大変さはありました」

宮本の悩みは、技術的な課題以上に内製化の人員を充実させるためにどのように人材を採用して育てるかという課題の方が大きかったと言えます。

これからも果敢に新しいチャレンジを続けることができる

現在、既存の銀行はもちろんのこと、ネット銀行でも開発を内製化しているところはありません。これまでコストダウンのために開発はアウトソースしてきたためです。

「もしも、これから内製化しようと考える銀行があったとしても、簡単ではないでしょう。既にどの銀行内にも核となるエンジニアがいないでしょうから」と稲倉は指摘します。

このことはFFGにしても同じでしたが、みんなの銀行が内製化にかじを切れたのは、母体となる銀行から独立した組織としてスタートしたことも理由にあります。

「システム的にもエンティティーを切り出したというアプローチを選んだことが理にかなっていたと思います」と吉冨は振り返ります。

パブリッククラウドを選定した時もマイクロサービスを選択した時も、新しいチャレンジを行う際には、リスクが及ぶ範囲が小さいことが重要になります。

「みんなの銀行も、FFGのいずれかの銀行の内部の事業の一つとしてスタートしていたら、開発中のシステムに何かあったときに既存のシステムに影響を与えてしまう可能性がありますし、顧客基盤を共有していたら、影響を与えてしまう範囲が既存のお客様にまで及んでしまうリスクがありました。そのようなリスクを抱えていたら、何事も銀行側の判断を仰がなければ始められなかったでしょう。それではイノベーションを起こすのに絶望的な時間がかかってしまいます」

だから、みんなの銀行がシステムも顧客基盤も全くのゼロからスタートしたことが、イノベーションを進めるために有効だったと吉冨は結論付けます。

「ですから、私たちは、これからも果敢に新しいチャレンジを続けることができるのです」

対談1：その仕事は社会を変えられるか

平手智行（グーグル・クラウド・ジャパン 日本代表）
× 宮本昌明（みんなの銀行 執行役員CIO）

実現すれば日本の金融業界のパラダイムシフト

宮本 アクセンチュアさんからみんなの銀行プロジェクトの相談があった時、Google Cloudさんではどのような反応がありましたか？

平手 まず、私はこのお話についてはiBankマーケティングの構想段階から少しだけ伺っていました。当初はFFGさんにおいてもみんなの銀行プロジェクトについてご存じの方は限られていたと理解していましたが、とにかく奥歯に物が挟まったようなコミュニケーションでした。永吉さんからもいろいろと聞かれるのですが、全体の情報を共有していないのでよく分からなかったのです。

そのため、後日、まさかこれほど壮大な構想と知った時は身震いするほどワクワクしたことを覚えています。同時に、これはえらいことになったと。日本のクラウド利用の歴史始まって以来のすごいケースになるぞと。

実現すれば日本の金融業界のパラダイムシフトですからね。完全に潮目が変わると。当時は金融情報システムセンター（FISC）の『金融機関等コンピュータシステムの安全対策基準・解説書』の第８版が出てクラウドを使ってもよろしい、という流れができたばかりだったと記憶しています。

当時金融業界は、周辺のシステムだけクラウドに載せている状態でした。ただ、海外ではバンキングシステムをクラウドに載せた例が出てきていました。それでも実態はよく分からない感じでした。ですから、みんなの銀行さんの構想を知った時には、とても興奮しましたね。

アーキテクチャーについてはアクセンチュアさんから伺いました。マイクロサービスで少し粒度を大きくしてCloudSQLを入れてCloud Spannerで引っ張りPub/Subの構成で、と聞いた時には思わず直立不動になっていましたよ。文字通りにフルクラウドでデザインされていました。「これ、本当にやるんですね？」と念を押して、うれしくなりながらも、「こちらも本当にやるぞ」という決意に満ちましたね。それで当社（Google Cloud Japan）の社員には「日本の夜明けだ」と本当に言いました。何としても成功させるぞ、と招集を掛けたことを覚えています。

勘定系システムをフルクラウドと聞いて椅子から転げ落ちるような衝撃

宮本　クラウド上にゼロからシステムを構築すると知った時はどう思われましたか？

平手　当時はIBMのメインフレームや大型サーバーシステムで動かすMVS（Multiple Virtual Storage）でなければ99%実現できない可用性と、セキュリティーのポリシーを考えても無理でしょうという時代でしたから、勘定系システムを丸々フルクラウドと聞いた時には椅子から転げ落ちるような衝撃でした。

社員には「このプロジェクトはみんなの銀行さんのことだけにせず、各人が自分のこととしてプロジェクトに臨むように」と伝えました。開発だけでなく、法的なことも銀行業の免許申請に関しても、すべて一緒に当たるようにと号令を掛けました。

宮本　本当にありがたかったです。

平手 もともと私もIBMで金融系をメインフレームで作ってきた人間ですから、もちろん何をされようとしているのかを技術的にも理解していました。ですから、なおさら本当に勘定系システムをやるんだなと。しかもマイクロサービスを使い倒してって――。

信じられませんでしたね。

宮本 実は私がみんなの銀行に入社したのは、みんなの銀行をつくりますというプレスリリースが行われた翌月でした。プレスリリースの翌日に「実はこれをやるんです。よろしくお願いします」と言われて初めて内容を知りました。

私も興奮しました。

平手 そうだったんですか。

宮本 既にいろいろなパッケージがあるにもかかわらず、それらを一切使わずにマイクロサービスを使って、Google Cloudさんでって、金融業界ではなかったと思います。

平手 はい、日本国内では全くありませんでした。

宮本 それでこれは面白そうだとワクワクしたことを覚えています。日本の金融業界では勘定系システムのパッケージを使っています。非金融企業が、海外のクラウド勘定系システムのパッケージを使って日本に銀行をつくりたいという話はよく聞いていましたが、日本の規制は厳しいので、なかなかつくることはできないとも聞いていました。

Google Cloudさんの中でも、日本では規制が厳しくて無理だよね、といった話はあったのでしょうか。

平手　一番のハードルは実績だったんです。監督官庁からは「実績はありますか？」と。初めての試みですから、実績などあるはずがないのですが、ここに大きな壁が存在していました。実績の有無は別に規制上で問われているわけではありませんし、法律に書かれているわけでもありません。通例なのですね。

ですから、みんなの銀行プロジェクトがフルクラウドで貫くと示された時はしびれました。しかも予想していたよりも短期間で稼働させると知って、本当にできるだろうかと体が半分しびれていたような感覚が続きました。

Google Cloudはエンジニアの会社なので「聞く耳」を持っている

宮本　私も正直なところ、Google Cloudさんのような世界的な企業が、こちらの急ぎたいという要求をこれほど重視してくれるとは思っていませんでした。もちろん無理を承知でお願いするつもりでしたが、軽視されても当然だと思いつつ。

平手　そんなことはありません。

宮本　企業の規模が違い過ぎましたので。しかし平手社長が号令を掛けて全面的に協力してくださいましたので、それが本当にみんなの銀行の立ち上げ成功の要因だと思っています。

平手　ありがとうございます。やはりみんなの銀行さんとアクセンチュアさん、そして私たちが本当に三位一体となった体制で取り組んだからできたと思っています。

私はまだGoogle Cloudに来て３年しかたっていませんが、Google Cloudはエンジニアの会社なので、本当に「聞く耳」を持っているなと身内ながら驚いています。お客様のユースケースがしっかりと討議されていて、他のお客様にとっても有益であるなど、そこに妥当性があればしっかりと対応してくれます。

みんなの銀行さん側も、たくさんのご要望がある中で優先順位を付けて、これだけは譲れない、という部分が明確になるまでしっかりと討議していただけました。それがこちらにもしっかりと伝わりました。

私たちのエンジニアも、その機能がどれだけの緊急度やインパクトがあるのか知りたいのです。何があるとお客様には最も有益なのかを常に考えています。多くのお客様に使われる機能であれば作ります、という姿勢です。

その意味からも、今回は非常に緊密に連携を取らせていただいて、みんなの銀行さんのご要望がいかに重要なものであるのかが、よく理解できました。正直、まだ日本では対応していなかったCloud Spannerのマルチリージョン化はさすがに間に合わないかもしれないと思いましたが、なんとか間に合わせることができました。

宮本　おっしゃる通り、私たちがとても重要だと思っていても、実際のお客様に使われるかどうかは別問題ですよね。

平手　それはとても大切なところです。当社にいるみんなの銀行さんの担当者も、日本国内での事例などを集めながら、他のお客様にとっても重要なものと確信し、熱意を持ってプロダクトチームに説明していましたが、その熱意がきちんと届き、うれしかったですね。

宮本　そして、作るからにはしっかりとテストしなければなりません。私の元には毎週のようにテスト報告が上がってきていました。特に銀行免許を得るためには、アプリを作って環境を整えた上でテストしてバグを出し切り、品質を保証した上で初めて監督官庁に持って行けるわけです。

それをわずか１年半で成し遂げました。

間に合わないかもしれないと思ったことが一度もない

宮本　私は、不思議なことに間に合わないかもしれないと思ったことが一度もありませんでした。どうやって間に合わせるかしか考えていませんでしたね。

平手　さすがです。ポジティブシンキングは扉を開けるんですね。

宮本　その理由は分からないのですが、本当に間に合わせることしか頭にありませんでした。今、Cloud Spannerのマルチリージョンの話が出ましたが、当時は日本では対応されていませんでした。３つのリージョンが必要だったので、当初台湾やシンガポールの話が持ち上がりましたが、遠過ぎて銀行のシステムとしてのサービスレベルを満たせないからと他を探していただいて。

とても細やかな対応をしていただけたので安心しました。取りあえず作りました、ということが全くなかったので、これほど緻密に検証してサービスを提供していらっしゃるのかと初めて知った次第です。

平手　今回のプロジェクトに関しては、うちのエンジニアたちも燃えていましたからね。私たちにしてもCloud Spannerの裏側みたいなところまで知ることができました。２つのリージョンで状況を取得してパリティー出しますと言っても、それ日本の外じゃないか、みたいな。パリティーですからデータでやりません、と言っても、「これは監督官庁に承認していただく必要があるんだよ、立証できるの？」といった話をしていました。

宮本　監督官庁からもかなり質問をされましたよね。「データはこちらにもあるのか？」「差分だけですぐに消えるのでありませんし、仮に差分を取っても独自暗号化されていますので読めません」といった話をさせていただきましたけれども、このような技術的な問い合わせは、金融業以外からも多いのですか？

平手　ありましたね。

宮本　海外でもそれほど厳しいのですか？

平手　厳しいと思います。

宮本　さすがに個人情報やライフラインは厳しいのですね。

平手　そこは同じですね。

多様性と専門性が掛け算になってイノベーションが生まれる

宮本　あと、御社のマイクロサービスで作るとなった時に、マイクロサービスの良さは疎結合で、それぞれがスクラムを組んでアジャイルに作れることでした。ところがアジャイルで作ろうとすると、もともとFFGにいた人材だけではとうてい成り立たせることができない。そこで私のようなキャリア採用者が多いのですが、この人たちは銀行システムに触ったこともなければクラウドの経験がない人もいて、また、エンジニア以外の人も含めてスクラムを組むのですが、どうやってカルチャーを一つの方向に向けていくのかは、今でも苦労しているところです。

その点、Google Cloudさんは、すごいなと思っているんです。様々な国の人たちが英語を公用語として一緒にランチしながら前向きな議論をされていて。私も２回ほど渋谷のオフィスに伺ったことがありますが、食堂などでは多様性が大切にされている文化を肌で感じました。

どのようなことに気を付けられているのでしょうか。

平手　恐らく、イノベーティブなカルチャーを維持し続けるというのはGoogle Cloudの中で最も重視されていることだと思います。特にエンジニアが力を発揮できる環境がとても重要となります。

もともとベンチャー企業でガレージから始まっているため、カルチャーフィットという考え方を大切にしていました。カルチャーフィットとは、同じスキルと同じ経験、そして同じ価値観を持っている人たちが５人から10人になればスケールアップし、10人が50人になればさらにスケールアップすることを示します。カルチャーフィットしていればミスも起こりにくく、プロジェクトも迅速に遂行されます。

ところがカルチャーフィットでスケールアップすると、いつの間にかそれがサイロになり、コンフォートゾーンになってしまいます。つまり、そこは得意だけれども他は知らないという状況です。

そこでGoogleは、カルチャーアッドという考え方に変えているんですね。カルチャーアッドというのは、Tの字の縦棒が専門性だとすれば、この専門性が深いほど価値がありますのでそれは技術者として求められます。

しかし１人が１本しか知らないとしても、お客様はTの字の横棒いっぱいに広がるような多様性を求めるので、異なるスキルと経験を持った人材を足していく必要があります。これがカルチャーアッドという考え方になります。

そうすると、経験も価値観も異なるダイバーシティー＆インクルージョンという、多様な人材を受け入れてそれぞれの能力を発揮させる考え方が重要になってきます。エンジニアであれば、異なる経験と価値観を持った集まりが調和することで新しいものを創り出します。

つまり、多様性と専門性が掛け算になってイノベーションが生まれるという概念が生まれます。この概念を徹底的に実践しています。

宮本　その実践はとても難しいことだと思います。例えばどのようにチームを構成するのかですね。誰と誰を組み合わせて、どのくらいの所帯でワンチームにするのが適切なのか。多様な人たちが気持ちよく働ける組織づくりを行うためには、カルチャーの醸成の仕方も含めてどうすればよいのかをいつも悩んでいます。

平手　プロジェクトの規模にかかわらず、WhatとWhy、Whenとして、何をするのか、なぜやるのか、いつまでに達成するのかは一緒に決めます。しかしHowとしてどうやってやるのかは各人に任せます。つまり、どの山に登るか、なぜその山に登るのか、いつまでに頂上を目指すのかはみんなで決めますが、どのルートから登るのかは各人に任せているのです。

ここでこのルートで登れとか、こうやって登れと決められてしまうと、結局人からもらったアイデアはくれた人のベイビーなので、他人のベイビーは育てられないよという感覚になってしまうんです。しかし、自分のアイデアであれば、自分のベイビーなので、育てることを諦めません。

箸の上げ下ろしまで指示している組織の場合、事業が停止してしまうような事態に直面するとドンと諦めてしまうのですが、自分たちでHowを決めている組織は、影響を最小限に抑えてなんとか通常レベルで業務を続けようと、歯を食いしばって仕事を成し遂げます。

とはいえ、「自由にやりなさい」と言ってできる人は決して多くはありません。そこでサポートしてくれるマネジャーの存在が重要になってきます。指示をするのではなくてサポートですね。コーチングに近いでしょうか。横で寄り添って見ててくれると言いますか。ですから、チームの大きさはマネジャーが見られるサイズになります。当社の場合、１人のマネジャーが見ることができるスパン・オブ・コントロール（Span of Control）は８～12人くらい。理想は５人くらいかもしれません。

宮本　おっしゃっていることはとてもよく分かります。

あなたがしていることは社会にとって重要ですか？

宮本　Google Cloudさんの場合は５～10人のチームがあり、各チームにマネジャーがいらっしゃるとのことですが、チームの数も相当に多いですよね。このチームリーダーたちをまとめる人もさらにいらっしゃるのですか？

平手　います。階層はできるだけ少なくしています。また、階層はありますが、フラット感があります。例えば社員はマネジャーとしか直接話ができないわけではなく、マネジャーの上のマネジャーとも直接話ができます。また、他のチームのマネジャーとも話ができます。もちろん、マネジャー側からすれば、実際にはチームメンバーしか見られないかもしれませんが、そういうフラット感を出すのは上手な会社です。

宮本　私も今までの銀行とは異なる文化を、エンジニアやビジネス系の人たちなど多様な人たちが働きやすい環境をつくりたいのでいろいろなセミナーに参加したり、書籍を読んでいますが、やはりGoogle Cloudさんは先頭を走っていると感じています。

平手　恐らく、心理的安全性ももちろん大切ですが、その１つか２つぐらい下に、「あなたがしていることは社会にとって重要ですか？」という問いがあると思うのです。人は自分がしていることに没頭すると、お客様の価値観や行動の変容や期待値に気付かなくなってしまいます。

　昔は現金を使って実店舗で買い物をしていたのが、ネットで検索して注文し、決済までできてしまう。このような変化はソフトのレイヤーにいくほど速いのです。

　ですから、当社の社員たちは自分が貢献した仕事で日本の、あるいは世界のお客様から感謝されているかどうかをとても大切にしているんです。そのことが仕事を続けていく上でも大切ですね。

宮本　その点も、Google Cloudさんから学びたい点です。

平手　余談ですが、当社のエンジニアのリーダーたちと話をしていると、話題は自分たちのプロダクトの話ではなく、お客様のライフサイクルや一日の暮らしぶりなどです。自分たちが作ったテクノロジーが、人々の暮らしや社会にどのような影響を与えているのかを話しているんです。

　エンジニアたちが使う側に対する意識を非常に強く持っています。プロダクトアウトにならずに、テクノロジーをインベンションとして捉え、さらにインベンションをイノベーションにしてお届けすることを考えています。

宮本　みんながみんな、そのような意識を持っていると、いいカルチャーができそうですね。

平手　恐らく、このような意識を持たせるにはハードルがあります。今、みんなの銀行さんの例えばエンジニアの方々は、開発業務でいっぱいいっぱいになっているのでないかと推測しています。そうすると、他のことをする時間がありませんよね。

Google Cloudでは20%ルールという制度があり、勤務時間の20%は本来の仕事以外の業務に対応することができます。これはとても重要だと考えているのです。

エンジニアは一つのことばかりしていると行き詰まってしまい、アイデアも浮かばなくなるんですね。

「やるかやらないか」という話が「どうしたらできるか」に変わる

宮本　日本の会社の場合は、Google Cloudさんを見習って20%ルールのように明確ではないにしろ自分のための時間をつくってもいいよと言っても、なかなか実行できないのではないかと思います。実際、多くの企業のトップがやってもいいと言っていますが、現場はできません。仕事に追われているからかもしれませんが。

平手　周りの雰囲気は大きいでしょうね。やっていいと言われて、本当にやったら、「何やってんの？」といった視線を浴びるとか。Google Cloudの場合は直接のミッションではないことをしていると、「すごくいいね」という協賛の雰囲気があります。それで安心して自分のやりたいことをできますし、そこで得られた成果は皆で共有できるというサイクルがあります。

宮本 20％ルールはエンジニアだけが対象ですか？

平手 全社員対象です。例えば東京の営業部門の人が、九州のGoogle Cloudファンを増やすにはどうしたらいいのかなど考えています。

宮本 でもそれは本来の仕事なのではありませんか？

平手 いえいえ、その営業担当者にとっては自分の業務外のことなのです。彼は九州支店をつくる夢を持っていますが、現在のミッションとは無関係なことです。

宮本 なるほど。Google Cloudさんには今後もカルチャーや組織運営についていろいろと学ばせていただきたいと思います。

平手 ところで開業まで1年半という期間にしたのはなぜですか？

宮本 永吉が言うには、特に深い意味はなかったと。開業時期は2～3年前には決めていたそうです。ただいろいろと準備したり、他にもやらなければならない案件があったりして、残り時間が少なくなってしまったんですね。

それでバタバタになってしまったので、新型コロナウイルスの感染症流行を理由に延期も検討したようですが、FFGや世の中に対してコミットメントしていたので是が非でも当初の期限を守りたいと。まぁ、そのあたりはサラリーマン的なのかもしれませんね。

それとLINE銀行ができるという発表もありましたので、遅れたくないという事情もありました。確かに、もしも同時期に開業していたら、いろいろなところでバッティングして顧客獲得などが計画通り進まなかったかもしれません。

平手　素晴らしいですね。勘定系システムまでやり切ったわけですから、快挙ですよ。

宮本　ありがとうございます。私が思うには、開業時期を決めた当時は、自分たちがどれだけのものをつくろうとしているのか、どれだけ大変なことになるのか、そしてどれだけの開発期間が一般的なのかを判断できる人がいなかったのではないかと。２年くらいあればできるだろう、と。

逆に開発系の人が加わっていたら、安全でゆとりのある開発期間を設定してしまい、開業がだいぶん遅れていたかもしれませんし、いまだにできていなかったかもしれません。

平手　そのあたりはトップの決断が必要ですよね。おっしゃる通り、ボトムアップですとどんどん安全な方へ逃げてしまう可能性があります。

Cloud Spannerのマルチリージョンは日本国内で対応していないにもかかわらず、開業時期が決まっていたことは実は衝撃でした。しかしお尻が決まっていたので私たちとしてもやるしかない、と決断できました。

一般的なお客様のリクエストを上げるフローでは厳密な期限が決められていないので、要望が上がるとプロダクトチームで優先順位を決めるのです。それで順次作っていく。

ところが今回のプロジェクトではこの時期までに作らなければならいとのご要望でしたので、期限から逆算して情報を集めて、どのくらいの規模になるのか、どういうインパクトがあるのか、といった様々なドキュメントを作成してプロダクトチームとグローバルなエグゼクティブを含めて、トッププライオリティーなのでやりましょうとなりました。

今回は、グローバルの各エンジニアが同じ熱量になって仕上げてくれたのが印象的でした。「やるかやらないか」という話が「どうしたらできるか」に変わりましたから。

宮本　緊迫感が伝わってきます。

平手　一つのプロジェクトで新機能の追加要望リストの数がナンバーワンでしたから。とにかくこれを成し遂げれば私たちのサービスも良くなるし日本のビジネスや社会が良くなるというのであれば望むところだという空気がありました。

宮本　社長が号令を掛けてくださっただけでなく、グローバルな開発チームが一丸となってご対応いただけたのが本当にすごいことだと、改めてひしひしと感じました。本当に皆さんのおかげで無事に開業できました。

平手　光栄です。ですから、このシステムを世界中にたくさん外販していきましょう。

宮本　引き合いはたくさんきていますので、お力添えをお願いします。

対談２：怒鳴り合うほどの仕事とは

山根圭輔（アクセンチュア テクノロジーコンサルティング本部 マネジング・ディレクター）　×　宮本昌明（みんなの銀行 執行役員CIO）

ポチったら２時間で銀行ができる仕組みを構築する

宮本　アクセンチュアさんが､勘定系システムをパブリッククラウドで、それもGoogle Cloudで構築しようと判断されたのはなぜですか？

山根　永吉さんと当社の森（森健太郎 ビジネスコンサルティング本部 ストラテジーグループ 銀行プラクティス日本統括 マネジング・ディレクター）が「新しく銀行をゼロからつくれたらいいよね」といった話をしていたのが始まりだったと記憶しています。そのときに「どうせつくるならチャレンジャーバンクだよね」と。チャレンジャーバンクをつくるのであれば、既存の勘定系やパッケージでできるシステムではすぐにまねされてしまいますし、他社が絶対にできないことをやりたいよね、といった話になっていきました。

そのときに立てたコンセプトの一部が「ハイパーパーソナライズ」や「つながるリアルタイム」「ボタンをポチっと押せば２時間で銀行ができるBaaS」などでした。これらのコンセプトを実現すれば、追随されないだろうと。

とはいえ、やはり最初はパッケージでもできるのではないかと、探してみました。しかしさんざん探した揚げ句、これは無理だと。それならフルデジタルバンクみたいなものをつくっていくか、という話になり、この時点がデジタルバンク構想の具体化が始まったときだと思います。

宮本　そうだったんですね。

山根　はい、クラウドの前に、このような話がされていたのです。

宮本　確かにポチったら2時間で銀行ができる仕組みを構築できるなら、クラウドを選択するしかありませんよね。

山根　ただ「2時間で銀行をつくる」というのは私がキャッチーなテーマが欲しくて付けたフレーズで、永吉さんから言われたわけではありませんよ（笑）。

宮本　それでGoogle Cloudにした理由は何ですか？

山根　クラウドでやろうと決めてからもいろいろと調査しました。要となるのはデータベースの部分です。勘定系システムのデータをつかさどるところなので最も悩みました。AWS、Azure、Google Cloudの長所と短所を比較しましたね。

私の中ではAWSかGoogle Cloudに絞られていて、そのうちGoogle CloudのCloud Spannerを使うのがよいだろうと考えました。Cloud Spannerの特徴は、リレーショナルデータベースという一般的なデータベースの方式を持っていながら、書き込みのところをスケールしながら冗長性や耐障害性を担保し、分散できる（スケールアウトできる）ところ。普通は書き込みのところはCPUのスペックを上げるなどのスケールアップしかできないですし、耐障害性では障害が発生したときに災害対策系への切り替えが行われる間のデータがロストすることが避けられません。

ただ当時、Google Cloudは認知度が低かった。なので、提案しても受け入れられないかもしれないと思いました。そのときは例えばAWSの中でCloud Spannerに似た仕組みを一から作らなければならないと思っていました。

ところが提案前に横田さんとディスカッションしていたら、なぜか突然横田さんが「Google Cloudはあり得ないの？」と言ってくださったんです。ここぞとばかりに「あり得ます」と答えて、実はGoogle Cloudが最適ですとご説明させていただきました。

このことがあったおかげで、Google Cloud推しで提案させていただきました。

日本のGoogleにとって重要なビジネスになるから
マルチリージョンを約束してください

宮本　その当時、Cloud Spannerは東西両現用もありませんでしたし、大阪リージョンもありませんでした。その状態でよく選べましたね。

山根　おっしゃる通りです。実はその段階で、大阪リージョンができることを裏では聞いていました。それでマルチリージョン対応ができて可用性と耐障害性を担保できると。当時はまだ北米と欧州の一部しかマルチリージョン対応していなかったのです。そのため、提案作成と並行して当社のマネジメントを通してGoogle Cloudさんのマネジメントにアクセスしました。

Google Cloudさんはエンジニアの会社だけあって、なんでもトップダウンではなく、プロダクトマネジャーが決定権を持っているんです。そこで来日していたCloud Spannerのプロダクトマネジャーに突撃して、このプロジェクトは絶対に日本のGoogle Cloudさんにとって重要なビジネスになるからマルチリージョンを作ることを約束してください、と交渉しました。このようにして、外堀を埋めておいたのです。

宮本　さすがです。とはいえ、Google Cloudを経験しているエンジニアはまだ少ないですよね。特に当時はかなり少なかったと思います。アクセンチュアさんではGoogle Cloudのエンジニアを増やすつもりだったのですか？

山根　はい。実はグローバルでもGoogle Cloudさんとはタッグを組んでいましたので、もっとエンジニアを増やせという号令が掛かっていたのです。

宮本　ということは、既にGoogle Cloudで面白いことをやろうという状態だったのですね。

山根　私個人は目的が達成できればプラットフォームにはこだわらなかったのですが、エンジニアたちにはGoogle Cloudでやりたいという人が多くいました。AWSの経験が多い人でもGoogle Cloudだからできる差分を知りたいというニーズがありました。やはりエンジニアには惹かれるものがあるのでしょうね。

宮本　Google Cloudのエンジニアも少ないですが、銀行システムに携わるエンジニアも少ないですよね。いたとしても、大手SIerさんで定年まで勤め上げるエンジニアが多い気がします。

　ましてやGoogle Cloudの上にゼロから勘定系システムを作れるエンジニアはなかなか見つけられないと思います。アクセンチュアさんではいかがでしたか？

山根　中途半端はダメだと思っていましたので徹底的に精鋭を集めました。核となるフルクラウドの勘定系システム自体を作る段階で、アクセンチュア社内のテクノロジー・アーキテクトSWATチームなどから人員を集めて取り組みました。集めたメンバーは銀行のシステムを開発した経験はありませんでしたが、エンジニアアーキテクトとしては若手の有望株ばかりです。そこに既に定年退職していた生き字引的な者を何人か集めてコラボさせたら面白い反応があると考えました。実際、うまくいきましたね。

そもそも銀行を立ち上げてもよいのかどうか

宮本　その当時、私たちFFG側には人がいませんでしたよね。エンジニアに限らず、システムが分かる人もいなかったと思いますが、そのことに対して「大丈夫だろうか？」と懸念を持たれませんでしたか？

山根　正直、とても心配していました。

宮本　アクセンチュアさんのチームだけでは無理だと思われましたか？

山根　はい。FFGさん側にも人が入ってくるという前提でスタートしたのですが、横田さんから「全然ダメだ。申し訳ない」と何度も言われました。私たちとしては、FFGさんと一緒に決めていくことが重要で、アクセンチュアが勝手に作ったものでは魂が入らないと思いました。こんなに難しいプロジェクトは一緒にやらないとうまくいきません。

　仮にFFGさん側からビジネスサイドの人だけが来た場合は、結局、従来のバンカーとSIerの役割分担になってしまい、これまでの既存の銀行と同じようなシステムになってしまうと懸念していました。やはりシステムやデザイン、業務などをいかに混ざって一緒に侃々《かんかん》諤々《がくがく》として進められなければ、当初目指していたものができないだろうと感じていました。

宮本　2019年８月に銀行設立準備会社が立ち上がりましたが、そのままFFG側に人が増えなければプロジェクトを止めていましたか？

山根　止めたと言うより止まってしまったと思います。また、プロジェクトが止まりそうなポイントは体制以外でもいくつもありましたね。宮本さんが参加されたのはその翌月ですが、その前に「アクセンチュアは勘定系システムを作れるのか？」という状況でプロジェクトが走り出しました。少し前後しますが、2019年３月にソースコードレベルでいろいろな方に第三者的に検証していただいた結果「大丈夫そうだ」と評価されて一山乗り越えた段階でした。しかし、そもそも銀行を立ち上げるかどうかが確定したのは５月でした。

宮本　ゼロバンク・デザインファクトリーが設立されたときですね。

山根　そうです。それまではFFGさん内部でもプロジェクトの方向性について侃々諤々《かんかんがくがく》の議論がなされている真っただ中であり、プロジェクトのことを外部に公表できず、外部に確認したいこともプロジェクトのことは伏せながらになりましたので、なかなか物事が決められないつらい時期でした。

この山をなんとか越えてようやくMVP１（Minimum Viable Product １）を始められたのですが、最初の開発フェーズであるMVP 1のスプリント1で、すぐに壁にぶつかります。スプリントレビューの結果、このままでは設計も不足しているし設計思想もよろしくない、と判断しました。トランザクションやテーブル設計などを大きく見直すべきだと。そこでスプリント２に進める前に整理期間を２～３週間設けようという話になりました。

このような進め方は普通にウオーターフォール型の請け負い開発であれば絶対にあり得ませんよね。

そのため取りあえず動くところまで作ってリリースしてしまうようなことをやってしまいがちな状況でしたが、それでは絶対に禍根を残すと思ったので、整理期間を設けたのです。後になって考えると、この止める判断が非常に重要なポイントでした。

設計書やドキュメントを書くほどスピードが落ちる

宮本　しかしその段階で設計を変えたら３月のPoCはどうなるのだろうという話にはなりませんでしたか？

山根　ベースを作り替えるわけではなく、スプリント１で作ったアプリの置き方などを作り直そう、設計書や各種ドキュメントなどを書き直そう、と。しかし、アジャイルでありながら設計書を、誰がどこまで書くのかという課題は、その後もMVP２、３くらいまで議論を重ねながらブラッシュアップをしていったと思います。

宮本　アジャイルでは「誰が（設計書を）書くのか問題」がいまだに命題ですよね。

山根　教科書のように決まった一つの方法はなくて、規模や内容によっても、あるいは人によっても変わります。それでもきっちりと書く方向に徐々に落ち着いていった気はします。

宮本　設計書や日本語のドキュメントを書けば書くほどスピードが落ちますし、そもそもエンジニアは意外とドキュメント能力がなかったり、ドキュメント作成が苦手であったりします。

アジャイルだから早くリリースしたいという思惑もあります。それでも銀行ですから、設計書にトレーサビリティーやアカウンタビリティーを備えながら開発しなくてはなりません。その折り合いを付けるために、今でも葛藤しています。

山根 アジャイルだからドキュメントは少なくてもいいとか、エンジニアはドキュメント書くのが苦手だというのは日本の特性のようです。リモートや多国籍で様々な人種が共に働く海外では、思いの外ドキュメントを書きますし、書くことも上手ですね。

宮本 そうなんですね。

ところでエンジニアの内製化を目指して新しい評価方法や組織・カルチャーを育むことは非常に大変です。先を行ってらっしゃるアクセンチュアさんでは、いろいろな国や文化の人たちが参加してくると意見が割れたり、組織が分断したりしませんか？

山根 もちろんそれはありますので、本当に小さい規模でモバイル中心のアジャイルをやりたいというようなチームを作るなど、各人のスキルやキャリア志向などを見ながら、適材適所に配置するよう工夫はしています。

しかし、それだけではパートナー企業さんとのプロジェクトはうまく進んでいきません。プロジェクト内の最低限のルールやパートナーとの決め事や方針などトップダウンかつ横串を刺しながら迅速かつきめ細かく伝えていく必要もあります。

そのときは昔ながらのExcelの方眼紙のような書き込みがされたファイルをメールでやりとりするといった旧来式の進め方ではなく、SlackやJiraなどのツールをうまく活用し、可能な限りエンジニアフレンドリーな進め方をしています。みんなの銀行さんはこのような進め方にご理解がありましたので楽でした。他の銀行やSIerの方々になると、

SlackやJiraの使い方やメリットが分からない、というところから始まるので苦労します。

宮本　その意味では、みんなの銀行のメンバーがうまく使いこなしたなと少し驚いています。

山根　そこは本当に助かりました。

心労がたたって呼吸困難に陥り倒れた

宮本　ところで、みんなの銀行開業までで、これまでにお話が出ていないところで厳しかったなと思うポイントはどのあたりですか？

山根　まだまだたくさんあります。例えばMVP２の見積もりの時に自分は心労がたたって倒れたんですよ。呼吸困難になってしまいまして。ミーティングの最中でした。このときはつらかったですね。

宮本　そのときのご心労とは、どのようなことだったのですか？

山根　見積もりです。見積もりの根拠ですね。開発の責任者でありながら新銀行の事業計画やその収支計画も理解していました。一方、開発したソフトウエアを使用環境のシステムでインストールやデプロイが可能なデリバリーでやるなら、当然工数がかかるなどという事情もはしょるわけにはいきません。

　そのぎりぎりのところで、最大の振れ幅として開発コストが1.5倍になる可能性がありますのでこれくらいを見ておいてください、と言って超概算見積もりを提案していました。しかし1.5倍になりますと言えば、当然1.5倍にならずに済ませられる見積もりが見たいと言われます。

その点、横田さんや永吉さんに相当詰められまして。

その交渉をしているとき、一方ではiBankマーケティングの「Wallet＋」のシステム面で別の課題が発生していました。さらに、そうこうしているうちに、みんなの銀行の一部機能の開発の遅れも重なり、私はフルボッコされる状態になったんです。

宮本 そうでしたか。確かに銀行というのは、見積もりが出たらどんどん下げていくんですよ。旧来の習わしとして。マックスを提示させてそこから要件を削りつつ、なんだかんだ言いながらこのくらいで収まりました、というのが銀行業界の人たちのやり方ですよね。

何を作るのかも定まってない、走りながら決めるという段階で、かつ、これからやろうとすることはアクセンチュアさんにとっても初めての試みが多い、そしてFFG側にはシステムの人間がほとんどいないというブレブレの要素満載の中で1.5倍に収めたのはほんとすごいと思いますよ。

山根 1.5倍と書いたのがまずかったですね（笑）。

見積もりを出しては作り直すという繰り返しの中で、隠し事をしているとは思われたくなかったので、ドキュメントもSlackもRedmineもすべてオープンにする戦略を取りました。この戦略はアクセンチュア内部でも抵抗がありました。今までそのようなことをしたことがなかったので。しかし、何もかもオープンにしないと生産性が悪いのです。このオープン化戦略にかじを切ったのは2019年の８月末ごろでした。

宮本 私も見積もりの妥当性についてはずいぶんと問い詰めてしまいました。申し訳なかったです。

山根　いえいえ。逆に、このオープン化が、プロジェクトがワンチームになれたきっかけの一つかもしれないです。

宮本　確かにそうかもしれないですね。

第3部

「イノベーションのジレンマ」に陥っている読者への提言

ESCAPE FROM
THE INNOVATION
DILEMMA

第8章　イノベーションのジレンマからの脱出メソッド

Escape Method 1：
次の「顧客」、顧客が求める「次のニーズ」を探索する

企業は顧客と投資家に資源を依存しています。そのため、たとえ出島的に子会社を立ち上げるなどして別組織をつくっても、そこで働く人たちが親会社の論理や価値観を持ち込んで行動すれば、結局イノベーションのジレンマから脱することはできません。

ここから脱出するには、自分たちのお客様は誰なのかを改めて確認する必要があります。

既存事業における既存のお客様を見ている限り、新しいビジネスでターゲットにすべき「次のお客様」を見失ってしまい、既存事業の呪縛から逃れられません。それではせっかく新しい組織を立ち上げても「次のお客様」にアプローチできるビジネスを立ち上げられません。

例えばFFGを含む既存の銀行にとって利益をもたらしてくれるお客様は30代後半以降の中堅シニア層です。ある程度収入が高く蓄えもあり、資産運用や保険、預金に一定額以上のお金を投じたり、マイホームや車の取得のために各種ローンを借りたりする層になります。

しかし、みんなの銀行は現在ではなく未来、10年後に利益をもたらしてくれる「次のお客様」としてZ世代やミレニアル世代をターゲット

にしました。つまり、現在は既存の銀行が「採算が合わない」として積極的にアプローチしていない顧客層です。そのことで必然的に、ターゲットへのアプローチの仕方を既存事業とは全く違うものに変えることができたのです。

当然、現在はコスト先行で採算が合わない顧客層をターゲットにしていますので、短期間ではなかなか収益に結び付きません。そのため、親会社を含むステークホルダーからは、「すぐに利益をもたらしてくれる顧客層にターゲットを変えるべきではないか」と口を出されることになりますが、ここでこれらの圧力に屈してしまっては既存事業からの脱却はできません。

ですから、そのようなときは、新規事業を立ち上げる動機となった自分たちの新しいお客様は誰だったのかを必ず自問自答する必要があります。そして、そもそも既存事業の外側に新しい組織を立ち上げた理由は何だったのかを思い出さなければなりません。

また、お客様が求める「次のニーズ」を探索することで、既存事業や既存のお客様が今は気付いていない新しい価値やサービス、マーケットを探し当てることができる可能性もあります。この場合は、新しい「次のお客様」にとどまらず既存事業がこれまで築き上げてきた顧客基盤も有効に活用することができるので、新規事業の成功の確度を上げるオプションの一つになるかもしれません。

ベンチャーキャピタルの業界では「ベンチャーの千三つ」と言われます。この言葉は、ベンチャー企業は1000社のうち３社しか生き残れないほど成功することが難しいという意味です。それほど、新規事業は当初の計画通りには事が運びません。走り始めると想定外の事態に次々と直面します。

そのような状態になると、親会社や株主は、「早く収益を上げるために別の事業（あるいは既存事業）に軌道修正した方が良いのでは？」と働き掛けてきますが、ここで折れてしまうと、結局何のために新しい組織を立ち上げたのか、本来のお客様は誰だったのかを見失うことになります。

このような圧力から逃れるには、今挑戦しているビジネスは、うまくいけば将来大きなビジネスになる、俗な言い方をすれば「飯の種になる」ことを訴求しやすいストーリーでプレゼンテーションし続けなければなりません。

例えばみんなの銀行が「若者向けの小さなサービスです」と説明していたら、新しい銀行をつくるまでもなく、福岡銀行の一つのサービスラインとして提供すればいいじゃないか、と言われていたでしょう。

また、既存事業はこのままでは衰退してしまう可能性があるので、そのリスクをヘッジするためのオプションの一つであることを訴求できれば、新規事業として取り組む必要性をより強く打ち出すことができます。

Escape Method 2：
“Time is Money”で小さく、早く始める

現代は、テクノロジーも様々な規制の変化も、あるいは人々の価値観や行動の変容も、そのスピードが速くなっています。そのため何かしなければならないと考えて、新規事業において一度に大きく投資してより高い完成度に達してから市場に投入しようと考えていると、投入機会を逸して世の中の変化に立ち遅れてしまい、投資が失敗してしまうリスクがあります。

かといって、このように変化が激しい時代では、何もしないことのリスクは高まっています。せっかく新しいトレンドの兆しを捉えても、今は様子を見て大勢が決するまで動かずにいようという姿勢でいると、機会利益は得られません。

そこで、小さく早く新規事業を立ち上げて市場に投入することが有効になります。時は金なり、と今がチャンスだと思ったらすぐに動くのです。今は小さな市場ですぐには利益が上げられなくても、今後市場が大きくなれば大きな利益を得られるようになります。そのためにも、小さな兆しから将来を予測するための軸を持つことが重要です。

その軸も、10年後の変化の軸なのか、５年後の変化の軸なのか、あるいは３年後の変化の軸なのかを区別して考える時間軸の概念が重要です。10年後の変化の軸であれば、変化は緩やかですから、小さく早く始めるビジネスである必要はありません。

一方、３年後の変化の軸であれば、小さく早く始めるビジネスとして今動かなければ、気付いた時には既に二番煎じや三番煎じになってしまうリスクがあります。動くとは、成功するか失敗するか分かりませんが体験を積み重ね始めると言う意味です。行動してみないと分からないことも多いのです。

しかも今動かなければ、３年後には自社の市場における位置付けも変わっているかもしれませんし、社内の人事も変わっているかもしれません。特に銀行では２～３年で人事異動が行われます。その結果、新規事業の提案をした人もされた人も３年後には異動していなくなっていた、という事態になりかねません。

外部の協力先やお客様においても、新規事業の話を持ち込んでから時間がかかり過ぎてしまうと、当時前向きだった担当者がいなくなって話に進展が見られない状況にもなり得ます。

ですので、将来の変化を予測する際には、その将来が何年後であるのか明確にすることが重要です。

Escape Method 3：「アジャイル」の考え方を、「開発」プロセスだけでなく、「ビジネス」全体に適用する

不確実な現代には、これが正解というものは、恐らくありません。あれば新規事業で苦労したり失敗したりすることもありません。だからこそ、小さく速く行動するのです。そのために、みんなの銀行ではシステムをゼロから構築するに当たって、アジャイル開発の手法を取り入れました。しかし、このアジャイルという手法の適用対象は、システム開発だけに限った話ではありません。新規事業を立ち上げる際にはビジネス全体に取り入れることが有効です。

つまり、新規事業を立ち上げた際は人材や組織、ルール、プロダクト、サービスなども、いかに柔軟性や機敏性を持たせるかが重要になります。

特に事業計画においては、柔軟性が必要です。事業計画における柔軟性とは、一つだけの計画を立てるのではなく、複数のオプションを用意しておくことです。つまり、プランA、プランB、プランCというように、プランAがうまくいかなかったら、そこに固執するのではなく、すぐにプランBにかじを切るのです。

例えばiBankマーケティングを立ち上げたときには、２〜３年前から事業計画を練っていました。しかし、事業開始後半年もたたないうちに

全く計画通りに進められないことに気付いてしまったのです。新しいサービスに市場が反応しなかったのです。

このようなときに一般的な企業であれば、しばらくは努力して１年あるいは２年と当初の計画に固執し挽回しようとするでしょう。その結果、大きな損失を出して事業の続行が不可能になるという取り返しの付かない状態になるかもしれません。

ですから、新規事業を立ち上げて計画が失敗だったと分かったら、柔軟かつ迅速にピボットすべきです。そしてお客様のニーズや世の中のニーズに沿って軸足の置きどころを変えていく発想が必要です。そのためにプランBやプランCを用意しておくのです。

元来銀行は、半年で事業計画が変わるような企業にはなかなか融資をしません。それ故に銀行の融資先にはベンチャー企業が少ないのです。通常はこれまでの実績として３年程度の決算書を徴求し、今後の事業計画などを加味した上で融資の是非を判断します。

ですから、銀行出自のiBankマーケティングが自らの事業計画を半年でちゅうちょなく変更したのは、非常に思い切ったことでした。何事もやってみなければ分からないということです。

事業計画の策定や変更はやはり伝統ある大企業でも簡単ではありません。例えば福岡銀行では中期経営計画を立てる際は、１年がかりで100人近い人員を様々な部署から動員して作成します。

このとき、前提としているのは、過去のデータや実績などに基づき、現在あるアセットをベースに現状で実現可能と考えられることを積み上げて、未来の目標に近づけようとするフォアキャスティング

（Forecasting）のアプローチです。そのため、計画通りに事が運ばない場合は微調整をしながら目標に近づこうとします。

しかし、新規事業のために立ち上げた企業や組織の場合は、未来の目標から逆算して現在すべきことを考えるバックキャスティング（Backcasting）のアプローチで計画を立てます。このとき、既存の顧客がいるわけでもありませんし成功体験もまだありませんから、すべてが予測である計画のかたまりとなっています。

つまり、既存のアセットがありませんから、立てた計画に固執する意味はありません。計画通りに事が運ばない場合は、ためらいなく柔軟性や機敏性を持って事業計画を変更することが可能なはずです。

Escape Method 4：目指すビジネスを定義し、人、組織、カルチャーをつくる

みんなの銀行で永吉たちが新規事業の立ち上げで最も苦心したのは、組織とカルチャーづくりです。そして現在もまだ、苦心し続けています。「イノベーションのジレンマ」や「両利きの経営」「DX」などの文脈の中で最も心を砕くべきは、新しいことに挑める人材や組織、カルチャーをつくることです。

新規事業を推進する場合は、既存事業と異なり顧客層が異なりますし実績もありません。また、資金も決して潤沢ではありません。その意味から、新規事業に挑戦している人たちが既存事業を守っている人たちから「こうしろ、ああしろ」と言われること自体がナンセンスです。新規事業を行う組織は既存事業の組織からは独立しているべきですし、マネジメントシステムも異ならなければ成功しないでしょう。恐らくここは

新規事業を成功させるための肝となります。

そのため、新規事業を推進する組織のカルチャーはゼロベースでつくることが理想的です。とはいっても、例えば大企業からスピンオフした人たちがつくった組織には、大企業のルールやカルチャーを少なからず持ち込んでしまいたくなります。そこでカルチャーをゼロベースでつくるためのルールをつくります。このルールに皆が共感して一つのベクトルに向かって進もうとすることで新しいカルチャーが生まれます。

ちまたでは「銀行の常識は世間の非常識」と言われます。例えば15時には窓口が閉まってしまうことなどです。みんなの銀行は銀行ではありますが、銀行の常識を破って新しいルールをつくらなければならないと考えました。みんなの銀行には非銀行員であるデザイナーやエンジニアなど、バックボーンの異なる人たちが短期間でたくさん集まったので、この仲間たちを一つのベクトルに向かわせることはとても大変です。

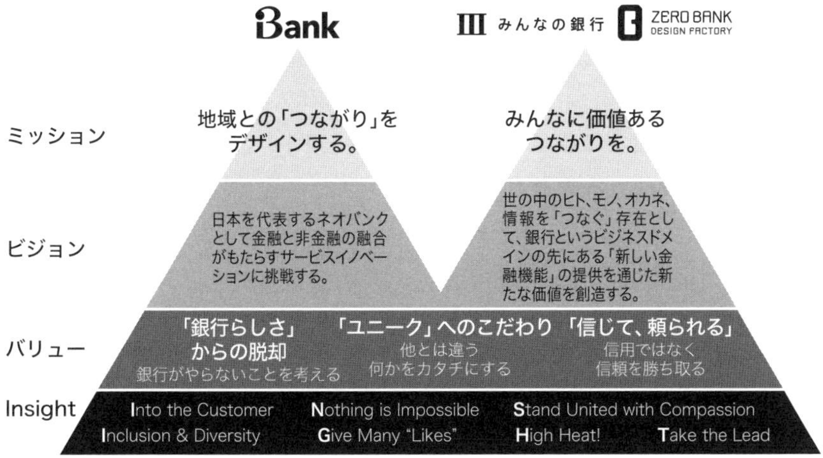

図表8-1　iMZのミッション・ビジョン・バリューとINSIGHT
出所：みんなの銀行

そのため、iMZ（iBankマーケティング、みんなの銀行、ゼロバンク・デザインファクトリー）のミッション・ビジョン・バリューでは、銀行らしさから脱却すること、つまり銀行がやらないことを考えることや、競合はもはや銀行ではないという認識の下に他とは違うというユニークへのこだわりを形にしていこうと呼びかけています（**図表8-1**）。

このミッション・ビジョン・バリューの下に、行動指針として、次に示す「INSIGHT」と呼ぶ7つの仕事の流儀を掲げています。INSIGHTについては「付録」で詳しく解説します。ここでは抜粋をお届けします。

INSIGHT（7つの仕事の流儀）

インサイトとは、「人を動かす隠れた心理」「潜在意識」「潜在的なニーズ」であり、人間の意思決定には90%の無意識が関わっているといわれています。スティーブ・ジョブズが言った、「多くの場合、人は形にして見せてもらうまで、自分は何が欲しいのか分からないものだ」とは、まさに、「INSIGHT」が何かを表した名言です。iMZプロジェクトでは、お金に関する顕在化された課題・ニーズとしての“フリクション”をなくすことはもとより、お客様の中にある潜在的な課題・ニーズを新たな気付き＝「INSIGHT」として明らかにし、Re-Design（再デザイン）、Re-Define（再定義）のプロセスを通じて、解決のための糸口を共に模索します。「INSIGHT」の頭文字をとった７つの仕事の流儀は以下の通りです。

1．Into the Customer　顧客起点・未来志向

顧客が「次に」欲しいと思うモノを誰よりも先に創ろう。

2．Nothing is Impossible　チャレンジ

「できない」ではなく、どうしたら「できる」かを考えよう。

3．Stand United with Compassion　チームワーク
常に「思い遣り」の精神を持とう。

4．Inclusion & Diversity　一体性と多様性
みんなちがって、みんないい。

5．Give Many "Likes"　共感
「いいね！」をたくさん口に出そう。

6．High Heat!　こだわり・情熱
「熱量」の高さで結果に差をつけよう。

7．Take the Lead　自発性・自律性
思い立ったら、やってみよう。

「INSIGHT」で伝えたいこと、共有したいことは、まずはiMZのお客様は誰かを見失わないようにしましょうということです。iMZのプロジェクトの出発点は「次のお客様」をターゲットにデザインシンキングのアプローチでフォーカスし、その潜在的な「お客様の次のニーズ」に答える今までにないサービスを生み出そうというコンセプトからスタートしています。

「INSIGHT」の中の１つめ「Into the Customer　顧客起点・未来志向」はiMZのプロジェクトも含め、新規事業で最も重視すべき項目だと考えています。お客様が次に欲しいものを誰よりも早く作る。イノベーションという観点からは、その新しいプロダクトを誰よりも早く作らなければ、新規事業を独立した組織として立ち上げた意味がないと考えられています。

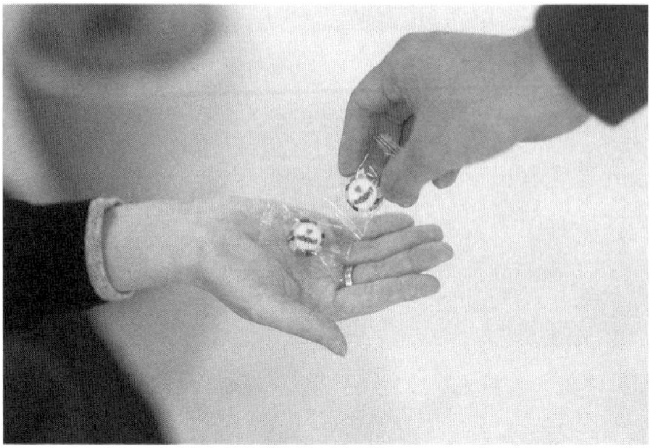

図表8-2　「INSIGHT」に沿った行動をするメンバーに送り合う飴
撮影：みんなの銀行

「INSIGHT」は仕事の流儀であると捉えていますので、一人ひとりが深く得心し、日々の仕事や人とのコミュニケーションで「INSIGHT」に沿った行動を取れていることが、今後の人事評価や報酬評価にも反映させられるべきだと考えています（**図表8-2**）。

Escape Method 5：
小さなキャズムをいくつも越える

キャズム理論とは、新たな製品やサービスが普及するためには乗り越えなければならない「溝」があるとする理論です。新たな製品やサービスが普及するには初期市場からメインストリーム市場への段階を経ますが、これらの市場の間には「キャズム」と呼ばれる大きな溝があります。市場開拓においては、このキャズムをいかにして乗り越えるかが重要とされています（**図表8-3**）。

新規事業においては、お客様は誰なのか、マーケットはどこなのかを意識することが重要です。これまでになかった新しい製品やサービスを

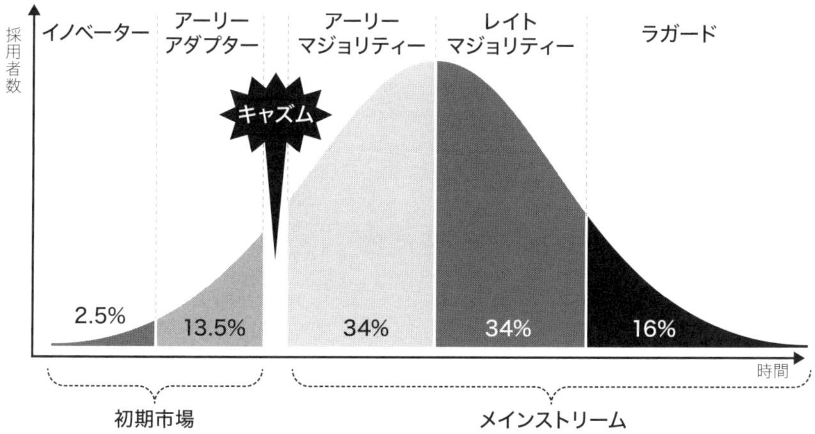

図表8-3 キャズム理論
出所：みんなの銀行

誰よりも早くつくって市場に投入して広めるためには、初期市場からメインストリームに移行するためのキャズムをいかに早く見つけて乗り越える施策を行えるかが事業の成否の鍵を握ります。

まさに今、みんなの銀行はこのキャズムを越えるための挑戦をしているところです。まだまだ成功者ではありません。チャレンジャーです。

このキャズムを越えたときこそ、本当の意味で、事業の成功体験を得られると考えています。

様々な調査から得られた永吉たちの実感では、みんなの銀行は現在、キャズムの直前に達している段階です。既にイノベーターやアーリーアダプターと呼ばれる人たちがみんなの銀行を利用してくれています。

しかし目の前のキャズムはなかなかに深い溝で、しかもそのキャズムは一つではありません。いくつもの小さなキャズムが横たわっている感覚です。それはターゲットごとのキャズムだとも言えます。

みんなの銀行のターゲットは大きなくくりではデジタルネイティブ世代ですが、これはさらにＺ世代の学生やパワーカップルなどいくつかのターゲットに分けることができます。そして、それぞれにペルソナを設定してアプローチの仕方を変えています。

このようにして、小さなキャズムを越えていくことを積み重ねてデジタルネイティブという大きなキャズムを越えていけるのではないかと考えているのです。

付録 「INSIGHT」仕事の流儀

永吉たちはiMZ各社がイノベーティブな組織であり続けるために「INSIGHT」と呼ぶ7つの仕事の流儀を掲げています。しかしiMZでは常に世の中の変化に応じて柔軟に対応することを社是としていますので、「INSIGHT」の内容も今後変わっていくかもしれません。

それでも、現在の「INSIGHT」を本書で初めて社外に公開するのは、iMZと同じようにイノベーションのジレンマから脱しようと新規事業にチャレンジしている人たちにとってのヒントになると考えたからです。

そこでここでは「INSIGHT」が仕事の流儀、一人ひとりの行動の指針として理解しやすいように、７つの項目をさらにさらにブレークダウンした文章で紹介させていただきます。

Into the Customer　顧客起点・未来志向
顧客が「次に」欲しいと思うモノを誰よりも先に創ろう。

Customerとは
私たちのサービスを利用するお客様だけを指す言葉ではありません。

みんなが仕事と向き合うとき、その先には必ず「誰か」がいるはず。
お客様はもちろんのこと、並走してくれるお取引先や共に働く仲間たちも私たちの大切な「誰か」、すなわちそれが「顧客」なのです。

そんな大切な「顧客」に私たちだからこそできることは何か？

ありとあらゆる情報やモノがあふれかえっている世の中では、
“ググれば”どんな情報にもアクセスでき、
“ポチれば”瞬時に今欲しいモノが手に入る。
でも、それって本当に欲しいモノなのでしょうか？

私たちだからできること。それは、
お客様が今は気付いていない「次に」欲しいと思うモノを明らかにし、
それを他の誰よりも「先に」カタチにして提供すること。

そのためには、
顧客の中に飛び込んで、本当の声を傾聴しなければいけません。
そして、何よりもユニークなアイデアを実現するスピードが重要です。

いちばん大切なモノは、目に見えないから。

Nothing is Impossible　チャレンジ
「できない」ではなく、どうしたら「できる」かを考えよう。

誰もやったことがないから、
最初から「できない」と諦めてしまうことがある。
たくさんの経験をしてきたからこそ、
先回りをして「できない」と決めつけてしまうことがある。

でも、その「できない」は本当に「できない」ことですか？

物事の入口で「できない」と決めてしまうことは簡単ですが、
その「できない」が、これからもずっと「できない」ステイタスの
ままになってしまうのは、みんなにとっても、会社にとっても、
とても不幸なことです。

不可能なことを可能にするには、絶え間ない努力と挑戦が必要で、
独りでは挫けそうになることもあるけれど、
ここには志を一つにするたくさんの仲間たちがいます。

独りではできなくても、みんながいれば「できる」ことがある。
「できない」を「できる」ようにすることが、あなたの存在価値だ。

みんなの知識や経験を「知恵」に高めて、
「できない」ではなく、どうしたら「できる」かを共に考えよう。

Stand united with compassion　チームワーク
常に「思い遣り」の精神を持とう。

iMZは様々な業界での経験や専門的なスキルを持った仲間たちで構成されるプロフェッショナル（個）の集まりである一方で、
大きな目標やゴールに向けて共闘するための最強のOne Team（組織）でなければなりません。
それは、たとえどんなスーパースター（個）がいたとしても、
独りでは何も成し遂げることができないということを意味しています。

だからこそ、常にお互いを「思い遣り」、配慮し、
協力し合うことが必要不可欠なのです。

「思い遣り」の『思い』とは、「心の中の気持ち」や「相手に向かって動く感情」であり『遣り』とはそれらを「送り合う」こと。

気持ちや感情は目に見えないからこそ、
みんなで相手を思う気持ちや感情を積極的に言葉や行動にして
相手に伝えよう。

思い遣りの「ある」状態	思い遣りの「ない」状態
相手の気持ちに寄り添う	いつも自己中心的
人の話に耳を傾ける	自分の主張・話を押し付ける
感謝の気持ちを大切にする	素直になれない／謝れない
見返りを求めない	周囲の親切を当たり前と思う

Inclusion & Diversity 一体性と多様性
みんなちがって、みんないい。

みんなちがって、みんないい。

この言葉が表すのは、
みんながいて私がいる。みんなと私、どちらも大切だということ。

ともすれば、
「Diversity（多様性）」という言葉が独り歩きして、個性尊重ばかりを叫んだり、「Inclusion（包括・受容）」という言葉のもと、組織の一体感が必要だと縛ったり。
帯に短し襷に長し。先後関係なんてもの自体がナンセンスなんです。

ここに集まった仲間たちは、
性別や年齢、国籍、価値観など様々な違いはあれど、
価値あるつながりを求めて同じベクトルで進む探求者。

仲間一人ひとりがお互いを認め合い、その違いを受け入れること。
そして、その違いを活かして一人ひとりがミッションやビジョンに積極的にコミットすることができたとき。
そこには、
大きなイノベーションやムーブメントが起きると信じています。

Give Many “Likes”　共感
「いいね！」をたくさん口に出そう。

「いいね！」
この表現（♥・★・👍）がもたらす効果は絶大です。

「いいね！」がたくさんある場所には活気が生まれ、
「いいね！」と共感した人のもとには、
たくさんの「いいね！」が返ってきます。

あなたがもしも、「ダメだ」と思っても、
そのアイデアがでてきたことに「いいね！」を贈ろう。
あなたがもしも、「ダメだ」と思うのなら、
そのアイデアを超える提案をして、
もっと大きな「いいね！」を勝ち取ろう。

いいね！（共感）の7段活用	
好感型の共感	「好き！」「かわいい！」「それええやん！」といった直感的・視覚的な好感を表す共感
感情刺激型の共感	「感動した！」「笑える」「泣ける」といった、自らの感情が刺激されたことに対する共感
納得型の共感	「なるほど」「あるある！」「分かる〜」といった発信者に同意や納得することで起こる共感
称賛型の共感	「素晴らしい」「立派！」といった、発信者の行動や発言に対して称賛したい気持ちの共感
支援型の共感	「応援したい」「役立ちたい」といった、発信者の行動や存在に対して支援したい気持ちの共感
絆型の共感	「心が通う」「つながる」といった、発信者の行動や発言に対してつながる気持ちになる共感
情報価値型の共感	「役立つ」「他の人にも紹介したい」といった、発信している情報の価値に対する共感

High Heat!　こだわり・情熱
「熱量」の高さで結果に差をつけよう。

私たちiMZは、風が吹けば飛んでしまうような小さな組織です。
そんな私たちが相対するのは、
私たちがどんな価値を提供してくれるのかを期待している顧客や、
私たち同様、新しい価値を産み出そうと圧倒的な基盤で攻めてくる
ライバル企業たち。

顧客の期待を超え、ライバル企業に負けない組織であり続けるには、
常に結果を出し続けるしかありません。

では、上記で求められる「結果」とは何でしょう？
あることを100の期待に対して100で返すのは単なる業務に過ぎません。
100の期待に対して120以上のパフォーマンスが発揮できたとき、
それがプロの仕事であり、結果の差、
つまり、こだわりや情熱といった「熱量」の高さになる訳です。

決して諦めず、細部にまで魂の宿った仕事がより良い結果を生む。

「ここまでやればいいや」とあなた自身で限界を作らないでください。
そこで限界を決めてしまうと、それ以上の結果にはならないし、
あなたの限界値＝組織の限界値になってしまいます。

目指す頂ははるか彼方です。とにかく上を目指していこう。

Take the Lead 自発性・自律性
思い立ったら、やってみよう。

みんなでつくる、みんなの会社。

まだまだ未完成、不完全な状態だからこそ、
「やりたい」をカタチにできる余白がある。
「やりたい」を任せることができる裁量を与えらえる。

でも、自分の胸に手を当ててみてください。
文句や口ばかりで手を動かさない「評論家」になっていませんか？
独りよがりで周りがついてこない「ジコチュウ」に陥ってませんか？
「何をやったらいいですか」の「指示待ち人間」になっていませんか？

ここには裁量しかないし、
あらゆるところにボール（＝課題）が落ちているけれど、
そんな人には任せることはできないし、
信じて頼ることもできません。

ここにいるみんなに言いたいこと。
落ちているボールに気づいたら、まずはそのボールを手にとろう。
そして、
そのボールの持ち主を探すか、届けるか。あるいは自分で投げてみる。
その繰り返しの先に、本当の信頼と裁量があるのです。

「あなたがやらなければ、誰がやる？」
思い立ったら吉日。まずはやってみよう！

あとがき

本書のテーマにはDXというキーワードも含まれていますが、私たちは別にDXを推進することを目的にみんなの銀行を立ち上げたわけではありません。しかし、結果的にはFFGにおけるDXを大きく推進させることになりました。経済産業省はDXを次のように定義しています。

「企業がビジネス環境の激しい変化に対応し、データとデジタル技術を活用して、顧客や社会のニーズを基に、製品やサービス、ビジネスモデルを変革するとともに、業務そのものや、組織、プロセス、企業文化・風土を変革し、競争上の優位性を確立すること」
(出典：経済産業省『「DX 推進指標」とそのガイダンス　令和元年7月』)

ここにはDXの推進には企業文化・風土の変革が伴うことが書かれています。DXの推進においては、デジタル技術の活用以上に組織の変革や組織カルチャーの変革を実現することが課題になります。

実際、私たちみんなの銀行においても、組織の変革や組織カルチャーの変革は現在進行形で進めていくべきだと考えています。そのために人材をどのように育てるべきか、組織カルチャーをどのようにつくりあげていくべきか常に模索しています。その模索した結果の一つが本書でも紹介している「INSIGHT」と呼ぶ7つの仕事の流儀です。これをメンバー全員が当たり前のこととして実践できることを目指しています。

一般的に、組織カルチャーというと雰囲気や精神的な存在として捉えがちですが、実は行動の基本原則のようなものなのではないかと私は考えています。

本書は、主にみんなの銀行の立ち上げメンバー同士で、iBankマーケティングとみんなの銀行の立ち上げ当時から現在に至るまでの経緯を振り返りつつ、その時々の状況について語り合いながら作成しました。その傍らには世界的なベストセラーである『イノベーションのジレンマ』（クレイトン・クリステンセン著）と『両利きの経営』（チャールズ・A・オライリー、マイケル・L・タッシュマン共著）が置かれていました。

本書は、みんなの銀行の誕生ドキュメンタリーの体裁で書かれていますが、ここから読み取っていただきたいのは、歴史ある大企業がイノベーションのジレンマに陥らないために、いかにして両利きの経営にチャレンジしたのかという事例です。

そして本書を単なる事例として読み取るだけでなく、実際にイノベーションをけん引した者たちの志やその実践を支えた人たちの理解、そしてその志に共感してくれた人たちの協力があって、日本初のデジタルバンクが誕生したという事実を受けとってもらいたい。

とはいえ、私たちみんなの銀行もいまだイノベーションの途上にあります。いえ、イノベーションとは、常に途上にあり続けることだとも言えます。

本書が、新しいことにチャレンジしようとしている方々が新たな一歩を踏み出す際のエールになることができれば、本書の作成に携わったメンバーにとっても大きな喜びとなります。

永吉 健一

株式会社みんなの銀行　取締役頭取

株式会社みんなの銀行

日本初のデジタルバンクとして、2019年8月7日、ふくおかフィナンシャルグループが設立。2020年12月22日に銀行業営業免許を取得し、2021年1月4日に開業（銀行システム稼働開始）、同年5月28日にサービス提供を開始した。「みんなに価値あるつながりを。」をミッションに掲げ、新たな金融サービスの提供を目指す。2022年12月時点で「みんなの銀行アプリ」のダウンロード数は150万件を突破、みんなの銀行とゼロバンク・デザインファクトリーを合わせた従業員数は計200人（※派遣社員・常勤役員は除く）

代表者プロフィール

永吉 健一

株式会社みんなの銀行 取締役頭取。

1995年、株式会社福岡銀行入行。経営企画部門に在籍し、2007年、経営統合による株式会社ふくおかフィナンシャルグループの設立などに従事。2016年、企業内ベンチャーとして、ネオバンクを運営するiBankマーケティング株式会社を1万円で起業後、株式会社みんなの銀行の前身となるデジタルバンクプロジェクトをけん引し、2022年4月より現職。

株式会社ふくおかフィナンシャルグループ　執行役員
iBankマーケティング株式会社　取締役Founder
株式会社みんなの銀行　取締役頭取
ゼロバンク・デザインファクトリー株式会社　代表取締役社長
株式会社diffeasy　取締役
株式会社TAP　取締役
DIAGONAL RUN TOKYO／FUKUOKA／NAGASAKI　チェアマン
事業構想大学院大学　客員教授
(2022年12月時点)

イノベーションのジレンマからの脱出

日本初のデジタルバンク「みんなの銀行」誕生の軌跡に学ぶ

2023年3月13日　第1版第1刷発行

著　　者　株式会社みんなの銀行
書籍プロジェクトチーム：永吉 健一、中原 淳一、吉冨 史朗、市原 幸子
執筆協力　地蔵 重樹
装　　丁　後藤 淳（株式会社みんなの銀行デザイングループ）
発 行 者　小向 将弘
発　　行　株式会社日経BP
発　　売　株式会社日経BPマーケティング
〒105-8308　東京都港区虎ノ門4-3-12
制　　作　マップス
編　　集　松山 貴之
印刷・製本　図書印刷

ISBN978-4-296-20165-5

本書籍に関するお問い合わせ、ご連絡は下記にて承ります。
https://nkbp.jp/booksQA